Helmut Geller
Position — Rolle — Situatio

C000129765

Helmut Geller

Position
Rolle
Situation

Zur Aktualisierung
soziologischer
Analyseinstrumente

Leske + Budrich, Opladen 1994

ISBN 978-3-322-95982-9   ISBN 978-3-322-95981-2 (eBook)
DOI 10.1007/978-3-322-95981-2

© 1994 by Leske + Budrich, Opladen

Das Werk einschließlich aller seiner Teile ist urheberrechtlich geschützt. Jede Verwertung außerhalb der engen Grenzen des Urheberrechtsgesetzes ist ohne Zustimmung des Verlags unzulässig und strafbar. Das gilt insbesondere für Vervielfältigungen, Übersetzungen, Mikroverfilmungen und die Einspeicherung und Verarbeitung in elektronischen Systemen.

Satz: Leske + Budrich

Inhaltsverzeichnis

1. Problemstellung

1.1 Anlaß für einen Rückgriff auf die Rollentheorie

In seinen bisherigen Forschungsarbeiten in den Bereichen der Religions-, Gemeinde-, Berufs- und Familiensoziologie hat der Verfasser versucht, die lebensweltlichen Orientierungspläne der jeweils Befragten und deren alltagsweltliche und handlungsleitende Relevanz zu erheben und verstehend zu analysieren. Die Probanden sollten in diesen Erhebungen ihre spezifischen Orientierungen und umfassenden Wissenszusammenhänge, die normalerweise weitgehend implizit bleiben, selbst möglichst weit explizieren. Im Mittelpunkt des Forschungsinteresses stand dann die Analyse der Selbstdeutung und Selbstverortung der Befragten hinsichtlich ihrer Situation z.b. als konfessionsverschiedene Ehepartner, als Laientheologen, als Mütter in Krisensituationen.

Aus den jeweiligen Erhebungsprotokollen wurde dann ermittelt, in welche Horizonte die Betroffenen ihr Erleben und Handeln einordneten, unter welchen Bedingungen Probleme thematisch wurden, wie die Befragten bestimmte Ereignisse mit früheren Erfahrungen verknüpften, wie sie diese Erfahrungen auf Gesellschaft oder spezifische Gruppen bezogen, was sie sich selbst, ihren Interaktionspartnern, den Umständen oder der Gesellschaft zuschrieben. So konnte festgestellt werden, wie sich sozialstrukturelle Faktoren auf die Denk-, Gefühls- und Verhaltensweisen auswirken, wie gesellschaftliche Strukturen in die Alltagswelt transponiert werden, welche Probleme sie in der Alltagswelt verursachen und wie solche Probleme in der Alltagswelt gelöst werden oder aber Konflikte verursachen.

In diesen Untersuchungen ging es zunächst darum, festzustellen, wie die in der Alltagswelt Handelnden selbst generalisieren, d.h. Typisierungen und Verallgemeinerungen bestimmter Erlebnisse und Erfahrungen vollziehen. Sie sind dabei von dem Interesse geleitet, unterschiedliche Situationen und Situationskonflikte, in denen sie sich befinden, kompatibel und kommunikabel zu machen. Ziel der Auswertung war es, diese Erlebnisse in ihrer Natürlichkeit zu erhalten und die von den Befragten anhand ihrer Erlebnisse entwickelten Typisierungen und Generalisierungen festzustellen und zu dokumentieren. Ein weiteres Forschungsinteresse lag in der Analyse, in welcher Weise die in der Alltagswelt Handelnden zu ihren Typisierungen gelangen, darin, den Proaktives Geschehen zu betrachten ist. Diese Betrachtungsweisen sollten dazu dienen, Typologien bezüglich des Erlebens, Handelns und Verhaltens von Menschen zu erarbeiten.

Die Fragestellung der vorliegenden Arbeit hat sich aus diesen Arbeiten heraus entwickelt. In den genannten Untersuchungen beschrieben die Probanden Probleme, die sie als Mutter[1], als Laientheologen[2], als konfessionsverschiedene Ehepartner[3], hatten. Sie orientierten sich an Vorstellungen, die sie von diesen Positionen und Rollen hatten. Probleme ergaben sich, wenn sie die ablaufenden Prozesse nicht mehr mit ihrem Positions- und Rollenverständnis vereinbaren konnten. Analysiert wurden in diesen Untersuchungen also Erwartungen an und in bestimmten Positionen und Prozesse, die durch diese Erwartungen gesteuert wurden. So dienten diese Untersuchungen der Umschreibung konkreter Positionen und Rollen, der Herausarbeitung z.B. des Mutterbildes[4], des Berufsbildes usw. Es zeigte sich, daß die Probanden annahmen, daß diese Vorstellungen auch von anderen geteilt würden, daß diesen Bildern ein normativer Charakter zugeschrieben wurde. Das zeigt sich daran, daß sie bei Abweichungen von diesem Bild einerseits Schuldgefühle erlebten, andererseits auch Sanktionen von Interaktionspartnern befürchteten. Die Probanden stellten Ereignisse in den Rahmen dieser Bilder und gaben ihnen durch diese In-Beziehung-Setzung Sinn.

In diesen Untersuchungen zeigte sich, daß die Probanden zur Erklärung ihrer Situation auf Elemente aus rollentheoretischen Ansätzen zurückgriffen, daß also Rollentheorie auch für die Selbstdarstellung im Alltag eine gewisse Plausibilität gewonnen hat, obwohl die wissenschaftliche Diskussion um die Rollentheorie nach einem Höhepunkt in den sechziger und frühen siebziger Jahren praktisch eingestellt wurde. Dieser Hiatus war Anlaß, sich mit der Rollentheorie auch wieder wissenschaftlich zu befassen.

Standen bei diesen Untersuchungen also konkrete Positionen und Rollen sowie durch sie gesteuerte Prozesse im Vordergrund des Forschungsinteresses, so soll in dieser Untersuchung die Rollentheorie selbst erörtert werden. Die Fragestellung ist also abstrakter als die der genannten Untersuchungen. Sie zielt darauf ab, ein Begriffssystem zu entwickeln, über das Selbstdeutungen verstehend eingeordnet und erklärt werden können. Dieses System soll eine heuristische Funktion zur Aufschließung von Wirklichkeit haben, indem

---

1 H. Geller, Frauen in existentiellen Konflikten. Entscheidungsprozesse um die Adoptionsfreigabe von Kindern, Essen 1992
2 IKSE, Bericht Nr. 88, Berufsbild und Selbstverständnis von Laientheologen, Essen 1975
3 H. Geller, Biographische Analysen, in: P. Lengsfeld (Hg.), Ökumenische Praxis. Erfahrungen konfessionsverschiedener Ehepartner, Stuttgart 1984, 67-214
4 vgl. E. Golomb, H. Geller, Adoption zwischen gesellschaftlicher Regelung und individuellen Erfahrungen, Essen 1992

gen verstehend eingeordnet und erklärt werden können. Dieses System soll eine heuristische Funktion zur Aufschließung von Wirklichkeit haben, indem es als Ausdrucksmittel zur Darstellung von Wirklichkeit benutzt werden kann. In diesem Sinne sollen hier die Begriffe der Rollentheorie neu definiert werden. Im Hinblick auf die Abstraktionsgesichtspunkte unterscheidet sich das hier vorzustellende Modell von früheren rollentheoretischen Ansätzen.

1.2 Grenzen und Unklarheiten der rollentheoretischen Ansätze

Die Rollentheorie wurde zunächst vom Blickpunkt der Gesellschaft her entwickelt.

„Soziale Rollen bezeichnen Ansprüche der Gesellschaft an die Träger von Positionen."[5]

So stellt Krappmann für die Parson'sche Rollenkonzeption fest:

„Das Modell erklärt also durchaus, die ‚vergesellschaftende' Seite des Sozialisationsprozesses."[6]

Daran schließ er die Frage an:

„Ist es aber in der Lage, den Sozialisationsprozeß zugleich als Individuierungsprozeß zu begreifen, also als einen Prozeß, in dem das Individuum lernt, sich Normen gegenüber reflektierend zu verhalten und Situationen durch Interpretation neu zu definieren?"[7]

Krappmann bezweifelt diese Fähigkeit für das struktur-funktionalistische Rollenkonzept. Er stellt diesem Modell das Rollenkonzept des Interaktionismus gegenüber, in dem besonders die für das Rollenspiel erforderlichen Ich-Leistungen der Rollenspieler herausgearbeitet werden. Hier wird Bedeutungsgleichheit nicht vorausgesetzt, sondern als Ergebnis von Verständigungsprozessen dargestellt.

Joas wirft dem interaktionistischen Rollenkonzept aber vor, Probleme von ‚Macht', ‚Herrschaft' und ‚Zwang' nicht zu thematisieren. Der symbolische Interaktionismus sei

„in seiner vorliegenden Form als Extrapolation herrschaftsfreier Interaktionen auf gesamtgesellschaftliche Funktionszusammenhänge irreführend. Gesellschaft kann als herrschaftsfreier Kommunikationsprozeß sicher nicht zureichend erfaßt werden."[8]

---

5 R. Dahrendorf, Homo Sociologicus, Opladen [5]1965,26
6 L. Krappmann, Neuere Rollenkonzepte als Erklärungsmöglichkeit für Sozialisationsprozesse, in: betrifft: Erziehung Nr. 3, 1.März 1971, 27-34, hier 29

Die Auseinandersetzung zwischen den Vertretern der beiden Richtungen war durch Apologie und damit durch gegenseitige Abgrenzung gekennzeichnet. So kam es auch zu keiner Integration der beiden Richtungen. Eine solche Integration soll hier versucht werden, indem systemtheoretische Begriffe phänomenologisch interpretiert werden.

In der Diskussion der Rollentheorie werden häufig Doppelbegriffe und ihre Brauchbarkeit diskutiert. So unterschied Linton[9] Status und Rolle nach den Gesichtspunkten von Statik und Dynamik. Danach müßte sich der Status-Begriff auf Strukturen, der Rollen-Begriff auf Prozesse beziehen. In den Rollendefinitionen werden dann aber nicht Prozesse dargestellt, sondern Rollen werden als Strukturen behandelt. Dem entspricht dann eine weitgehende Unbestimmtheit des Statusbegriffes, die sich auch in der Diskussion darüber ausdrückt, ob ein Komplementärbegriff zum Rollenbegriff überhaupt erforderlich ist.

Popitz[10] unterschied Position und Rolle nach den Gesichtspunkten der sozialen Differenzierung und der sozialen Normierung. Doch auch unter diesen Aspekten ist eine klare Abgrenzung der Begriffe nicht möglich, da auch die soziale Differenzierung über Normierung erfolgt.

In Anbetracht dieser Abgrenzungsschwierigkeiten löste U. Gerhardt[11] den Doppelbegriff Position-Rolle auf und unterschied Rollen danach, ob sie an Status, Positionen oder Situationen geknüpft seien. Doch ergaben sich in diesem Modell Schwierigkeiten dadurch, daß hier die Abgrenzung zwischen Status, Positionen und Situationen über die Dauer in der objektiven Zeit zu Unklarheiten und Widersprüchen führte[12.]

Hier soll an dem Doppelbegriff Position-Rolle festgehalten werden. Anders als in den dargestellten Ansätzen soll aber der Positionsbegriff auf Erwartungszusammenhänge, die sich an einzelne aus organisierten Sozialsystemen heraus ergeben, bezogen werden, während der Rollenbegriff für Erwartungszusammenhänge, die sich aus Interaktionssystemen ergeben, benutzt wird.

---

9 R. Linton, The Cultural Background of Personality, New York 1945

10 H. Popitz, Der Begriff der sozialen Rolle als Element der soziologischen Theorie, Tübingen [2]1968

11 U. Gerhardt, Rollenanalyse als kritische Soziologie. Ein konzeptueller Rahmen zur empirischen und methodologischen Begründung einer Theorie der Vergesellschaftung, Neuwied 1971

12 Von einer Darstellung der Geschichte der Rollentheorie wird hier abgesehen, da diese Geschichte bereits ausführlich von U. Gerhardt (a.a.O.) und auch H. Joas (H. Joas, Die gegenwärtige Lage der soziologischen Rollentheorie), dargestellt worden ist, Frankfurt [3]1978

Rollentheorie befaßte sich von Anfang an mit der „Verschränkung von Individuum und Kultur"[13] oder dem Verhältnis zwischen Individuum und Gesellschaft. So betrachtet R. Dahrendorf homo sociologicus, den Menschen als Träger sozial vorgeformter Rollen, als Schnittpunkt zwischen einzelnem und Gesellschaft „Der Einzelne ist seine sozialen Rollen, aber diese Rollen sind ihrerseits die ärgerliche Tatsache der Gesellschaft."[14] An diese Feststellung schloß sich eine intensive Diskussion um das Verhältnis zwischen Person und Rolle an[15.]

Alle diese Ansätze differenzieren zwischen Person und Rolle. Rollen werden von individuellen Personen unterschieden. Doch dienen Rollen als abstraktere Gesichtspunkte der Identifikation von Erwartungszusammenhängen.

„Eine Rolle ist zwar noch dem Umfang nach auf das zugeschnitten, was ein Einzelmensch leisten kann, ist aber gegenüber der individuellen Person sowohl spezieller als auch allgemeiner gefaßt. Es geht immer nur um einen Ausschnitt des Verhaltens eines Menschen, der als Rolle erwartet wird, andererseits um eine Einheit, die von vielen und auswechselbaren Menschen wahrgenommen werden kann: um die Rolle eines Patienten, eines Lehrers, eines Opernsängers, einer Mutter, eines Sanitäters usw."[16]

Die Grenzen der Rollen sind also weder mit denen des Rolleninhabers noch mit denen einer Organisation identisch. Wenn die Grenzen verschieden sind, werden Rollen vom Individuum in andere Zusammenhänge eingeordnet als von sozialen Systemen. Es ist also zu fragen, wie sich Systeme unterscheiden und auf welcher Basis sie trotz aller Unterschiedlichkeit koordiniert werden können. Beide Systemtypen, organisierte Sozialsysteme und personale Systeme, haben ihre jeweils eigenen Strukturen. In Interaktionssystemen durchdringen sich diese Systeme gegenseitig. Um die Differenz der Erwartungszusammenhänge von organisierten Sozialsystemen und von Interaktionssystemen begrifflich zu fassen, soll im folgenden zwischen Position und Rolle unterschieden werden.

---

13 R. Linton, Rolle und Status, in: H.Hartmann (Hg.), Moderne amerikanische Soziologie. Neuere Beiträge zur soziologischen Theorie, Stuttgart 1967, 251-254, hier 251

14 R. Dahrendorf, Homo sociologicus, Opladen [5]1965, 16

15 vgl. F. Tenbruck, Zur deutschen Rezeption der Rollentheorie, in KZfSS XIII (1961), 1-40; D. Claessens, Rolle und Verantwortung, in: ders., Angst, Furcht und gesellschaftlicher Druck.u.a. Aufsätze, Dortmund 1966, 102-115

16 N. Luhmann, Soziale Systeme. Grundriß einer allgemeinen Theorie, Frankfurt 1987, 430

1.3 Interaktions- und organisierte Sozialsysteme

Um die neue Abgrenzung des Positions- vom Rollenbegriff zu verdeutlichen, sollen zunächst die Systemarten „Interaktionssysteme" und „organisierte Sozialsysteme" in systemtheoretischer Perspektive dargestellt werden. Positionen definieren Erwartungszusammenhänge unabhängig von den Personen, die sie innehaben, also anonym, vom organisierten Sozialsystem her. In Interaktionssystemen interagieren aber konkrete Personen. In diesen Interaktionen werden Erwartungen auch durch Eigenschaften der personalen Systeme geprägt. Man erwartet vom anderen und sich selbst bestimmte Persönlichkeitsmerkmale, die das Verhalten und Handeln steuern. Die in organisierten Sozialsystemen definierten Erwartungen werden im Lichte dieser persönlichen Merkmale interpretiert. Das Ergebnis dieses Prozesses soll hier Rolle genannt werden.

Die folgenden Ausführungen sollen diesen Zusammenhang explizieren. Rollen strukturieren Interaktionssysteme. Die Grenzen eines Interaktionssystems werden dadurch definiert, ob etwas als anwesend behandelt werden kann. Über das, was als anwesend zu behandeln ist, können die Anwesenden entscheiden. Abgrenzungskriterium für Interaktionssysteme ist die Anwesenheit.

Damit gewinnt Wahrnehmung für die Konstitution der Interaktionssysteme eine besondere Bedeutung.

„Wahrnehmung ist zunächst psychische Informationsgewinnung, sie wird jedoch zu einem sozialen Phänomen, das heißt, zu einer Artikulation doppelter Kontingenz, wenn wahrgenommen werden kann, daß wahrgenommen wird. In sozialen Situationen kann Ego sehen, daß Alter sieht; und es kann in etwa auch sehen, was Alter sieht. Die explizite Kommunikation kann an diese reflexive Wahrnehmung anknüpfen, kann sie ergänzen, sie klären und abgrenzen; und sie baut sich, da sie selbst natürlich auch auf Wahrnehmung und Wahrnehmung der Wahrnehmung angewiesen ist, zugleich in diesen reflexiven Wahrnehmungszusammenhang ein."[17]

In Interaktionen muß Ego offenkundige Handlungen in der Außenwelt vollziehen, die Alter als Zeichen dessen, was vermittelt werden soll, interpretiert. Solche Zeichen, wie Gesten, Sprache, Schrift usw. sind auf Körperbewegungen gegründet. Die Körperbewegungen werden als Ausdrucksfeld gedeutet, das die Gedanken anderer anzeigt[18]. Die Gemeinsamkeit des Raumes erlaubt es den Partnern, die leibliche Ausdrucksweise nicht nur als Ereignisse in der Außenwelt, sondern als Elemente des Kommunikationsprozesses selbst zu verstehen, auch wenn sie nicht im Wirken des Mitteilenden gründen.

---

17 a.a.O., 560
18 vgl. A. Schütz, Gesammelte Aufsätze 1, Den Haag 1971, 252

In Interaktionen unter Anwesenden können die Interaktionspartner auf den ablaufenden Prozeß des kommunikativen Handelns blicken. Indem sie z.B. einer Rede folgen, registrieren sie, wie der Gesprächspartner seine Gedanken, die er vermitteln will, schrittweise aufbaut. Im gleichen Rhythmus begleiten die Deutungsakte das kommunikative Handeln des Sprechers. Redner und Zuhörer teilen während dieses Prozesses ihre lebendige Gegenwart. Dadurch wird eine Wir-Beziehung konstituiert[19.] Die gegenseitige Wahrnehmung zwingt die Anwesenden zur Kommunikation. Auf das Bewußtsein, wahrgenommen zu werden, muß in irgendeiner Weise eingegangen und das Mitteilen kontrolliert werden. Will man Kommunikationen verweigern, muß man Abwesenheit wählen[20.]

Wenn auch Interaktionssysteme auf der Ebene des Wahrnehmens störanfällig sind, bringen sie aber relativ sicher den Doppelprozeß von Wahrnehmung und Kommunikation zustande. Dabei werden die Lasten zwischen den Prozeßtypen unterschiedlich verteilt und laufend umverteilt. Andererseits können sich auch Wahrnehmung und Kommunikation gegenseitig entlasten und gegenseitig korrigieren. Diese Art der Kombination ist nur auf engem Raum vollziehbar. Kommunikation in Interaktionssystemen bleibt an die Grenzen des Wahrnehmbaren gebunden, aber nicht über alles Wahrnehmbare wird kommuniziert. Die zu erwartende Kommunikation dient als zusätzliches Selektionskriterium. Man untersucht das Wahrnehmbare daraufhin, ob es Einlaß in die Kommunikation finden könnte.

„In diesem Sinne ist die Anwesenheit das Konstitutions- und Grenzbildungsprinzip von Interaktionssystemen, und mit Anwesenheit ist gemeint, daß ein Beisammensein von Personen die Selektion der Wahrnehmung steuert und Aussichten auf soziale Relevanz markiert."[21]

Zur Aufrechterhaltung eines Interaktionssystems ist Strukturbildung erforderlich. Nicht jeder kann zur selben Zeit mit jedem reden. Die relevanten Ereignisse müssen sequenziert werden, sie müssen durch Sachthemen strukturiert werden. Durch solche Strukturbildungen entstehen zentrierte Interdependenzen. Diese können in der Sozialdimension liegen, dann kommt es im allgemeinen zur Hierarchiebildung, sie können auch in der Zeitdimension liegen, dann kommt es zur Finalisierung des Systems.

Strukturbildung zwingt zu Entscheidungen, was ins Zentrum der Aufmerksamkeit gelangen soll. Durch die Zentrierung werden gleichzeitig die Kommunikationschancen (nicht die Wahrnehmungschancen) der Teilnehmer beeinflußt.

Interaktionssysteme erfordern einen hohen Zeitbedarf. Da sie nur geringe Differenzierungsmöglichkeiten bieten, gliedern sie sich zeitlich in Episoden.

---

19 vgl. a.a.O., 251
20 vgl. N. Luhmann, Soziale Systeme, a.a.O., 562
21 a.a.O., 564

Damit aber eine solche Episodenbildung möglich wird, bedarf es gesellschaftlicher Vorgaben. Das Beenden darf nicht als Destruktion des Sinnes von Interaktion gedeutet werden, außerdem darf Interaktion die gesellschaftliche Existenz nicht so usurpieren, daß auf sie dann nichts mehr folgen kann[22]. Daher wird die gesellschaftliche Umwelt in Interaktionssystemen als Komplex anderer Verpflichtungen der Teilnehmer zur Geltung gebracht. Jeder kann Rücksicht auf weitere Verpflichtungen verlangen und so Möglichkeiten gewinnen, sich vom jeweiligen Interaktionssystem zu distanzieren.

Interaktionssysteme sind nicht autark. Sie erreichen keine vollständige Geschlossenheit des Kommunikationskreislaufs. Ohne Gesellschaft könnten sie weder begonnen noch beendet werden.

Interaktionssysteme werden also einmal durch die anwesenden Personen und zum anderen durch die Gesellschaft, vermittelt über organisierte soziale Systeme, strukturiert. Mit dem Problem, wie eine solche Strukturierung möglich ist, befaßt sich die vorliegende Arbeit.

Organisierte Sozialsysteme werden in ihrer Selektionsleistung durch Entscheidungsprämissen beschränkt. Solche Entscheidungsprämissen engen den bewußt erfaßten Vergleichsbereich ein. Die strukturellen Entscheidungsprämissen können in drei Gruppen eingeteilt werden: Organisationsvorschriften, Entscheidungsprogramme und Persönlichkeitsstrukturen.

Organisation beschränkt die Kommunikationsmöglichkeiten, sie schränkt die Zahl sinnvoller oder auch zulässiger Partner kommunikativer Beziehungen ein, sie verteilt die Kompetenzen, bindende Entscheidungen zu treffen und regelt die Bedingungen der Ausübung solcher Kompetenzen. Durch Organisation kann nicht mehr jeder mit jedem über alles kommunizieren. Organisation erfolgt durch formale Regeln, die den Selektionsprozeß als soziale Interaktion steuern.

Entscheidungsprogramme definieren die Bedingungen, unter denen Entscheidungen im System als richtig anerkannt werden. Entscheidungsprogramme dienen der Ausrichtung des Systems auf die Umwelt, indem sie die Aufgaben des Systems und die Gesichtspunkte, unter denen das System seine Umwelt wahrnimmt, bestimmen und angeben, wie das System zwischen relevanten und nicht relevanten Ereignissen unterscheidet.

Persönlichkeitsstrukturen stellen für das System einen Satz von Entscheidungsprämissen dar. Sie wirken auf das Ergebnis des Prozesses ein als Struktur, als im Prozeß selbst nicht modifizierbare Größe.

Durch Verknüpfung von Programmierung und Organisation kommt es zur Definition von Positionen. Positionen müssen mit einer Person besetzt werden, sie können auch mit jeweils anderen besetzt werden. In Positionen werden die Inhaber an Anforderungen gemessen, die auch an andere gestellt werden können. Mit dem Ausscheiden entsteht ein Vakanz und damit die Not-

---

22 vgl. a.a.O., 569

14

wendigkeit, die Position neu zu besetzen. Positionen definieren ein Programm für ihre Inhaber. Dieses Programm bestimmt die normativen Bedingungen für die Richtigkeit, Brauchbarkeit und Akzeptierbarkeit des Verhaltens, ohne das Verhalten konkret zu determinieren.

Positionen sind mit begrenzten Kommunikationsmöglichkeiten ausgestattet. Sie normieren Kommunikationsbahnen und Kommunikationsstops[23]. Über die Zuordnung von Personen zu Positionen wird deren Stellung in der Gesellschaft bestimmt.

Mit diesem Problem befaßt sich das zweite Kapitel. Es stellt zu Beginn am Beispiel von R. Linton den Anspruch dar, den die Rollentheorie stellt. Da Strukturen durch Erwartungen definiert werden, wird dann der Erwartungsbegriff erläutert und differenziert. Dann wird dargestellt, wie Positionen in das psychische System übernommen werden. Im Anschluß daran wird das Problem der Positionsgrenzen erörtert. Schließlich wird auf das Verhältnis von Positionen und Situationen eingegangen.

Durch Positionen wird definiert, wer an bestimmten Interaktionssystemen teilnehmen kann oder muß, welche Themen in diesen Interaktionssystemen besprochen werden können, wer welche Art von Beiträgen erbringen kann und muß.

Positionen werden durch institutionalisierte Erwartungen definiert. Erwartungen müssen, um Interaktionen steuern zu können, von den Interaktionsteilnehmern wahrgenommen und interpretiert werden. Um diese Prozesse näher bestimmen zu können, wird hier der Ansatz einer phänomenologischen Interpretation der systemtheoretischen Begriffe gewählt. Dann werden Erwartungen als Typen und Positionsgrenzen als Horizonte interpretiert. Die Interpretationshorizonte der einzelnen Teilnehmer können verschieden sein. Von hieraus ergeben sich dann auch Einflußmöglichkeiten der Interaktionsteilnehmer auf die konkreten Erwartungen. Mit dem Problem, wie die anwesenden Personen im Interaktionssystem die Erwartungshaltungen beeinflussen, befaßt sich das dritte Kapitel. Hier wird dargestellt, wie durch die Interpretation der Positionen durch die Interaktionsteilnehmer Rollen entstehen.

Durch Rollen allein werden Situationen nicht vollständig definiert. Sie sind notwendige, nicht hinreichende Elemente der Situationsdefinition. Themen werden in Prozessen ausgelegt und entwickelt. Der jeweilige Stand der Dinge und die Zeitstrukturen bestimmen die Selektion in Situationen weiter. Diese Problematik wird im vierten Kapitel erörtert.

Im fünften Kapitel soll dann aufgezeigt werden, daß ein so phänomenologisch interpretierter systemtheoretischer Ansatz in der Lage ist, Erkenntnisse der Forscher mit interaktionistischem Ansatz in die Theorie zu integrieren,

---

23 vgl. N. Luhmann, Allgemeine Theorie organisierter Sozialsysteme, in: ders., Soziologische Aufklärung 2, Opladen 1975, 39-50

indem dargestellt wird, welche Qualifikationen, Interaktionsteilnehmer aufweisen müssen, um überhaupt eine Rolle zu spielen.

Ein zentrales Problem der Rollentheorie war immer die Erörterung des Verhältnisses zwischen Individuum und Gesellschaft und in diesem Rahmen die Frage nach der Freiheit des einzelnen in der Gesellschaft. Im sechsten Kapitel soll aufgezeigt werden, daß das Freiheitsproblem auch soziologisch thematisiert werden kann, ohne auf andere Wissenschaften zurückgreifen zu müssen.

2. Zum Positionsbegriff

2.1 Das Grundkonzept „Rolle und Status" bei R. Linton

Linton entwickelte die Begriffe Status und Rolle, um ein Modell zu konstruieren, über das der einzelne in seine Kultur eingeordnet werden kann.[1]

> „Kein Individuum kennt je die gesamte Kultur seiner Gesellschaft, und schon gar nicht braucht der einzelne ihre mannigfaltigen Muster in seinem manifesten Verhalten kundzutun."[2]

Dennoch hält Linton die Teilhabe und Teilnahme des einzelnen an seiner Kultur für nicht zufällig, vielmehr werden sie durch seine Stellung in der Gesellschaft und seine Erziehung auf die Übernahme dieser Position bestimmt. Das Verhalten des einzelnen darf daher nicht allein im Hinblick auf die Gesamtkultur der Gesellschaft untersucht werden, vielmehr müssen die kulturellen Anforderungen berücksicht werden, die die Gesellschaft an das Individuum richtet, weil es einen bestimmten Platz in der Gesellschaft einnimmt.

Man kann nun die Individuen einer Gesellschaft nach mehreren Ordnungsgesichtspunkten klassifizieren und organisieren, z.b. nach Prestige, Alter, Arbeitsteilung. Die so entstehenden Systeme haben je ihre eigene Funktion für die Verschränkung von Individuum und Kultur: In jedem System nimmt jeder seinen eigenen Platz ein. Jedes System ist positional differenziert, es ordnet jedem Mitglied einen Status zu. Linton bezeichnet nun den Platz,

> „den ein Individuum zu einer bestimmten Zeit in einem bestimmten System einnimmt, als seinen Status in diesem System."[3]

Eng mit diesem Begriff Status verknüpft Linton den Begriff Rolle.

> „Rolle soll die Gesamtheit der kulturellen Muster bezeichnen, die mit einem bestimmten Status verbunden sind."[4]

Der Rollenbegriff umfaßt die Einstellungen, Wertvorstellungen und Verhaltensweisen, die einem jeden Inhaber dieses Status zugeschrieben werden. Er

---

1 R. Linton, Rolle und Status, in: H. Hartmann, Moderne amerikanische Soziologie. Neuere Beiträge zur soziologischen Theorie, Stuttgart 1967, 251-254
2 a.a.O., 251
3 a.a.O., 252
4 a.a.O., 252

schließt die legitimen Erwartungen dieser Individuen ein, die sich an Inhaber des einen oder anderen Status im gleichen System richten.

„Jeder Status ist mit einer bestimmten Rolle verbunden, doch sind beide vom einzelnen her gesehen keineswegs identisch. Sein Status wird ihm auf Grund seines Alters, Geschlechts, Herkommens oder seiner Einheirat in eine bestimmte Familie usw. zugewiesen. Seine Rolle erlernt er auf Grund eines gegenwärtigen oder zu erwartenden Status. Insoweit eine Rolle manifestes Verhalten darstellt, ist sie der dynamische Aspekt eines Status. Die Rolle umfaßt das, was das Individuum tun muß, um seine Status-Inhaberschaft geltend zu machen."[5]

Linton weist darauf hin, daß in einer Gesellschaft mehrere Personen denselben Status gleichzeitig innehaben können. Andererseits hat eine Person nicht nur einen Status. Die Status, die sie einnimmt entstammen jeweils den Organisationssystemen, an denen der Betreffende teil hat. Dabei hat er nicht nur verschiedene Status inne, sondern kennt sich auch in den zugehörigen Rollen aus.

„Niemals kann er jedoch alle Rollen gleichzeitig ausüben. Solche Rollen bilden ein konstantes Element seiner Teilhabe an der latenten Kultur seiner Gesellschaft, doch hinsichtlich seiner Beteiligung an der manifesten Kultur seiner Gesellschaft treten sie nur befristet in Aktion. Mit anderen Worten: obwohl der einzelne jederzeit mehr als einen Status innehat und mehrere Rollen beherrscht, handelt er zu einer Zeit mit Bezug auf einen Status und die dazugehörige Rolle, bei anderer Gelegenheit mit Bezug auf einen anderen. Der Status, nach dem ein Individuum gerade handelt, ist zu diesem Zeitpunkt sein aktiver Status. Jeder andere Status ist zu der betreffenden Zeit latent. Die mit solchem latenten Status verbundene Rolle wird zeitweilig nicht ausgeübt, ist aber integrierender Bestandteil der kulturellen Ausstattung des Individuums. Die Tatsache, daß jeder Status des Individuums zu verschiedenen Zeiten zur Geltung kommt, verhindert einen frontalen Zusammenstoß der zugeordneten Rollen.... Die unterschiedlichen Verhaltensweisen selbst geraten wegen des Zeitunterschiedes nicht miteinander in Konflikt."[6]

Da die Rollen aufeinander abgestimmt sind, gibt es keine Konfliktanlässe, solange einer innerhalb des Systems handelt[7]. Diese Anpassung ist nicht unbedingt geplant, sondern entwickelt sich im Laufe der Zeit durch Versuch und Irrtum[8]. Neue Verhaltensweisen werden gegen andere dadurch neutralisiert, daß für ihre Ausübung neue Positionen geschaffen werden. Ist eine Trennung der Rollen nicht durchführbar, sind einzelne Positionen nicht gegeneinander abgegrenzt, so daß unvereinbare Erwartungen mit gleichem Anspruch zur gleichen Zeit erfüllt werden müssen, so kommt es zu dramatischen Konflikten.

---

5 a.a.O., 252
6 a.a.O., 252 f
7 vgl. a.a.O., 253
8 vgl. a.a.O., 254

Nach diesen Ausführungen ist es eine Funktion von Positionen, die aktuelle Geltung von Relevanzbereichen zeitlich, räumlich und sozial gegeneinander abzugrenzen. Solange die Geltung eines bestimmten Relevanzbereiches dominant ist, die anderen nur im Horizont gegeben sind, gelten die Regeln dieses Relevanzbereiches, die Regeln anderer Relevanzbereiche sind suspendiert. Auf diese Weise kommt es zwischen den unterschiedlichen Regeln nicht zu Konflikten. Wenn eine Abgrenzung verschiedener Relevanzbereiche nicht möglich ist, kommt es zu Unvereinbarkeiten. Positionen teilen die Zeit in Funktionsabschnitte auf. In jedem Funktionsabschnitt gelten eigene Verhaltensregeln. Gleichzeitig müssen diese Funktionsabschnitte miteinander synchronisiert werden. Kommt es zu Zeitkonkurrenzen, so muß geregelt werden, welcher Relevanzbereich Geltung haben soll. Diese Regelung erfolgt meist durch Hierarchisierung der Relevanzbereiche nach dem Prinzip ·First things first'.

Solche Abgrenzungen von Relevanzbereichen dienen der Konfliktreduzierung bzw. -vermeidung in Interaktionen. Die Regelsysteme, die für das jeweilige Rollenspiel gelten, sind gesellschaftlich bestimmt. Umgekehrt kann man schließen: Sind bestimmte Verhaltensweisen unerwünscht, so können sie z.T. besser als durch Verbot dadurch verhindert werden, daß für sie keine klar abgegrenzten Positionen zur Verfügung stehen. Ähnlich wie das Recht

„der Reglementierung der Vertragsfreiheit technisch in der Regel nicht dadurch, daß es Vereinbarungen der von ihm perhorreszierten Art durch besondere Verbotsgesetze entgegentritt, sondern einfach, indem es keine Vertragsschemata [...] für sie zur Verfügung stellt und indem es die in ihren Rechtsfolgen von ihm normierten Tatbestände so gestaltet, daß diese Normen mit Vertragsabreden der vom Recht nicht gebilligten Art logisch unvereinbar sind",[9]

werden bestimmte Institutionen – wie z.B. die Familie – dadurch gesellschaftlich geschützt, daß für Alternativen – wie z.B. alleinerziehende Mütter – keine oder nur wenige Arbeitsteilung ermöglichende gesellschaftliche Arrangements geschaffen werden, so daß die Betroffenen gleichzeitig inkompatiblen Aufmerksamkeitsregeln und Verhaltenserwartungen, z.B. erwerbstätig zu sein und gleichzeitig Kinder beaufsichtigen zu müssen, ausgesetzt sind, und so ihre Aufgaben nicht oder nur unter konflikthaften Bedingungen ausführen können. Die Inkompatibilität der gleichzeitig an Alleinerziehende gerichteten Erwartungen wird als Überlastung erlebt. Sie dient faktisch auch der Abschreckung, nichtehelich zu gebären. Tritt dieser Fall dennoch ein, ist gerade das Fehlen gesellschaftlicher Vorgaben für eine Arbeitsteilung Ursache von Konflikten.

Positionen dienen dazu, Situationen abzugrenzen und verschiedene Tätigkeiten ausführen zu können, ohne gleichzeitig durch andere Relevanzen ge-

---

9 M. Weber, Wirtschaft und Gesellschaft. Grundriß der verstehenden Soziologie, Tübingen [5]1972, 416

hindert zu werden. Funktioniert eine solche zeitliche Abgrenzung von Situationen durch Positionen nicht, so wird das Handeln erschwert, da Situationen mehrdeutig werden.

Neben der zeitlichen Differenzierung von Situationen durch Positionen trägt auch die räumliche Differenzierung zur Neutralisierung einzelner Relevanzbereiche bei. Bestimmte Aufgaben und Funktionen werden an bestimmte Orte gebunden. Wohnungen, Betriebe, Schulen, Verkehrswege, Kirchen usw. sind räumlich klar abgegrenzt. Innerhalb dieser Grenzen gelten andere Regeln als außerhalb. Alle diese Maßnahmen dienen der Abgrenzung einzelner Relevanzbereiche gegen andere. Der Wechsel von einer Position in die andere ist daher in vielen Fällen auch mit einem Ortswechsel verbunden. So läßt sich feststellen, daß Positionen dazu dienen, einzelne Relevanzbereiche zeitlich, räumlich und sozial gegeneinander abzugrenzen. Zeitliche, räumliche und soziale Differenzierung bewirken, daß bestimmten Raum-Zeit-Einheiten bestimmte Aufmerksamkeitsregeln und Verhaltensanforderungen zugeordnet werden können, daß andere Aufmerksamkeitsregeln und Verhaltensanforderungen für diese Raum-Zeit-Einheiten neutralisiert werden, so daß in diesen Einheiten möglichst konsistentes widerspruchsfreies Handeln ermöglicht wird. Je besser und je eindeutiger Positionen Zeiten, Räume und Interaktionspartner abgrenzen, desto konfliktfreier kann der Positionsinhaber seine Rollen spielen[10].

2.2 Arbeitsteilung als Bedingung für die Schaffung von Positionen

Linton leitet den Statusbegriff aus der Tatsache der sozialen Differenzierung ab, die er nicht erst bei modernen Gesellschaften ausmacht, sondern (wenn auch in anderer Form und anderem Ausmaß) bereits bei archaischen Gesellschaften. Status ist der Schnittpunkt mehrerer sozialer Beziehungen. Er befindet sich stets im Feld anderer Status und steht zu ihnen in einem bestimmten Verhältnis. Status ist demnach eine Sammlung von Rechten und Pflichten. In der weiteren Diskussion ist als Komplementärbegriff zu ‚Rolle‘ an die Stelle des Statusbegriffes von Linton der Positionsbegriff getreten[11]. Status wurde neu definiert als bewertete Position. Da sich der Begriff ‚Position‘ in diesem Kontext durchgesetzt hat, wird er im folgenden dieser Begriff verwandt.

---

10 vgl. R. Linton, a.a.O., 254
11 vgl. T.H. Newcomb, E. L. Hartling (Hg.), Readings in Social Psychology, New York 1947; R. Dahrendorf, Homo sociologicus, a.a.O.

Der Zusammenhang zwischen Arbeitsteilung und Position wird auch von anderen Autoren erörtert.

Popitz[12] sieht Positionen als Ergebnisse verfestigter sozialer Differenzierungen an. Als Kriterium für solche ,Verfestigungen' gibt Popitz an, daß bei Nichtbesetzung der Position das Bewußtsein einer Vakanz entsteht. Dieses Bewußtsein verdeutliche, daß die Verhaltenserwartungen nicht an bestimmte Menschen geknüpft seien, sondern an die Stellen und Positionen, die sie innehaben. Von hier aus ergibt sich, daß konkrete Positionen immer auf das jeweilige Gesellschaftssystem bezogen sind und sich aus der Art der Funktions- und der damit verknüpften Arbeitsteilung in dieser Gesellschaft ergeben. Dieser Zusammenhang muß näher erörtert werden. Alle bekannten Gesellschaften kennen Funktions- und Arbeitsteilung, wenn auch die Kriterien für Arbeitsteilung jeweils verschieden sein können. Arbeitsteilung erhöht die Leistungsfähigkeit eines Kollektivs. Sie erlaubt es, sowohl die Einheit der Zeit, als auch die Einheit des Ortes aufzugeben[13]. Gleiche Tätigkeiten können zeitlich gereiht von verschiedenen Personen ausgeübt werden. So können verschiedene Chancen gleichzeitig genutzt werden. Der Erfolg kann summiert, bzw. der Mißerfolg des einen durch den anderen ausgeglichen werden. Die Differenzierung der Einheit von Raum und Zeit, die Arbeitsteilung erlaubt, ermöglicht auch stellvertretendes Handeln. So kann Arbeitskraft eingespart und für andere Zwecke freigesetzt werden.

Wird Arbeit auf verschiedene Personen verteilt, dann müssen die verschiedenen Tätigkeiten wieder koordiniert werden, die Einzelleistungen müssen zu einem Ganzen zusammengesetzt werden. Da auch stellvertretendes Handeln koordiniert werden kann, erlaubt es Arbeitsteilung, für einen einzelnen inkompatible Handlungen zu koordinieren: während der eine seine Blicke schweifen läßt, um Gefahren frühzeitig zu erkennen, kann sich der andere auf eine Spezialaufgabe konzentrieren. In bestimmten gefährlichen Situationen könnte ohne Arbeitsteilung die Spezialaufgabe nicht erfüllt werden.

Arbeitsteilungs- und -Koordinationsmöglichkeiten erlauben es, komplizierte Arbeitsvorgänge zu organisieren. Aufgrund dessen können Tätigkeiten so zerlegt werden, daß einzelne Tätigkeiten als solche als sinnlos erscheinen, aber durch die Eingliederung in eine Arbeitsgruppe, in ein Tätigkeitsgefüge, ihren Sinn erhalten. Das am meisten diskutierte Beispiel dafür ist die Arbeitszerlegung am Fließband. Sinnvoll ist für sich genommen keine der einzelnen Arbeitsschritte, doch aus dem Gesamtzusammenhang erhalten alle Tätigkeiten ihren spezifischen Sinn. Deutlich wird hier, daß die Ziele und Leistungen eines Kollektivs diejenigen des Individuums transzendieren[14].

---

12 H. Popitz, Der Begriff der sozialen Rolle als Element der soziologischen Theorie, Tübingen ²1968, 10 f

13 vgl. H. Popitz, Prozesse der Machtbildung, Tübingen ²1969, 20 f

14 vgl. M. Jahoda, Wieviel Arbeit braucht der Mensch? Weinheim 1984, 136

Wird Arbeitsteilung auf Dauer gestellt, dann ergeben sich Spezialisierungs- und Routinisierungseffekte, die die Schnelligkeit und Zuverlässigkeit der Arbeit erhöhen. Spezialisierungseffekte verstärken diese Wirkung. Arbeitsteilung steigert die Effektivität der Arbeit. Auf der anderen Seite macht Arbeitsteilung den einzelnen abhängig vom anderen. Sie zwingt die Gesellschaftsmitglieder zu teilen, wenngleich durch die höhere Leistungsfähigkeit des Kollektivs die Teilungsmasse vergrößert wird. Damit einher geht, daß die Leistungen, die ein einzelner produziert, von anderen gebraucht werden, und daß er Leistungen anderer in Anspruch nehmen muß. Problematisch – und in den einzelnen Gesellschaften verschieden gelöst – sind dabei die Zuteilungs- bzw. Aneignungsregeln und die Bewertungsmaßstäbe für bestimmte Leistungen. Arbeitsteilung ist daher eine wesentliche Ursache von Ungleichheit und zwar

– hinsichtlich der Einkommenschancen und Privilegien
– hinsichtlich des gesellschaftlichen Ansehens,
– hinsichtlich der Einfluß- und Machtchancen[15].

Solche Differenzen sind abhängig von der Art der Arbeitsteilung, den Schnittmustern, mit denen einzelne Aufgaben bestimmten Gesellschaftsmitgliedern zugewiesen werden. Über solche Regeln werden auch einzelne Relevanzbereiche gegeneinander abgegrenzt.

Mit der Arbeitsteilung werden auch Interpretationsmuster gesellschaftlicher Praxis festgeschrieben. Auf diesen Zusammenhang weisen insbesondere Beck und Brater hin. Durch Positionsdifferenzierung werden Kompetenzen und Inkompetenzen festgeschrieben. Diese Festlegung bestimmt zugleich,

„was zu einem Problem gehört und was nicht, was als Ziel und was als Nebenfolge seiner Bearbeitung, ja sogar, was als relevante Ursache gilt – unabhängig davon, ob sich ganz andere Wirkungszusammenhänge plausibel machen lassen."[16]

Andere Interpretationen bleiben gesellschaftlich irrelevant, da sie nicht in die bestehenden arbeitsteiligen Strukturen eingebracht werden können. Beck und Brater erläutern diese These am Beispiel der Hysterie-Therapie. Indem diese Therapie dem Psychiater-Beruf zugeschrieben wird, ist gleichzeitig eine bestimmte Interpretation der Hysterie festgelegt. Hysterie wird als Nervenkrankheit im medizinisch-naturwissenschaftlichen Paradigma definiert. Da die Kompetenzdefinition „Psychiater sind für die Behandlung von Hysterie zuständig" gleichzeitig eine Inkompetenzerklärung für andere Personenkreise

---

15 vgl. Wachtler, Die gesellschaftliche Organisation von Arbeit. Grundbegriffe der gesellschaftstheoretischen Analyse des Arbeitsprozesses, in: W. Littek, W. Rammert, G. Wachtler (Hrsg.), Einführung in die Arbeits- und Industriesoziologie, Frankfurt ²1983, 14-25, hier 16
16 U. Beck, M. Brater, Berufliche Qualifikationsstrukturen, Thesenpapier zum Soziologentag, Bielefeld 1976, 2

bedeutet, können andere Deutungen der Hysterie gesellschaftlich nicht mehr durchgesetzt werden. Sind solche Abgrenzungen noch juristisch definiert, so werden andere Behandlungsarten sogar strafrechtlich verfolgt, zumindest wenn dadurch eine psychiatrische Behandlung unterbleibt.

Deutlich wurde dieser Zusammenhang zwischen Sinngebung und Arbeitsteilung auch am Beispiel von Adoptionsvermittlungsstellen. Eine Reihe Adoptionsvermittler, die auf Grund geringer Fallzahlen gleichzeitig auch Pflegekinder vermittelten, berichteten, daß Klientinnen, die sich an sie wandten, um eine Tagespflegestelle für ihr Kind zu finden, wegen der Kombination mit der Adoptionsvermittlung befürchteten, ihnen solle das Kind entzogen werden. Die ratsuchenden Frauen empfanden allein durch die Aufgabenschneidung der Stelleninhaber eine subjektive Bedrohung. Sie erwarteten Hilfe zur Erziehung und befürchteten die Wegnahme des Kindes. Schon die Stellendefinition löst diese Furcht aus, durch die die Klientinnen nach Angaben der Vermittler in eine „Hab-Acht-Stellung" geraten.[17]

Bevor auf diesen Zusammenhang zwischen Sinndeutung und Arbeitsplatzschneidung näher eingegangen werden kann, müssen einige grundlegende Begriffe erörtert werden.

---

17 vgl. E. Golomb, H. Geller, Adoption zwischen gesellschaftlicher Regelung und individuellen Erfahrungen, Essen 1992, 82

2.3 Erwartungen, Normen, Institutionen

Die Definition der verschiedenen Positionen erfolgt nach der Rollentheorie über Erwartungen. Dieser Begriff ist sehr weit gefaßt. Er soll im folgenden in Anlehnung an N. Luhmann erläutert und differenziert werden[18].

Luhmann geht in seinem Aufsatz „Normen in soziologischer Perspektive" davon aus, daß das menschliche Potential für aktuell-bewußte Wahrnehmung und Informationsverarbeitung sehr begrenzt ist und von da aus möglichst intensiv ausgeschöpft werden muß. Würde man die gegenseitigen Verhaltens- und Handlungsabstimmungen jeweils der momentanen Aktualität des Bewußtseins überlassen, so ließe sich menschliches Handeln nicht ausreichend koordinieren. Leichter wird die Herstellung eines Übereinkommens, wenn man den Erwartungshorizont des je aktuellen Erlebens einbezieht und das Verhalten über Erwartungen koordiniert. Stabilisiert man Verhaltenserwartungen, dann läßt sich die Zahl der abstimmbaren und der möglichen Handlungen steigern. Schon dadurch wird die Auswahlmöglichkeit des Menschen weit über die anderer Lebewesen gesteigert.

Erwartungen werden aus Ablagerungen von Erfahrungen gebildet. Diese Ablagerung von Erfahrungen erfolgt jedoch nicht als solche, sondern in der Form von Typen. Typen sind Abstraktionen von Erfahrungen. Die Abstraktion erfolgt im Hinblick auf Vergleichsgesichtspunkte, die als Invarianzhypothesen angenommen werden. Aufgrund dieser Typisierungen können sich Erwartungen, Vorerinnerungen, an das Erleben eines bestimmten Objektes oder Ereignisses ausbilden.

Claessens leitet den Begriff Erwartung von „warten" ab.

> „,Warten' heißt sowohl ,bewahren' und ,hüten' als auch in ,Voraussicht schauen'. Der unbetonte Artikel ,er' davor gibt dann den Sinn von: ,zu sich her' und ,Beginn'. Daß das ,Warten' als ,Beachten' und ,Pflegen' dem Erwarten immanent ist, gibt – da es auch wohl auf sich selbst bezogen werden kann – der Erwartung das, was sie selbst am Leben hält: Sie pflegt sich offenbar von ihren Ursprüngen her selbst, ist damit der Kultur (colere = pflegen) verwandt und auch der Hoffnung (,mit Wunsch als zukommend entgegensehend')."[19]

Erwartungen als Vorstellungen und Vorerinnerungen, die ein Individuum von möglichen Ereignissen hat, sind aber vielschichtig und hängen von vielfältigen Umständen ab. Sie sind vielschichtig (komplex), weil sie immer mehr Möglichkeiten zulassen, als tatsächlich realisiert werden können, zufällig (kontingent), weil sie Sachverhalte voraussetzen, die nicht gegeben zu sein brauchen. Komplexität und Kontingenz sind Überforderungen und Risi-

---

18 N. Luhmann, Normen in soziologischer Perspektive, in: Soziale Welt 20 (1969), 28-48

19 D. Claessens, Rolle und Macht, München 1968, 127 f

ken des Erwartens, die nicht ausgeschaltet werden können, ohne auf Erwartungen ganz zu verzichten und den Vorteil der Koordination des Verhaltens über Erwartungen ganz zu verlieren. Um eine solche Konsequenz zu vermeiden, sind Erwartungen so konzipiert, daß sie auch die Vorstellung der Enttäuschung mit beinhalten. Das Enttäuschungsrisiko wird dadurch zu mindern versucht, daß entweder die Erinnerung an die Bewährung der Erwartung in der Vergangenheit die Erwartung stützt, so daß sie, auch wenn sie im Einzelfall nicht eintritt, aufrecht erhalten wird, oder dadurch, daß die Erwartung in einem Soll-Satz transformiert wird. Sollenssätze werden nicht unbedingt durch Nichterfüllung in der Realität aufgegeben, sie werden auch bei Enttäuschung aufrecht erhalten. Sie bieten eine Struktur an, an die man sich halten kann und die man verteidigen kann.

Erwartungen ermöglichen Erlebnisverarbeitungen und Formen der Selbstmotivation, die in gewisser Weise unabhängig sind von äußeren Einflüssen, Instinktauslösern und Reizen. Sie ermöglichen eine gegenüber der Außenwelt unabhängige innere Festigkeit. Selbstvergewisserungen, Abstraktionen von wiederholt brauchbaren Regeln für bestimmte Situationen treten an die Stelle unmittelbarer Bewährung und geben eine gewisse Freiheit gegenüber der Umwelt.

Über Erwartungen wird dem einzelnen die Freiheit ermöglicht, seine Erwartungen bei Enttäuschungen beizubehalten oder zu ändern. Er kann lernen, muß es aber nicht.

Weil andere Menschen ins Erfahrungsfeld treten, ergeben sich weitere Möglichkeiten. Sie erlauben es, die Perspektive des anderen zu übernehmen, sich etwas berichten zu lassen, den eigenen Horizont ohne großen Zeitaufwand zu erweitern. Andererseits haben die anderen dieselbe Freiheit wie man selbst. Der Preis für die Übernahme der Perspektive des anderen ist die Unzuverlässigkeit.

Der Problemlösung dafür dient das Reflexivwerden der Erwartungen. Der Erwartende muß lernen, nicht nur fremdes Verhalten sondern auch fremde Erwartungen zu erlernen (Spiegelselbst). Anpassung an andere erfolgt über gelernte Erwartungserwartungen. Dieses Erwarten von Erwartungen ist eine Voraussetzung für soziale Normbildung. Kennt man die Erwartungen des anderen, kann man Verhaltensabstimmungen intern vollziehen, also ohne Kommunikation. Dadurch verkürzen sich die Anpassungszeiten. Das Mitlernen der Erwartungen anderer ermöglicht, bei mehr Wahlmöglichkeiten dennoch enttäuschungsfreier zu leben. Die Erwartungssicherheit wird zusätzlich gesteigert, wenn nicht nur Erwartungen erwartet werden, sondern Erwartungserwartungen. Eine solche dreistufige Reflexivität ermöglicht sozial bezogene interaktionslose Verständigung. Die Einbeziehung fremder Erwartungen oder Erwartungserwartungen ermöglicht eine Entpersonalisierung des Sollens, die vom faktischen Konsens aller unabhängig gestellt wird. Dann wird das Sollen als anonymes und objektives Gebot erlebt. Die Objektivität des Sollens ist ein unentbehrliches Merkmal der Erwartungsintegration für den einzelnen, ein notwendiges Darstellungselement der Norm. Solche Normen kann man durch Symbole umschreiben, die lernbar sind. Dadurch kann man die faktische Fehlinterpretation absorbieren. Man kann Konsens unterstellen, ohne ihn abzufragen.

Fremde Erwartungen werden miterwartet. Sie werden auf eigene Erwartungen hin harmonisiert. Von anderen wird nicht nur ein Verhalten, sondern auch eine Erwartungshaltung erwartet, er soll sich komplementär verhalten und gleichzeitig komplementär erwarten. Mit dieser Unterstellung wird erreicht, daß Erwartungssicherheit entsteht. Man postuliert, der andere sei gewillt, die an ihn gestellten Erwartungen zu erfüllen.

Daß solche Unterstellungen enttäuscht werden können, liegt auf der Hand. Anpassungsfähig wird die Person durch Lernen. Lernen und Nichtlernen erfüllen gleiche Funktionen, nämlich Enttäuschungen zu bewältigen. Enttäuschungen können durch Lernen oder Nichtlernen verarbeitet werden. Durch Lernen werden Erwartungen an den anderen geändert. Bei Nichtlernen werden die Erwartungen kontrafaktisch aufrechterhalten, weil die Erwartungen der anderen nicht die sind, um sich selbst erwarten zu können. Werden Erwartungen kontrafaktisch aufrechterhalten, so bedarf es zur Stabilisierung der Möglichkeit, dies darzustellen. Um der Koordinierbarkeit der Erwartungen willen wurden in den Interaktionen Erwartungen gebildet, unter denen Menschen sich gegenseitig achten. Sind normative Erwartungen mit Achtungsbedingungen verknüpft, so wählt der Erwartende einen moralischen Interaktionsstil. Er signalisiert, unter welchen Bedingungen gegenseitige Achtung möglich ist. Um diese Bedingungen dem anderen zu demonstrieren, wählt er einen normierend – fordernd – lobend – tadelnden Interaktionsstil. Dieser äußert sich in der Form von Ausdruckshandlungen. Die Möglichkeiten für solche Ausdruckshandlungen sind vielfältig. Sie können in Form von Bekenntnissen, Selbstbestrafungen, Protesten und Sanktionen gegen andere erfolgen. Alle diese Handlungen demonstrieren den Interaktionspartnern – und seien es auch nur unbeteiligte Dritte – daß der Erwartende seine Erwartung trotz der Enttäuschung beibehält. Alle genannten Ausdruckshandlungen stellen funktionale Äquivalente zur Aufrechterhaltung der eigenen Erwartungen dar. Ihre Auswahl hängt von situativen Bedingungen ab. So können im Einzelfall Bekenntnisse wie eine öffentliche Selbstankettung zur Einforderung von Grundrechten größere Wirkung zeigen als Sanktionen wie z.B. individueller Wirtschaftsboykott eines Staates.

Die bisherigen Ausführungen beziehen sich zunächst auf individuelle Normen, die jeder für sich allein ausbilden kann und auch ausbildet. Damit ist aber noch nichts über deren Durchsetzbarkeit ausgesagt. Normierungen des einen können denen des anderen widersprechen, sie können sich gegenseitig enttäuschen. Eine höhere Durchsetzungschance erhalten Normen erst, wenn sie in soziale Normen transferiert werden. Daher muß hier auf die Bedingungen eingegangen werden, die zur Ausbildung sozialer Normen führen. Mit diesem Problem hat sich Luhmann im Kapitel ,Institutionalisierung' seiner Rechtssoziologie befaßt. Institutionalisierung bezeichnet den Umfang,

> „in dem Erwartungen auf unterstellbare Erwartungserwartungen Dritter gestützt werden können."[20]

In Interaktionen sind nicht nur die aktuell Erwartenden und Handelnden von Bedeutung, wichtig sind auch die potentiell Miterlebenden, die zwar aktuell ihre Aufmerksamkeit anderen Dingen zuwenden, aber für die Interaktionen der Handelnden interessiert werden können. Da das Aufmerksamkeitspotential knapp ist, können nicht alle aktuell jeweils alles erwarten, geschweige denn alles erwartete Handeln ausführen.

> „Die jeweils aktuell Erwartenden und Handelnden sondern sich daher laufend aus und profilieren sich vor einem Hintergrund potentiell Miterlebender, die derweil mit anderen Dingen beschäftigt sind. Dies geht allen so, die sich ein Thema vornehmen, und entsprechend sind alle füreinander zugleich potentiell miterlebende Dritte."[21]

Als Dritter ist man zwar mit anderen Dingen befaßt, kann aber unter Umständen für ein aktuelles Miterleben, Miturteilen und Handeln gewonnen werden. So ist man Dritter nicht im momentanen aktuellen Erwarten, sondern im Erwartungshorizont der sich gerade aktuell an seinen Erwartungen orientierenden anderen. Dieser Einbezug der Erwartungen Dritter verleiht den Erwartungen eine neue Dimension[22]. Die Erwartung erscheint nicht mehr als individuelle, sondern als auch von anderen geteilte Norm. Sie erscheint nicht mehr als persönliche Meinung, sie wird entsubjektiviert und erhält den Status eines außerhalb des Subjektes vorgegebenen Faktums, auf das man sich gemeinsam beziehen kann. Auf diese Weise erhält die Erwartung ein surplus an Durchsetzungschancen. Man kann durch Anrufung Dritter Unterstützung zur Durchsetzung der eigenen Erwartungen gewinnen. So erhält die Erwartung den Charakter einer Institution.

Institutionalisierungen können auf verschiedenen Ebenen erfolgen. Sie bilden sich zum einen in Face-to-Face-Interaktionen aus. Aufgrund begrenzter Kapazität für Aufmerksamkeit impliziert jeder Sinn mehr als durch Kommunikation expliziert werden kann. Daher muß man, um überhaupt handeln zu können, akzeptierte Situationsdefinitionen voraussetzen, die dann in eine bestimmte Richtung ausgelegt werden. Diese Explikation fällt einem oder mehreren Teilnehmern zu. Sie gelangen ins Zentrum gemeinsamer Aufmerksamkeit. Jeder kann zwar protestieren, aber keiner kann, wenn er an der Inter-

---

20 N. Luhmann, Rechtssoziologie 1, Reinbek 1972, 65
21 a.a.O., 66
22 Andererseits kann es unter Umständen nützlich sein, Dritten den Eindruck von Nichtbetroffenheit zu vermitteln. Diese Strategie kann zur Durchsetzung von Machtinteressen nützlich sein (vgl. H. Popitz, Prozesse der Machtbildung, Tübingen [2]1969, 24 f)

aktion weiterhin teilnehmen will, gegen alles Implizierte explizit protestieren. Gelingt es ihm nicht, die Themenentwicklung an sich zu reißen, so bleiben ihm nur die Möglichkeiten, entweder den Protest durch Abbruch der Beziehungen auszudrücken, oder sich auf die Selektionsgeschichte und den in ihr unterstellten Konsens einzulassen, Fortsetzen der Teilnahme wird zur Darstellung von pauschal erteiltem Konsens. Aufgrund solcher Darstellungen bilden die anderen Teilnehmer ihre Erwartungen. Es bilden sich gemeinsam unterstellte Selbstverständlichkeiten aus, auf die sich die anderen dann beziehen können. So erhalten gewisse Normprojektionen günstigere Chancen als andere. Wer gegen eine Institution erwartet, hat das Gewicht einer Selbstverständlichkeit gegen sich. Er muß Verhaltensgrundlagen, auf die sich andere schon eingelassen haben, thematisieren und zerstören. Er muß die Aufmerksamkeit der anderen auf sich lenken, Führungsansprüche stellen, sich exponieren. Er muß Gründe gegen die Institution aufzeigen und meist Alternativen vorschlagen. So muß derjenige, der gegen eine Institution protestiert, sich hervorwagen und sich selbst darstellen, er setzt sich dem Risiko des Scheiterns aus, während der, der sich nicht äußert, unbehelligt bleibt, dadurch aber die Kommunikationschancen der Institution erhöht. Institutionen haben also nicht notwendig zwingenden Charakter. Ein einzelner kann auch gegen Institutionen erwarten und handeln, nur ist dann sein Leben riskanter, als wenn er institutionskonform erwartet und handelt.
Der hier beschriebene Institutionalisierungsprozeß bindet zunächst nur die Anwesenden.

„Durch Erwartung institutionalisierter Erwartungen läßt dieser selektive Mechanismus sich über das unmittelbare Interaktionssystem und die jeweils Anwesenden hinaus generalisieren. Erst dadurch kommt es zu jener [...] Differenzierung von Erwartenden und Dritten, die mit anderen Dingen beschäftigt sind. Erst dadurch kommt es zur Bildung von Institutionen von kultureller Bedeutung, die von Einzelsituationen, Situationsgeschichten und elementaren Interaktonssystemen unabhängig sind. Das Engagement kraft Dabeiseins wird zum Engagement kraft gesellschaftlicher Existenz."[23]

Diese Art der Institutionalisierung führt dazu, die eingegangene Bindung nicht nur auf die unmittelbar Beteiligten zu beziehen, sondern auf alle. Man erwartet entsprechende Erwartungen nicht nur von interessierten Anwesenden, sondern auch von unbeteiligten anders beschäftigten Anwesenden ohne diese Erwartungen noch abzufragen.

„Gerade die Unbestimmtheit, Anonymität, Uneinschätzbarkeit und Unbefragbarkeit der relevanten Dritten garantiert die Verläßlichkeit und Homogenität der Institutionen. Sie beruht auf der Neutralisierung aller Anhaltspunkte dafür, daß bestimmte Dritte konkret etwas anderes erwarten könnten."[24]

---

23 N. Luhmann, Rechtssoziologie 1, a.a.O., 70
24 a.a.O., 71

Diese Generalisierung macht Institutionen unabhängig vom aktuellen Konsens der Beteiligten. Institutionen können daher als eigene Wirklichkeit erlebt werden, die dem einzelnen als Objekte gegenübertreten. Sitte und Gewohnheit werden im wesentlichen durch diese Form der Institutionalisierung gestützt. Unbeteiligte Dritte werden für bestimmte Angelegenheiten interessiert. Sie berufen sich auf anonyme Dritte, indem sie sich auf „man" beziehen und stützen so die Norm. So kann sich im Bereich des Gewohnheitswissens jedermann als Hüter der Ordnung fühlen.

Mit der Zunahme der Arbeitsteilung und der funktionalen Ausdifferenzierung der Gesellschaft wird der Anteil der für alle geltenden Erwartungen kleiner, die nur für bestimmte Gruppen geltenden Erwartungen nehmen zu. Dadurch treten neue Probleme auf. Wenn Erwartungen für alle gelten, tritt der einzelne je nach Situation als Erwartender, Handelnder oder Dritter auf. Die Selbstbeteiligung ist erfahrbar und hebt so die Überzeugungskraft der Institution.

Mit der funktionalen Differenzierung und der damit verbundenen Beschränkung des Geltungsbereichs der Erwartungen wird die Stellung des Dritten in der Interaktion verändert. Jetzt wird die Trennung zwischen Erwartenden, Erwartungsadressaten und Dritten definitiv. Dritte sollen jetzt auch solche Erwartungen stützen, die sie selbst nie zu erfüllen brauchen.

„Der Dritte verliert in bezug auf konkrete Verhaltenserwartungen seine Funktion als alter ego."[25]

Er wird inkompetent. So wird die Selbstbeteiligung der institutionalisierenden Dritten ausgeschaltet. Sie wird durch Anonymität ersetzt. Um die Möglichkeit der Kommunikabilität und Anpassungsfähigkeit von Institutionen zu erhalten, bedürfen sie repräsentativer Sprecher. So fördert die Differenzierung gleichzeitig die Hierarchisierung in den ausdifferenzierten Funktionseinheiten. Häufig wird in solchen Fällen auch die Gruppe der als relevant miterlebenden Dritten eingeschränkt. Der Erwartende orientiert sich dann an einer enger definierten Bezugsgruppe, z.B. einem Berufsverband, während die anderen keine institutionalisierenden Relevanzen haben. Sie werden für diese Bereiche z.B. als Laien ignoriert. Auf diese Weise werden in der Gesellschaft „Schranken für relevantes Miterleben" (Luhmann) aufgebaut. Die Bildung solcher Bezugsgruppen erfolgt auf der Ebene des Erwartens von Erwartungen. Sie hat die Funktion, partielle und damit differenzierbare Institutionalisierungen zu ermöglichen[26].

Institutionalisierungen erfolgen also im Bereich von Sitte dadurch, daß jedes Gesellschaftsmitglied gleichzeitig Erwartender, Erwartungsadressat und Dritter sein kann, daß also jedes Gesellschaftsmitglied als relevanter Dritter gilt. Sittliche Normen gelten für alle Gesellschaftsmitglieder. Dagegen gelten

---

25 a.a.O., 73
26 vgl. a.a.O., 78

Normen, die nur durch Bezugsgruppen abgestützt werden, nur für die Mitglieder dieser Gruppen. Andere Dritte werden für die Institutionalisierung als irrelevant betrachtet.

Von diesen Formen der Institutionalisierung läßt sich die Institutionalisierung durch Verrechtlichung unterscheiden. Rechtlich institutionalisierte Erwartungen gelten für alle Gesellschaftsmitglieder. Doch wird für die Überwachung ihrer Einhaltung ein eigener Erzwingungsstab eingerichtet, der vom einzelnen angerufen werden oder von sich aus eingreifen kann. Dieser Erzwingungsstab übernimmt die Funktion des relevanten Dritten. Vom einzelnen wird dann erwartet, daß er erwartet, was der Erzwingungsstab und demzufolge man von ihm erwartet.

Nach diesen Überlegungen kann der Begriff „Position" präzisiert werden. Die Abgrenzung von Positionen erfolgt auf der Ebene von institutionalisierten Funktionsabgrenzungen, also auf der Ebene von Erwartungserwartungen hinsichtlich zu erfüllender Funktionen, die durch den Einbezug Dritter gestützt sind und damit ein surplus an Erwartungssicherheit gegenüber individuellen Erwartungen haben.

Solche institutionalisierten Erwartungen und Typisierungen dienen der Verhaltenskoordination in Interaktionen, indem sie gleichzeitig Anweisungs- und Auslegungsschemata darstellen. Wer ein bestimmtes Ziel erreichen will, muß sich gemäß dieser Norm verhalten. Wenn ein Verhalten, das dem Schema entspricht, beobachtet wird, wird geschlossen, daß der andere das entsprechende Ziel erreichen will.[27] Damit Normen diese Funktion verläßlich erfüllen können, müssen sie institutionalisiert sein.

2.4 Relevanzsysteme als institutionalisierte Regelsysteme

Schütz zeigt auf, daß solche Institutionen keine isolierten Gebilde, isolierte Regeln, sind, sondern sie sind in Funktionssystemen geordnet und als solche Systeme in ein Gesamtinteressensystem, das Relevanzsystem, integriert.

> „Das Relevanzsystem bestimmt nicht nur das, was zur Situation gehört, mit der der Mensch [...] ‚fertig werden muß'. Es bestimmt auch das, was zum Substrat der verallgemeinernden Typifikation werden soll, welche Merkmale als typisch bestimmend ausgewählt werden und wie weit wir in den offenen noch verhüllten Horizont der Typik vordringen müssen."[28]

---

27 vgl. A. Schütz, gesammelte Aufsätze Bd. 2. Studien zur soziologischen Theorie, Den Haag 1972, 59
28 A. Schütz, Gesammelte Aufsätze Bd. 1. Das Problem der sozialen Wirklichkeit, Den Haag 1971, 326 f

Die Grenzziehung wird von jedem einzelnen vorgenommen. Streng genommen fallen die Grenzbestimmungen verschiedener Personen nicht gleich aus,

> „obwohl Institutionalisierungen und Standardisierungen von sozialen Situationen und Interaktionsmustern deren Annäherung bis zu einem für viele praktische Zwecke genügendem Ausmaß ermöglichen."[29]

Nur Elemente, die zum gleichen Relevanzbereich gehören, können als gleich oder ungleich verglichen werden,

> „während Elemente, die zu verschiedenen Relevanzbereichen (‚heterogene' Elemente) gehören, nicht miteinander verglichen werden können, ohne daß man zu logischen und axiologischen Widersprüchen kommt."[30]

Nach Schütz werden Positionen und Rollen als Elemente eines Netzwerkes von Typisierungen erlebt, als Typisierung von Handlungsmustern, Motiven und Zielen. Solche Typisierungen, die hauptsächlich von anderen gebildet wurden, sich aber als geeignete Hilfsmittel erweisen, um mit Dingen und Menschen umzugehen, werden auf Grund ihrer Bewährung akzeptiert. Die Gesamtsumme der verschiedenen Typisierungen konstituiert einen Bezugsrahmen, über den die Welt ausgelegt wird. Er ist zur Lösung der meisten praktischen Probleme ausreichend, selbst wenn er in sich nicht konsistent ist. Typisierungen entstehen aus Alltagserfahrungen der Welt.

Typisierungen abstrahieren von der Einzigartigkeit der Dinge. Typen betonen bestimmte Aspekte, die ein Gegenstand, Geschehnis oder Ereignis mit anderen gemeinsam hat. Typen sind problemrelevant. Sie betonen die Aspekte der Gegenstände, die für den jeweils vorherrschenden Zweck relevant sind, während sie andere Aspekte außer acht lassen. So verlangt jedes Problem eine andere Art von Typisierung. Für die Lösung eines bestimmten Problems können aber zahlreiche Typen gebildet werden.

> „Das wohlumschriebene Problem kann der Ort aller möglichen Typen heißen, die man zum Zweck seiner Lösung bilden kann. D.h., der Ort aller problemrelevanter Typen. Wir können auch sagen, daß alle diese Typen dadurch, daß sie sich auf dasselbe Problem beziehen, zu demselben Relevanzbereich gehören."[31]

Schütz erweitert diese Definition im folgenden Satz. Danach wird ein Relevanzbereich konstituiert von einem Komplex miteinander verbundener Probleme. Jedes Problem steht in einem Zusammenhang. Da es unendlich viele innere Horizonte hat, kann es beliebig weit expliziert werden. Die Grenzen der Auslegung und die Bestimmung der Voraussetzungen, wann es als gelöst erscheint, werden durch die Problemformulierung festgelegt. Dazu muß eine Grenze zwischen problemrelevanten Merkmalen und den anderen Elementen des problematischen Feldes gezogen werden. Die letzten werden dabei als

---

29 A. Schütz, GA 2, 204 f
30 A. Schütz, GA 2, 205
31 A. Schütz, GA 2, 213

Daten betrachtet. Daten sind im Augenblick nicht befragte Tatsachen, die aber befragt werden könnten. Die Grenzen zwischen dem, was typisch ist, und dem, was draußen bleibt, wird durch die Problem-Relevanzen gezogen. Da das System der Problem-Relevanzen auf den Interessen beruht, die aus einer besonderen Situation entspringen, folgt, daß derselbe Gegenstand oder dasselbe Ereignis sich als relevant oder irrelevant erweisen kann, als typisiert oder untypisiert und sogar als typisch oder atypisch, und zwar mit Bezug auf verschiedene zu lösenden Probleme und auf verschiedene Situationen, aus denen der Gegenstand oder das Ereignis entspringt, d.h. mit Bezug auf verschiedene Interessen. So ist das Feld der Alltagserfahrung in jedem Augenblick in verschiedene Relevanzbereiche strukturiert, und es ist gerade das vorherrschende Relevanzsystem, das bestimmt, was als typisch gleich (homogen) und was als typisch verschieden (heterogen) zu gelten hat. Jeder Handlungsbereich dient der Befriedigung bestimmter menschlicher Interessen und hat seine eigene Ordnung. Diese Relevanzbereiche haben einen gewissen Grad institutioneller Verfestigungen gefunden. Sie besitzen eine normative Struktur und sind durch gesellschaftliche Bewertung in einer Hierarchie geordnet[32].

Die jeweilige Interessenslage bestimmt, zu welcher Zeit welcher Relevanzbereich im Vordergrund des Bewußtseins steht und somit, welche Regeln in dieser Situation gelten. So kommt Schütz zu dem Schluß, daß die Geltung unterschiedlicher Regeln durch die Zurechnung zu verschiedenen Relevanzbereichen, die die Situation auch zeitlich räumlich und sozial gegeneinander abgrenzen, neutralisiert wird.

Schütz faßt die Funktion des Systems von Relevanzbereichen folgendermaßen zusammen:

1. Ein Relevanzsystem grenzt Relevanzbereiche gegeneinander ab und legt so fest, welche Sachverhalte als gleich zu behandeln sind. So bestimmt ein Relevanzbereich Sinngrenzen, indem er bestimmt, welche Sachverhalte miteinander verknüpft werden können und welche nicht. Die Aufgabenschneidung bei der Arbeitsteilung erfolgt entlang solcher Linien, die als Sinngrenzen erlebt werden, andererseits werden diese Sinngrenzen auch durch Positionsdefinitionen definiert. Durch die Art der Arbeitsteilung werden diese Grenzen abgesichert und in der Gesellschaft durchgesetzt.

2. Das Relevanzsystem verwandelt individuelle Handlungen in typische Funktionen typischer sozialer Positionen. Diese Typisierung erfolgt sowohl durch den Positionsinhaber als auch durch seine Interaktionspartner. Diese reflexive Typisierung ermöglicht ein gewisses Maß an Verhaltenssicherheit.

---

32 vgl. H.P. Dreitzel, Die gesellschaftlichen Leiden und die Leiden an der Gesellschaft, a.a.O., 133

3. Das Relevanzsystem dient gleichzeitig als Anwendungs- und als Auslegungsschema. Es konstituiert, auch wenn die Typisierung der Interaktionspartner nie vollkommen deckungsgleich sind, dennoch ein Universum der Kommunikation mit den Interaktionspartnern, die das gleiche Relevanzsystem anerkennen und als selbstverständlich hinnehmen.

4. Je stärker ein solches Relevanzsystem standardisiert und institutionalisiert ist, desto größer werden die Erfolgschancen der Kommunikation. Soziale Kontrolle einerseits und Habitualisierung andererseits dienen dieser Stabilisierung der Relevanzsysteme.

5. Jede persönliche Situation ist Situation in einer Gruppe, private Interessen sind mit Bezug auf die Gruppe definiert (entweder durch Partikularisierung oder durch Antagonismus). So ist das sozial gebilligte System der Typisierungen und Relevanzen das gemeinsame Feld, in dem die privaten Relevanzsysteme entstehen. Private und fremde Typisierungen sind wechselseitig aufeinander bezogen.[33]

Das institutionalisierte Regelsystem dient der Orientierung, Erklärung, Legitimation und Zuschreibung. Dieser Sachverhalt läßt sich am besonders stark institutionalisierten Regelsystem Straßenverkehr verdeutlichen. Die Verkehrsregeln dienen der Verhaltensorientierung und -koordination. Unfälle werden über Regelverstöße zugeschrieben, ihre Ursache wird in Regelverstößen angesetzt. Wer gegen die Regeln verstoßen hat, muß für die Unfallfolgen haften. Fakten werden durch die In-Beziehung-Setzung zu den Regeln konstruiert. Erst durch ein solches Regelsystem wird die Funktionsfähigkeit des Verkehrs ermöglicht. Die Einhaltung der Regeln wird durch Habitualisierung und soziale Kontrolle abgesichert.[34] .

Die Regeln sind gruppengebunden – in England gelten andere als in Deutschland –, dennoch ermöglicht erst ihre Einhaltung, das Verhalten der anderen Verkehrsteilnehmer zu antizipieren und mit dem eigenen Verhalten zu koordinieren. So kann das Verkehrssystem als eigenes Sinnsystem betrachtet werden, das vorschreibt, unter welchen Gesichtspunkten die auftretenden Gegenstände wahrgenommen und miteinander verknüpft werden.

2.5 Umschreibung des Positionsbegriffes

Nach diesen Überlegungen kann der Positionsbegriff näher bestimmt werden.

---

33 vgl. A. Schütz, GA 2, 215-217
34 vgl. F.X. Kaufmann, Sicherheit als soziologisches und sozialpolitisches Problem, Stuttgart ²1973, 67-70

Durch zeitliche, räumliche, sachliche und soziale Definition von Funktionseinheiten ermöglicht es Arbeitsteilung, inkompatible Verhaltensanforderungen durch die Abgrenzung der Geltungsbereiche dieser Anforderungen miteinander zu koordinieren.

Durch die Einbettung in Tätigkeitsgefüge, in denen dem einzelnen bestimmte Aufgaben zugewiesen werden, die auf die Tätigkeiten von anderen angewiesen sind und gleichzeitig für die Tätigkeiten anderer notwendig sind, schafft Arbeitsteilung Positionen. Aus dem Gesamtgefüge heraus wird die Funktion des Positionsinhabers bestimmt. Daher können unabhängig von der jeweiligen Person die Qualifikationsanforderungen an den Positionsinhaber definiert werden. Qualifikationsanforderungen an eine bestimmte Position sind also intersubjektiv bestimmbar. Das hat den Vorteil, daß sie lehr- und lernbar sind.

Eine Position bestimmt innerhalb eines Tätigkeitsgefüges, systemtheoretisch kann hier von einem System gesprochen werden, welche Aufgaben ihr Inhaber erfüllen muß. Sie verleiht dem Inhaber bestimmte Rechte und Pflichten, sie ermächtigt ihn, diese Rechte und Pflichten auszuüben. Eltern z.B. sind verpflichtet, sich um das Wohl ihrer Kinder zu kümmern. Diese Verpflichtung ist mit dem Recht verknüpft, von anderen nicht einfach an der Wahrnehmung dieser Pflicht gehindert zu werden.[35] Der Verpflichtung auf der einen Seite entspricht eine Ermächtigung auf der anderen Seite. Das Ausmaß der Ermächtigung bestimmt den Grad der Autonomie, die dem Positionsinhaber bei der Wahrnehmung seiner Verpflichtungen eingeräumt wird. Nach Weber[36] beinhalten Ermächtigungsnormen nicht nur die

„Einräumung eines ‚Freiheitsrechts' im Sinne einer bloßen Ermächtigung zum beliebigen Tun und Lassen konkreter Handlungen"[37],

sondern gleichzeitig bindende Festlegungen für andere. Eltern sind so verpflichtet, ihre Kinder zu erziehen, doch darf ihnen keiner diese Aufgabe streitig machen[38].

Wie sie diese Anforderungen erfüllen, ist weitgehend in ihr Ermessen gestellt. Weil dieser Ermessensspielraum bei den Elternpositionen so groß ist, haben die einzelnen Familien auch so unterschiedlichen Charakter. Ermächtigungsnormen können aber auch über die Abgrenzung des gegenseitigen Freiheitsbereiches grundsätzlich hinausgreifen. Sie binden auch dritte, an Entscheidungen nicht beteiligte Personen, auch wenn deren Interessen durch die Entscheidungen tangiert werden.

---

35 vgl. B. Schüller, Die Begründung sittlicher Urteile. Typen ethischer Argumentation in der Moraltheologie, Düsseldorf ²1980, 110
36 M. Weber, Wirtschaft und Gesellschaft, a.a.O., 409
37 a.a.O., 410
38 Diese Ermächtigung ist Ursache für die Schwierigkeit, den richtigen Zeitpunkt für Eingriffshandlungen in die Familie durch die Sozialadministration zu bestimmen.

Weber führt Beispiele für solche Dritte bindende Ermächtigungsnormen an: den Verkauf eines Grundstückes, der zu Nutzungsänderungen führt, die die Nachbarn nicht verhindern können, die Gründung einer Aktiengesellschaft, die die Haftungsregeln gegenüber Gläubigern verändert, ohne daß diese die Gründung verhindern könnten. Solche Ermächtigungen sind mehr als nur die Einräumung eines Freiheitsrechtes im Sinne eines bloßen Tuns oder Lassens bestimmter Handlungen.[39] Mit der Ermächtigung, Entscheidungen zu treffen, die auch Dritte binden, ergibt sich die Möglichkeit, Einfluß auf die Positionsdefinition anderer zu nehmen. Diese Einflußmöglichkeiten sind ungleich verteilt, so daß sich Machtdifferenzen zwischen verschiedenen Positionen ergeben.[40]

Positionen sind in Gruppen typisierte Rechte und Pflichten für Positionsinhaber, sie ermächtigen diese gleichzeitig, diese Funktionen wahrzunehmen. Über diese Ermächtigung erlangen die Positionsinhaber einen wie auch immer weiten Autonomiebereich, den auch ihre Interaktionspartner und Dritte respektieren müssen, auch wenn ihre Interessen tangiert sind. Dieser Autonomiebereich erlaubt es dem Positionsinhaber, seine Position selbst zu interpretieren und entsprechend dieser Interpretation dann sein Rollenspiel zu realisieren.

Durch die Schaffung von Positionen können Relevanzbereiche voneinander abgegrenzt werden. Die Abgrenzung von Positionen erfolgt entlang von Sinngrenzen. Andererseits können auch durch Positionen Sinngrenzen definiert werden. Positionen trennen Problembereiche zeitlich, räumlich, sachlich und sozial. Diese Abgrenzung ist gruppengebunden.

Positionen schaffen auf diese Weise eine, wenn auch labile Diskurswelt zwischen den Mitgliedern der Gruppe, die es ihnen ermöglicht, ihr Verhalten gegenseitig zu verstehen und selbst verstanden zu werden. Positionen typisieren Verhalten, aber nicht jedes typische Verhalten entspricht einer Position. Von Positionen soll im folgenden nur gesprochen werden, wenn mit der Typisierung bestimmte Kompetenzen und Ermächtigungen verknüpft sind, die so institutionalisiert sind, daß miterwartet wird, daß auch andere diese Kompetenzen und Ermächtigungen einräumen und zu ihrer Durchsetzung angerufen werden können[41].

---

39 M. Weber, a.a.O., 410f
40 vgl. D. Claessens, Rolle und Macht, a.a.O., 59-68
41 In diesem Sinne bezeichnen psychische Typisierungen wie der Wütende, Zornige, Freigiebige usw. die Claessens (vgl. Claessens 1968; 40) dem Begriff ‚psychische Rolle' subsumiert, ebensowenig wie der ‚Kleine', ‚Dicke', ‚Schnelle', die Claessens dem Begriff ‚Primärstatus' zuordnet, keine Positionen. Sie sind zwar Typisierungen, räumen aber keine spezifischen Kompetenzen und Ermächtigungen ein, selbst wenn auch sozial definiert sein kann, in welcher Situation man wütend, freigiebig usw. sein kann oder soll, oder wenn es Vorstellungen darüber gibt, welche Positionen man besser mit Kleinen oder Dicken besetzt. (vgl. dazu Kapitel 3)

Positionen stellen Rahmen dar, innerhalb derer sich Positionsinhaber in Situationen bewegen können. Sie grenzen Sitationen durch die Bestimmung der entscheidungsrelevanten Horizonte voneinander ab. Sie regeln die möglichen Beziehungen zu anderen Positionsinhabern. Eine soziale Position legt institutionell fest, in welche Relevanzbereiche bestimmte Handlungen einzuordnen sind, welche Relevanzen in diesen Situationen gelten und welche für diese Situationen neutralisiert sind, welche möglichen Themen miteinander verknüpft werden können, und welcher Grad an Autonomie der Handelnde in diesen Situationen hat.

Die Ausdifferenzierung von Positionen dient der Orientierung der Interaktionspartner und der Koordination ihrer Handlungen. Diese Funktion erfüllen Positionen, wenn sich die Institutionalisierungen, auf die sich die Interaktionspartner beziehen, decken. Da Institutionalisierungen in verschiedenen Gruppen und auf verschiedenen Ebenen erfolgen, braucht das nicht der Fall zu sein. Sitten können dem Recht widersprechen. In diesem Fall ist nicht unbedingt ausgemacht, welche Institution stärker ist. Sitten können trotz abweichender Rechtsordnung beibehalten werden, sie können so stark sein, daß die Rechtsordnung nicht durchzusetzen ist, andererseits kann auch Recht gegen bestehende Sitten durchgesetzt werden. Solche Differenzierungen treten auf, wenn Sitten und Recht von verschiedenen Gruppen getragen werden. Unterschiedlich können auch Positionen in verschiedenen Bezugsgruppen abgegrenzt werden, so daß es auch in diesen Fällen zu Institutionskonflikten kommt. Werden Positionen von verschiedenen Bezugsgruppen institutionell unterschiedlich definiert, so kommt es zu Intrapositionskonflikten. Die Position „Lehrer" kann z.B. von der Landesregierung anders definiert werden als von Elternverbänden. In diesen Fällen ist die Position nicht eindeutig definiert. Da die Position den Inhaber aber mit den verschiedenen Bezugsgruppen in Beziehung setzt, deren Mitglieder jeweils institutionalisiert verschieden erwarten, muß die Position weiter in Positionssegmente differenziert werden. Die Lösung der daraus entstehenden Konflikte ergibt sich aus den Machtbeziehungen der Bezugsgruppen zueinander und der Bereitschaft der Bezugsgruppen, zur Durchsetzung des Institutionenschutzes Machtmittel einzusetzen, und der Möglichkeiten der Bezugsgruppen, Einfluß auf die Rechtsdefinition zu nehmen und so den staatlichen Zwangsapparat zur Durchsetzung ihrer Interessen zu gewinnen.

Werden dagegen Situationen in einem Bezugssystem institutionell nicht eindeutig einer bestimmten Position zugeordnet, so daß inkompatible Erwartungen gleichzeitig an den Handelnden gerichtet werden, wenn also nicht geklärt ist, welche Position in einer Situation zu gelten hat, z.B. die Eltern- oder die Berufsposition, dann soll von einem Interpositionskonflikt gesprochen werden.

Positionskonflikte sind, da nicht nur individuelle Interessen, sondern gleichzeitig Bezugsgruppeninteressen betroffen sind, schwer zu lösen. Für die Lösung von Positionskonflikten haben die Machtbeziehungen zwischen den Bezugsgruppen bzw. der Bezugsgruppe und dem Handelnden eine wichtige Bedeutung.

Nach diesen Überlegungen lassen sich Positionen in verschiedenen Dimensionen typisieren.

1. Von welcher Gruppe wird die Position definiert und institutionalisiert? Wie wird sie institutionalisiert? Wird die Position durch Sitte, Recht oder spezielle Bezugsgruppen gestützt?
2. Wie wird sie definiert? Wie erfolgt die Zuordnung zu bestimmten Relevanzbereichen?
3. Welchen Grad von Autonomie verleiht die Position dem Positionsinhaber?
4. Welchen Grad an Macht und Einfluß gewährt die Positionsdefinition dem Inhaber?[42]

Arbeitsteilung führt, wie dargestellt, zur Differenzierung von Positionen. Diese Differenzierung macht die Gesellschaftsmitglieder voneinander gegenseitig abhängig. Differenzierung erfordert auf der anderen Seite Koordination. Die Teileinheiten müssen wieder zusammengefügt werden, damit sie als Teil einer Gesamtheit erfahren werden können. Solche Zusammenfügungen erfolgen auf zwei Ebenen. Die Teilaufgaben, die verschiedene Personen in Positionen ausüben, müssen zu einem sinnvollen Ganzen koordiniert werden (Problem des Sozialsystems) und andererseits müssen die Positionen, die eine Person innehat, innehatte und innehaben wird, sinnvoll verknüpft werden (Identitätsproblematik).

2.6 Position und Person

Als Bündel institutionalisierter Erwartungen lassen sich Positionen unabhängig von ihren Inhabern beschreiben. Am deutlichsten wird dieser Sachverhalt an Stellenausschreibungen. Hier werden die Arbeitsbereiche und Funktionen des Positionsinhabers, seine Zuständigkeiten und Ermächtigungen und die qualifikatorischen Anforderungen, die die Betriebsleitung an ihn stellt, typisiert beschrieben. Andererseits ist oben festgestellt worden, daß die Position mit einer Person besetzt sein muß, da die Aufgaben von Personen ausgeführt werden müssen, daß auch Positionen umgekehrt an Personen gebunden sind. Eine Position definiert einen institutionellen Rahmen, den der Inhaber füllen muß. Die Definition der Positionen ist ein Element der Definition der Situa-

---

42 vgl. U. Gerhardt, Rollenanalyse als kritische Soziologie, a.a.O., 241-244

tion. Da dem Inhaber Autonomieräume und Ermächtigungen zugeschrieben werden, können verschiedene Inhaber in derselben Position unterschiedlich handeln. Der Rahmen kann daher bestimmte Situationen nur typisieren, er definiert sie nicht vollständig. Daher ist es nicht gleichgültig, welche Person eine bestimmte Position besetzt.

Betrachten wir das Handeln in einer bestimmten Position, so wechseln wir den Bezugsrahmen. Positionen verorten die Träger in Bezugsfeldern[43]. Sie bestimmen die Koordinaten durch die Definition der Sozial-, Sach- und Zeitdimensionen, in denen die Träger positioniert werden. Sie bezeichnen also die gesellschaftlichen Bezüge, in denen der Positionsträger agiert. Rollen dagegen beziehen sich auf das Interaktionssystem der Positionsinhaber. Die auf Handeln bezogenen Erwartungen sind nicht anonym, sondern die im Rollenspiel an den Rollenträger herangetragenen Erwartungen werden von konkreten Personen an ihn gerichtet. Institutionen werden in diesem Zusammenhang insofern relevant, als sie in der Interpretation der Interaktionspartner in konkrete Erwartungen umgesetzt werden. Für das Rollenspiel ist daher die Definition der Situation durch die Interaktionspartner wichtig. Die anonymen Dritten sind hier insofern relevant, wie sich die Interaktionspartner auf sie beziehen, deren Erwartungen interpretieren und ihre persönlichen Erwartungen an institutionalisierten Erwartungen in ihrer Durchsetzbarkeit bewerten.

Um darstellen zu können, wie Positionsdefinitionen die Interaktionssituationen beeinflussen, muß zunächst ein Modell für interagierende Individuen entwickelt werden. Ein solches Modell muß berücksichtigen, daß der Mensch ein soziales Wesen ist, das auf Gesellschaft angewiesen ist, Umwelt in sich aufnimmt, aber dennoch von seiner Umgebung abgegrenzt werden kann. Es darf, soll es einen Erklärungswert haben, den Menschen nicht in einen homo sociologicus und freien einzelnen[44] zerlegen, die in einer paradoxen Beziehung stehen, nach der der Mensch ganz und frei und gleichzeitig ein Aggregat von Rollen und bedingt ist[45], und nach der weiter homo sociologicus und ganzer Mensch

„um die Gunst und das praktische Selbstverständnis als Menschen darum ringen, ob der Mensch aller Individualität und aller moralischen Verantwortung bar oder als freier, integrer einzelner Herr seines Tuns ist"[46].

Paradoxe Modelle, die kontradiktorische Aussagen enthalten, zeichnen aus der Menge aller überhaupt möglichen Sätze keine Sätze aus[47]; daher haben sie keinen Erklärungswert. Ein soziologisches Modell von Person muß die

43 R. Dahrendorf, Homo sociologicus, a.a.O., 26
44 a.a.O., 73
45 vgl. a.a.O., 68 f
46 a.a.O., 70
47 vgl. K.R. Popper, Logik der Forschung, Tübingen ³1969, 256

Möglichkeit von Freiheit, Entfremdung und Schuld des einzelnen in sich enthalten. Ein solches Modell, muß es ermöglichen, Grenzen des einzelnen gegen seine Umwelt zu sichern, Handlungen zuzurechnen und Erleben reflexiv auf die eigene Identität zu richten[48]. Eine solche Selbstidentifikation ist wie jede Sinnbildung in mehreren Dimensionen gleichzeitig zu leisten, und zwar in einer sozialen, einer sachlichen und einer zeitlichen Dimension. Betrachten wir zunächst die soziale Dimension.

„Sobald man [...] in Interaktionen davon ausgeht, daß der Partner anders handeln könnte und sein Handeln an eigenen Erwartungen und Erfahrungen steuert, erkennt man den anderen als anderes Ich."[49]

Um trotzdem noch mit diesem anderen interagieren zu können, ist es notwendig, sich selbst mit den Augen des anderen zu sehen, sich also in den anderen hineinversetzen zu können. Erst wenn man sich selbst in den Erwartungsstrukturen und Bewußtseinshorizonten des anderen sieht, kann man sich selbst in seiner Beziehung zu ihm verstehen. Dazu muß man wiederum die Erwartungen des anderen erwarten können.

„Alle Interaktion wird deshalb durch reflexive Bewußtseinsperspektiven, durch Erwartung von Erwartungen gesteuert ... In Interaktionen sieht sich deshalb jeder Partner notwendig in einer Doppelstellung als Ego und Alter."[50]

Für eine Persönlichkeitstheorie folgt daraus: Jede Selbstidentifikation ist eine Integration aus Ego- und Alterfunktionen in Interaktionskontexten. Eigene Identität ist in Ego- und Alterpositionen differenziert. Als durchhaltbare Einheit kann sich eine Persönlichkeit nur begreifen, wenn sie in der Lage ist, Ego- und Alterfunktionen in wechselnden Interaktionen zusammen wahrzunehmen und beides mit ihrer Identität vereinbar ist. Daher kann sie wechselweise ihre Position als Ego und Alter einnehmen und die Relevanz ihres Erlebens und Handelns je nach den Situationen mehr nach ihrem Ego- oder Altersein definieren, ohne bei diesem Hin und Her ihre Identität zu verlieren.

„Ihre Selbstidentifikation ist unspezifisch in bezug auf Ego- und Altersein, sie ermöglicht beides."[51]

Dabei ist „alter", wie oben dargestellt, keine eindimensionale Größe. Vielmehr muß „alter" differenziert werden in die konkreten Interaktionspartner, in die konkreten und anonymen miterlebenden Dritten, von denen jeweils spezifische Erwartungshaltungen erwartet werden können.

---

48 vgl. N. Luhmann, Das Phänomen des Gewissens und die normative Selbstbestimmung der Persönlichkeit, in: F. Böckle u. E.W. Böckenförde (Hrsg.), Naturrecht in der Kritik, Mainz 1973, 223-224, hier 224
49 a.a.O., 225
50 a.a.O., 225
51 a.a.O., 226

Das Problem liegt im Integrationsniveau, dieses ist wiederum abhängig von den anderen Dimensionen des Erlebens.

In der Sachdimension sind für die Ausbildung der Selbstidentifikation insbesondere Konsistenzanforderungen zu beachten. Eine solche Konsistenz kann durch die Zurechnung auf die biographisch-erinnerte Einheit eines Ich in reflexiver Selbstthematisierung erreicht werden. Die Vereinbarkeit solcher Konsistenzanforderungen mit verschiedenen Zuständen hängt im wesentlichen vom Abstraktionsniveau der Ordnungsmuster, auf dem die Konsistenz erzeugt und gefordert wird, ab. Der Zusammenhang zwischen Sachdimension und Sozialdimension ergibt sich u.a. dadurch, daß personale Identität und Konsistentbleiben in den Verhaltensmustern zugleich soziale Erwartung ist. Die Annahme solcher Konsistenzen in verschiedenen Situationen ermöglicht es nämlich dem anderen, das Anschlußverhalten von Ego auf eigene Handlungen zu antizipieren. So können Reaktionen des anderen in die eigene Handlungsplanung einbezogen werden. Sind solche Antizipationen nicht möglich, so wird jede eigene Handlung zu unbestimmtem Risiko. Solche Unbestimmtheiten sind angstauslösend.

Auf der Zeitachse beziehen sich die Konsistenzanforderungen sowohl auf die Vergangenheit als auch auf die Gegenwart und Zukunft. So werden klare Abgrenzungen des Selbst in der Zeit ermöglicht. Die Konsistenzanforderung impliziert keine Konfliktfreiheit. Vielmehr besagt sie nur, daß solche Konflikte gelöst werden können, ohne daß die sie verursachenden Verhaltensmuster aufgegeben werden müßten.

„In der Zeitdimension geht es um die Kontinuierbarkeit der Strukturen und die Reproduzierbarkeit der Problemlösungen, die Systeme – in unserem Falle: die sich selbst identifizierende Persönlichkeit – für sich selbst gefunden haben."[52]

Mit dem Bewußtwerden der Zeitdimension wird die Konsistenzforderung zum biographischen Problem, da Inkonsistenzen im eigenen Verhalten und Disharmonien in den Erwartungsstrukturen erfahrbar, erinnerbar und antizipierbar werden. Andere Möglichkeiten treten ins Bewußtsein und irritieren die Symbolstruktur. Daher müssen Strukturen, sollen sie stabil sein, kontrafaktisch aufrecht erhalten werden. Um das zu erreichen, werden sie in Sollform transformiert. Dann werden Erwartungen normativ erlebt, man ist dann nicht mehr bereit, zu lernen.

„Normative Komponenten in der Selbstidentifikation bedeuten demnach, daß diese Strukturbestandteile als Erwartungen kontrafaktisch gesichert sind und auch bei Enttäuschungen des Erwartenden mit sich selbst festgehalten werden. Man kann vermuten, daß es vor allem wichtige, zentrale Figuren und Ordnungsmuster sind, die durch einen Prozeß der Selbstnormierung gehalten und damit dem Lernen mit sich selbst entzogen werden."[53]

---

52 a.a.O., 228
53 a.a.O., 229

In diesen Dimensionen konstituiert sich das personale System. Die Kontrollinstanz für die Beurteilung der Identität dieses Systems ist das Gewissen.

"Die Kontrolle am Gewissen weist sich darin aus, daß man sich selbst vor die Frage stellt, ob man derselbe bleiben kann."[54]

Gewissensfragen stellen sich also in einer Krise, die das Steuerungssystem selbst und als ganzes betrifft.

Die Ego-Alter-Formel resultiert aus dem individuellen Lebenslauf. Sie ist in ihren Erzeugungsregeln sozial determiniert, nicht aber in ihrem Ergebnis. Daher kann sich diese Formel, die der Persönlichkeitsbildung zugrunde liegt, von der anderer Personen unterscheiden. Je nach Grad der Offenheit sozialer Alternativen kann die Selbstnormierung der Persönlichkeit unterschiedlich gewählt werden. Die Wahlmöglichkeiten hängen vom Differenzierungsgrad der Gesellschaft ab.

In dem Maße, wie die Individualität des Gewissens anerkannt wird, wird auch die Autonomie der personalen Steuerungssysteme gesichert. Gleichzeitig wird mit dieser Ausdifferenzierung das Gewissen privatisiert.

Das Gewissen fixiert bestimmte Generalisierungsleistungen des Persönlichkeitsniveaus und erhält sie in enttäuschungsfester Weise. Es formt inhaltlich konsistent die Ego-Alter-Integrationen, die in der Selbstidentifikation verankert sind und stützt sie normativ. Zwischen den einzelnen Dimensionen der Sinnkonstitution und Erlebnisverarbeitung bestehen Interdependenzen, zwischen ihnen können aber auch Diskrepanzen auftreten.

"Mit Bezug auf diesen Hintergrund der Interdependenzen und Diskrepanzen von sozialer, sachlicher und zeitlicher Sinngeneralisierung kann man sagen, daß die Selbstthematisierung des personalen Systems als Identität (oder in anderer Formulierung: die Ansprechbarkeit des I als Me) die Funktion einer Interdependenzkontrolle hat. Die bestehenden Interdependenzen zwischen den Verhaltensweisen unter den Gesichtspunkten von Sozialität, Konsistenz und Dauer werden gleichsam „gepoolt", sie werden nicht unmittelbar kontrolliert durch Vergleich untereinander, was in einem aus quantitativen Gründen unmöglichen Vergleich von allen mit allem führen würde, sondern sie werden auf die Identität des Ganzen bezogen und an Ich-Standards gemessen: Kann ich so handeln? oder: Wie konnte ich so handeln? – das sind die Fragen des Gewissens. Für ihre Beantwortung hält Identität des Selbst eine doppelte Möglichkeit offen: mit Hilfe des Gewissen-Standards die biographischen Fakten oder mit Hilfe dieser Fakten die Standards zu überprüfen."[55]

Die Person kann sich mit einem bestimmten Verhaltenskodex identifizieren. Dennoch kann sie gegen diesen Verhaltenskodex verstoßen. Daher braucht sie

---

54 a.a.O., 231
55 a.a.O., 238f

„eine Möglichkeit der Selbstthematisierung, eine Identität, die Prinzipien und Enttäuschungen mit sich selbst überprüft."[56]

Das Zuwiderhandeln gegen Prinzipien muß in diese Einheit einbezogen werden. Diese Einheit der Zurechnung von Prinzip und abweichendem Verhalten ist für das Gewissen notwendig und unverzichtbar. Hat eine Person gegen die Prinzipien, über die sie sich selbst identifiziert, gehandelt, und schreibt sie sich diese Abweichungen selbst zu, dann empfindet sie Schuld.

„In der Form von Schuld mobilisiert das Gewissen Interessen an einer Beendigung normativer Konflikte im personellen System unter Wahrung seiner Identität. Die Verfolgung dieser Interessen erfordert Generalisierungen in sachlicher und sozialer Hinsicht. Gewissensverstöße können oftmals nicht zurückgenommen werden; die Selbstverunsicherung muß daher durch andersartiges Verhalten und oft auch anderen Interaktionspartnern gegenüber zurückgenommen werden, und das Gewissen stellt diesen Zusammenhang her."[57]

Auch wenn das Gewissen individuiert und privatisiert ist, heißt das nicht, daß es sich nicht in Interaktionen mit anderen ausbilden würde. In den Interaktionen bilden sich normative Erwartungen aus, die die Bedingungen formulieren, unter denen Menschen sich wechselseitig achten. Solche normativen Erwartungen, die sich auf die Achtung des anderen Menschen beziehen, sind moralische Erwartungen. Wählt man einen moralischen Interaktionsstil, so signalisiert man dem Partner, unter welchen Bedingungen gegenseitige Achtung möglich ist; häufig werden diese Bedingungen als Voraussetzung für die Fortsetzung der Interaktion betrachtet.

„Moralische Modalisierung entsteht bei Kommunikation von Interesse an wechselseitiger Achtung."[58]

Moral ist eine Metakommunikation von Achtungsinteressen. Die Moralisierung erfolgt auf der Ebene der Erwartungssteuerung.

„Moralisch beurteilen und achten Ego und Alter einander in ihrem Erwarten, in das sie die Erwartungen des jeweils anderen aufgenommen haben; in ihrem Verhalten dagegen nur insoweit, als es dieses Erwarten symbolisiert oder aus ihnen folgt."[59]

Achtung bezieht sich auf die Leistung der Bildung von Erwartungen über Erwartungen und beurteilt sie.

„Gegenstand der Moral sind damit letztlich symbolische Formeln der Ego/Alter-Integration, und damit ist das Gewissen involviert, soweit es solche Formeln betreut."[60]

Moral ist keine rein „innerliche" Angelegenheit.

---

56 a.a.O., 238
57 a.a.O., 242
58 a.a.O., 234
59 a.a.O., 234
60 a.a.O., 240

„Sie hat eine Selbstreferenz, mit der aber gerade Fremderwartungen und Interaktionsgeschichten ins Selbsterwartungssystem innerlich integriert werden."[61]

Die Persönlichkeit des einzelnen schließt also Ego- und Alterfunktionen ein. In Interaktionen richten die Interaktionspartner nicht nur institutionalisierte Erwartungen an den anderen. Sie hegen auch individuelle Erwartungen. Diese Erwartungen werden aber in Beziehung gesetzt zu den institutionalisierten Positionsdefinitionen. Durch diese In-Beziehung-Setzung werden Reaktionen des konkreten Interaktionspartners und unbeteiligter relevanter Dritter antizipiert und aufeinander bezogen. In Erwartung der Reaktionen der Interaktionspartner und der Einschätzung ihrer Macht werden schon die eigenen Erwartungen definiert, ohne daß es zu Identitätskonflikten kommen muß. Auf die Frage, warum man etwas Bestimmtes getan hat, kann man antworten, nicht anders handeln gekonnt zu haben, weil man die Erwartungen der anderen berücksichtigt und das Durchsetzungsvermögen der anderen abgewogen habe, auch wenn die anderen ihre Erwartungen nicht explizit geäußert haben[62]. Außerdem werden durch die In-Beziehung-Setzung zu Positionsdefinitionen Legitimität und Durchsetzbarkeit der Erwartungen beurteilt und damit festgestellt, in welchen Situationen man lernbereit oder normativ erwarten sollte.

Wenn man sich um eine Stelle bewirbt, hofft man, diese Stelle zu erhalten. Räumt man dem Personalchef die Auswahlmöglichkeit ein, so ist mit dieser Ermächtigung gleichzeitig festgelegt, daß diese Erwartung lernbereit zu sein hat. Bei einer Enttäuschung kann man dessen Entscheidung nicht anfechten, es sei denn, er begründet sie mit illegitimen Kriterien, z.B. mit der Zugehörigkeit zu einer bestimmten Rasse. In diesem Fall kann man sich um die Unterstützung relevanter Dritter, hier der Richter, bemühen, um seine Erwartung durchzusetzen, da in diesem Fall deutlich wird, daß der Personalchef den Relevanzbereich ‚Beruf' anders abgrenzt, als er rechtlich definiert ist, und so seine ihm eingeräumten Kompetenzen überschreitet.

Die Persönlichkeit des einzelnen schließt also Ego- und Alterfunktionen ein. Sie kann zwischen Ego- und Alterfunktionen hin und her wechseln. Die Erkenntnis des konkreten Anderen ist aber schon in der Mitwelt nur partiell. Um den anderen vollständig zu verstehen, müßte man sein gesamtes System von Plänen kennen und, um diese zu kennen, seine ganze Biographie. Auf die verborgenen Teile muß man hypothethisch schließen. Dabei stützt der einzelne sein Verständnis auf typische Konstruktionen, auf typische Muster zugrundeliegender Motive, auf typische Verhaltensweisen eines Persönlichkeitstyps. Diese Typen sind Teil des vorhandenen Wissens. Das auf personalen Typen ruhende Verstehen ist Grundlage der Beziehungen zwischen Mitmenschen als aufeinander bezogene Folge von Aktion und Reaktion. In die-

---

61 a.a.O., 240
62 vgl. U. Gerhardt, Rollenanalyse als kritische Soziologie, a.a.O., 310

ser Folge sind die ‚um-zu-Motive' des einen ‚weil-Motive' des anderen. Im Alltag gehen alle von der Idealisierung aus, daß diese Reziprozität der Motive gegeben sei.

Im fließenden Übergang geht die Umwelt in die Mitwelt über, der Mitmensch wird zum Nebenmenschen. Dieser ist nicht mehr in der eigenen Reichweite, nicht mehr in der eigenen lebendigen Gegenwart, zu ihm bestehen nur mittelbare soziale Beziehungen. Ihm begegnet man u.U. niemals, so hat man auch keinen Einblick in seine Individualität und Einzigartigkeit. Er erscheint als anonymer Sachverwalter und austauschbarer Funktionsträger. Um ihn zu verstehen, müssen wieder Typen gebildet werden, indem den Handelnden invariante Motive und Erwartungen unterstellt werden. Diese Typen zielen auf Eigenschaften, Erwartungen und Motive anonymer Handelnder ab. Schütz nennt sie Handlungstypen. Damit das Ganze funktioniert, muß der Fremdtypisierung eine reziproke Selbsttypisierung entsprechen. Indem einer die Position und Rolle des anderen typisiert, typisiert er gleichzeitig sein eigenes Verhalten, das mit dessen Handeln verbunden ist. So wird auch in dieser Beziehung die Reziprozität der Motive hergestellt. Gesichert wird diese Reziprozität durch Institutionalisierung, Legitimierung und soziale Kontrolle.[63]

Übereinstimmende Interpretationen dieser Typen werden dadurch ermöglicht, daß Wissen sozialisiert ist und zwar

1. in struktureller Hinsicht. Das Wissen, seine Elemente und seine Organisation ist nicht nur privater Besitz, es hat auch öffentlichen Charakter. Es ist teilweise objektiv und anonym, d.h. unabhängig von den einzigartigen biographischen Vorgegebenheiten und unabhängig von der jeweiligen Definition der Situation. In dieser objektiven Form hat jedermann Zugang zu ihm. Individuelle Differenzen werden durch die Generalthese der Reziprozität der Perspektiven neutralisiert. Diese beinhaltet zwei Annahmen: die Vertauschbarkeit der Standorte und die Annahme der Übereinstimmung der Relevanzsysteme. Wenn der eine die Welt anders sieht als sein Gegenüber, dann kann er doch im Prinzip dessen Standort einnehmen und dann aufgrund der Übereinstimmung der Relevanzsysteme die Welt so sehen wie dieser.

2. in genetischer Hinsicht. Im Verlauf der Sozialisation wird der einzelne in das gesellschaftlich objektivierte Wissen eingeführt und lernt die Welt im Lichte dieses Wissens zu interpretieren. Nur einen geringen Teil seines vorhandenen Wissens hat er aufgrund persönlicher Erfahrungen entwickelt.

---

63 vgl. M. Preglau, Phänomenologische Soziologie: Alfred Schütz, in: J. Morel u.a., Soziologische Theorie. Abriß der Ansätze ihrer Hauptvertreter, München 1989, 64-86, hier 73-76

3. im Hinblick auf die Verteilung des Wissens: Individuelles variiert in Abhängigkeit von Sozialschicht, Kulturkreis, Beruf. In nur wenigen Bereichen verfügen alle über den gleichen Wissensstand. In vielen Bereichen sind die Wissensbestände und der Vertrautheitsgrad des Wissens unterschiedlich. Wissen über die Verteilung von Wissen ist wieder jedermann zugängliches Wissen.[64]

Für unseren Zusammenhang wichtig ist, daß über die Definition von Positionen und entsprechenden Gegenpositionen der einzelne den anderen und sich selber definiert und sich mit dieser Selbstdefinition identifiziert.

Räumt man dem Arzt medizinische Kompetenz ein und definiert sich selbst als medizinischen Laien, so akzeptiert man mit dieser Definition auch das Unterordnungsverhältnis unter den Mediziner, man ermächtigt ihn, im Krankheitsfalle Anweisungen zu geben, die man dann einzuhalten hat.

So ordnet sich der einzelne über seine Positionen in die Gesellschaft ein. Über diese Einordnung erhält er die Möglichkeit, in Situationen Probleme und deren Bearbeitung bestimmten Positionsinhabern zuzuschreiben. Er erhält damit gleichzeitig Orientierungswissen. Er weiß dann, an wen er sich mit einem bestimmten Problem wenden kann und für welche Probleme er selber zuständig ist. Je klarer die Positionen definiert sind, um so größer wird für ihn die Ordnungssicherheit des Gesamtsystems. Selbst Personen, die er persönlich nicht kennt, kann er auf diese Weise verstehen und in sein Ordnungssystem sinnvoll integrieren.

„Das System der Typisierungen und Relevanzen, das die Situation bestimmt, bildet eine gemeinsame relativ natürliche Weltanschauung. Hier sind die individuellen Gruppenmitglieder ‚zu Hause‘, d.h. sie kennen sich ohne große Schwierigkeit in der gemeinsamen Umgebung aus, hier leitet sie ein Komplex von Rezepten, der aus mehr oder weniger institutionalisierten Gewohnheiten, Sitten, Volksweisen usw. besteht, die ihnen helfen, mit den zur Situation gehörenden Dingen und Mitmenschen zurechtzukommen. Das System der Typisierungen und Relevanzen, das sie mit den anderen Gliedern der Gruppe teilen, definiert die sozialen Rollen, Positionen und ihren Status. Die Anerkennung eines gemeinsamen Relevanzsystems führt die Gruppenmitglieder zu homogenen Selbsttypisierung.[65]

Innerhalb dieses Rahmens definiert das individuelle Gruppenmitglied seine private Situation. Dieser Rahmen wird vom individuellen Gruppenmitglied als zu internalisierende und habitualisierende Institutionalisierung aufgefaßt. Es muß seine einmalige Situation mit diesem für die Realisierung seiner besonderen persönlichen Interessen institutionalisierten Muster definieren. Dabei muß der subjektive Sinn der Position, wie er durch das institutionalisierte Muster definiert wird, unterschieden werden von der besonderen subjektiven Art und Weise, wie der Positionsträger seine Situation definiert.

---

64 vgl. a.a.O., 76-77
65 A. Schütz, GA 2, 231

Wichtig für die Definition der privaten Situation ist weiterhin, daß das Individuum stets Mitglied verschiedener Gruppen ist. In der Gruppe vereinen nach Schütz, der sich hier an Simmel anlehnt, die Individuen Teile ihrer Persönlichkeiten. Das, was die Persönlichkeit ausmacht, bleibt außerhalb des gemeinsamen Bereiches. Schütz charakterisiert Gruppen danach, wie die Total-Persönlichkeiten der Mitglieder und wie die Teil-Persönlichkeiten an ihnen teilnehmen.

In die Definition der privaten Situation geht nicht nur die Definition der Position ein, die der einzelne gerade innehat, sondern auch die verschiedenen Positionen, die in seinen vielfältigen Gruppenmitgliedschaften gründen. Sie alle zusammen werden von ihm als ein Komplex von Selbsttypisierungen erlebt,

„die wiederum in private Relevanzstrukturen und Relevanzbereiche gegliedert sind, d.h. natürlich, daß sie weiterhin im Fluß bleiben. Es ist möglich, daß gerade die Grundzüge der Persönlichkeit des Individuums, die für es von höchster Relevanz sind, vom Standpunkt des Relevanzsystems aber, das von der Gruppe, deren Mitglied es ist, als fraglos anerkannt wird, irrelevant ist. Dies kann zu Konflikten innerhalb der Persönlichkeit führen die hauptsächlich aus dem Bemühen entstehen, sich an die verschiedenen und häufig inkonsistenten Rollenerwartungen anzupassen, die zur Mitgliedschaft des Individuums in verschiedenen sozialen Gruppen gehören."[66]

„Nun kann das Individuum nur in begrenztem Ausmaß frei bestimmen, welchen Gruppen es angehören will und welche Position es in dieser Gruppe einnehmen will. Diese Möglichkeit hat es nur in freiwilligen, nicht aber existentiellen Gruppen. Dort aber gibt es zumindest einen Aspekt der Freiheit des Individuums, nämlich daß es selbst wählen darf, mit welchem Teil seiner Persönlichkeit es die Gruppenmitgliedschaft erfüllen möchte, daß es seine Situation als Rollenträger selbst definieren und daß es seine eigene Relevanzhierarchie errichten darf, in der jede Gruppenmitgliedschaft ihren eigenen Rang hat."[67]

2.7 Zum Horizontcharakter von Positionsgrenzen

Wenn es zutrifft, daß das Positionsset, das der einzelne innehat, die Definition der jeweiligen Position durch das Individuum mit beeinflußt, dann können die Grenzen zwischen den Positionen nicht so starr erlebt werden, wie es bisher eventuell den Anschein hatte. Daher soll der Charakter der Grenzen zwischen verschiedenen Positionen, die das Individuum einnimmt, im folgenden näher untersucht werden.

---

66 a.a.O., 234
67 a.a.O., 234

Oben ist bereits dargestellt worden, daß die jeweilige individuelle Interessenlage bestimmt, welcher Relevanzbereich und damit welche Position im Vordergrund des Bewußtseins steht, daß die Geltung unterschiedlicher Regeln durch die Zurechnung zu verschiedenen Relevanzbereichen, die die Situationen auch zeitlich und räumlich gegeneinander abgrenzen, neutralisiert wird.

Es ist dargestellt worden, daß Positionen Elemente der Typisierung von Situationen darstellen. Sie schließen in diesen Situationen typische Handlungsweisen aus, indem sie Regeln der Irrelevanz[68] aufstellen und so festlegen, was in der Situation als real betrachtet werden soll. Sie legen einen ‚Rahmen'

„um eine Flut von Ereignissen und bestimmen die Art von ‚Sinn', der allem innerhalb des Rahmens zugemessen wird"[69].

Positionen bestimmen Typen von Verhalten, die zu unterscheiden sind von realem Verhalten. Um reales Verhalten zu beeinflussen, müssen diese Typen ausgelegt werden.

Positionen, so wurde oben festgestellt, dienen als Element der Definition der Situation. Um diese Funktion von Positionen erklären, und auch um den Positionsbegriff näher bestimmen zu können, muß auf die Beziehung zwischen Position und Situation ausführlicher eingegangen werden.

2.7.1 Zum Außenhorizont

Handeln erfolgt in Situationen. Situationen werden voneinander abgegrenzt durch die Aufmerksamkeitsregeln und die Aufmerksamkeit bindende Objekte. Welche Aufmerksamkeitsregeln gelten, wird durch das Thema der Situation bestimmt. Ein Thema teilt die Horizonte des Erlebens in zwei Bereiche, die äußeren und inneren Horizonte. Die äußeren Horizonte haben mit dem Thema, ‚eigentlich' nichts zu tun, sie stehen zu ihm in rein zeitlichen Beziehungen.

„Im Horizont des Themas sind jedoch auch Aspekte, die im Wahrnehmungszusammenhang (Auffassungsperspektiven) bzw. Sinnzusammenhang (Beziehungen des Kontextes) mit den im aktuellen Erfahrungsablauf gegebenen Thema stehen."[70]

Diese bilden das thematische Feld. Das thematische Feld besteht aus thematischen Relevanzen,

---

68 E. Goffman, Interaktion: Spaß am Spiel. Rollendistanz, München 1973, 22
69 a.a.O., 23
70 A. Schütz, Th. Luckmann, Strukturen der Lebenswelt, Neuwied 1975 (im folgenden: Schütz/Luckmann), 196

„die implizit zum Thema gehören und ursprünglich in vergangenen Erfahrungen ange-
legt wurden oder in der aktuellen Erfahrung mitgegeben sind. Diese Horizonte sind
zwar unbestimmt, sie sind aber grundsätzlich befragbar und auslegbar. Sie sind aber
nur beschränkt auslegungsbedürftig. Die Grenze des Auslegungsbedürfnisses ergibt
sich aus dem plan- bestimmten Interesse, das sich aus der Planhierarchie des Lebenslaufes ableitet. Die Situation braucht nur insofern bestimmt zu werden, als dies zu deren Bewältigung notwendig ist. Das plan- bestimmte Interesse wählt die näher zu be-
stimmenden ‚offenen' Elemente der Situation aus, vor dem Hintergrund der vorbe-
stimmten (bzw. vorstrukturierten) Elemente der Situation. Zugleich begrenzt das plan-
bestimmte Interesse die Auslegungsprozesse, durch die die Situation bestimmt wird,
auf das praktisch- Notwendige, das heißt, das zur Situationsbewältigung Relevante."[71]

Pragmatische Relevanzen bestimmen also die Grenzen, an denen die Auslegung einer Situation abgebrochen wird.

Betonen Schütz und Luckmann die Verweisungszusammenhänge von Horizonten, so stellt Markowitz[72] die Selektionsfunktion der Horizonte in den
Mittelpunkt seiner Überlegungen. Nach Markowitz kennzeichnet der Horizont

„die Weise, in der personale (und soziale) Systeme die Risikohaftigkeit ihrer Selektivität zu kontrollieren versuchen."[73]

---

71 a.a.O., 126
72 J. Markowitz, Die soziale Situation. Entwurf eines Modells zur Analyse des
    Verhältnisses zwischen personalen Systemen und ihrer Umwelt, Frankfurt 1979
73 a.a.O., 85

Der Horizont hat die Funktion,

> „durch die Ausgrenzung einen Möglichkeitsbereich zu konstituieren, der es erlaubt, das
> Aufmerksamkeitspotential konzentriert einzusetzen. Er hat aber zugleich die Funktion,
> Durchlässigkeit zu gewähren, ja, zu garantieren. Die Permeabilität des Horizontes ist
> eine außerordentlich komplexe Leistung. Sie muß sicherstellen, daß Möglichkeiten, die
> nicht mit Aufmerksamkeit bedacht werden, dennoch unter Kontrolle gehalten werden
> können."[74]

Es muß daher geklärt werden, wie im Prozeß der situationskonstituierenden
Orientierung ganz bestimmte Erwartungen darüber ausgebildet werden können,

> „welche der im Horizont angezeigten Möglichkeiten im Falle ihrer Realisierung das
> Absehen vom bisherigen Thema erzwingen. Derartige Erwartungen sollen Permeabili-
> tätskonstanten heißen. Bei ihnen handelt es sich um ganz bestimmte lebensweltlich er-
> probte Muster von Wahrnehmungsbereitschaften. Sie schaffen die Voraussetzung, mit
> einem Rest von Aufmerksamkeit Kontrolle über einen Bereich momentan ausgeschlos-
> sener anderer Möglichkeiten auszuüben."[75]

Anders ausgedrückt: Permeabilitätskonstanten definieren Bedingungsmög-
lichkeiten, die kontrolliert werden müssen, damit ein Thema beibehalten werden kann. Um eine Klasse unterrichten zu können, muß z.b. der Klassenraum
sicher sein. Tritt in dieser Hinsicht eine Gefährdung ein, wird Alarm ausgeru-
fen. Alarm führt zu einem Themenwechsel. Der Unterricht tritt in den Hintergrund. Die Schüler müssen den Klassenraum verlassen. Auf die Durchlässigkeit weisen bereits Schütz und Luckmann hin, wenn sie erläutern, daß Themenwechsel auferlegt sein können. Auferlegt ist nach ihrer Definition ein
Thema z.B. dann, wenn man in einer vertrauten Umwelt einem unvertrautem
Phänomen begegnet. Dieses Phänomen erweckt Aufmerksamkeit, macht betroffen. Die Betroffenheit ist dann Auslöser und Motivation für die Zuwendung und das Bedürfnis, dieses Phänomen auszulegen. In dieser Situation
bricht der Betroffene sein bisheriges Thema ab und wendet sich dem Unver-
trauten zu. Das bisherige Thema wird neutralisiert und verschwindet in den
Horizont, bis das Phänomen geklärt ist. Unvertrautes führt danach also zu
einem Themenwechsel. Dieser Themenwechsel ist aufgezwungen, da er

> „infolge eines Bruchs in den automatischen Erwartungen (allgemeiner: infolge einer
> Stockung in den lebensweltlichen Idealisierungen) zustande kommt. Das neue Thema
> drängt sich in der Form eines hervorstechenden Unvertrauten auf."[76]

Aber nicht jedes Unvertraute, und darauf weist Markowitz[77] am Beispiel von
gefällten Straßenbäumen hin, führt zu einem Themenwechsel. Damit ein sol-

---

74 a.a.O., 87
75 a.a.O., 87
76 A. Schütz, Th. Luckmann, a.a.O., 192
77 J. Markowitz, a.a.O., 85-98

cher Themenwechsel eintritt, muß der bisher im Aufmerksamkeitsbereich stehende Verweisungszusammenhang durch dieses Ereignis gefährdet sein. Auf diesen Sachverhalt soll näher eingegangen werden. Jede Aufmerksamkeitszentrierung ist risikobehaftet. Sie setzt bestimmte Konstanzen voraus, die durch die Permeabilitätskonstanten definiert werden. Diese

„können erst dadurch entstehen, daß die Horizonte der Situation als aufgeordnete Mengen von Möglichem erlebt werden können. Aufgeordnet werden die Möglichkeiten durch die Verweisungscharaktere der Handlungselemente."[78]

Die Verweisungscharaktere erlauben es, Objekte in Zusammenhänge einzuordnen. Die Verweisungszusammenhänge können bedroht werden.

„Aus derartigen Gefährdungen entstehen die Permeabilitätskonstanten. Sie dienen der handlungsermöglichenden Stabilisierung prekär erscheinender Verweisungszusammenhänge. Was dem Erleben als prekär erscheint, kann sich nur aus den Objekten der jeweiligen Situation ergeben."[79]

Mit dem Ausmaß der empfundenen Bedrohung wächst das Kontrollbedürfnis. Überschreitet die Bedrohung eine gewisse Schwelle, so kann die Kontrolle nicht mehr durch Permeabilitätskonstanten, sondern nur noch durch Thematisierung geleistet werden. Dadurch verändert sich auch die Situation.

Auch die Orientierung nach außen verweist immer wieder auf Objekte. Die Differenz zwischen Außen- und Binnenhorizont läßt sich darstellen als ein unterschiedliches Hinsehen auf die Objekte. Im Bewußtseinsakt wird auf einen bestimmten Bereich von Möglichkeiten hingesehen, während gleichzeitig von anderen Möglichkeiten abgesehen wird. Hinsehen und Absehen bilden dabei allerdings keinen kontradiktorischen Gegensatz, sie sind vielmehr die beiden Endpunkte einer Dimension.

„Hinsehen bezeichnet das Zentrum der Aufmerksamkeit, im hier diskutierten Zusammenhang das Thema einer Situation. Vom Themenkern über das Themenfeld bis zum Horizont läßt die Aufmerksamkeit nach, hat im Horizont ihr schwächste Ausprägung; mit der Grenze der Aufmerksamkeit ist auch die Grenze der Situation erreicht – eine als Horizont bezeichnete Grenze deshalb, weil sie mit jedem Standort-, hier Themenwechsel, verschoben werden kann."[80]

Nachlassen der Aufmerksamkeit wird hier verstanden als nachlassende Offenheit für Mögliches. Dabei ist Mögliches dem Bewußtsein in der Form der Begriffe, die es von den Objekten hat, gegeben. Mit nachlassender Aufmerksamkeit erhöht sich die Selektivität.

Damit diese Funktion erreicht werden kann, stehen dem Bewußtsein Selektionsstrategien zur Verfügung. Die Steuerung dieser Selektionsprozesse erfolgt durch die Funktion der Umweltkontrolle.

---

78 a.a.O., 89
79 a.a.O., 90
80 a.a.O., 100

50

„Die im Situationshorizont gelegenen Objekte werden vom Bewußtsein nur noch als Kontrollinstrumente angesehen, von allen anderen unter dem Objektbegriffen gefaßten Möglichkeiten wird hingegen abgesehen."[81]

Dazu müssen die Kontrollobjekte hergerichtet werden. Damit die Kontrolle nur wenig Aufmerksamkeit bindet, muß auf die Horizontobjekte in einer binären Schematisierung hingeblickt werden können. Diese binäre Schematisierung reduziert die relevant werdenden Möglichkeiten auf eine einzige Alternative, die mit ja oder nein beantwortet werden kann. Diese Reduzierung der relevanten Möglichkeiten der Horizontobjekte ist Voraussetzung zur Ausbildung von Permeabilitätskonstanten. Die Reduzierung der für die Situationsdefinition relevanten Möglichkeiten der Horizontobjekte auf eine einzige Alternative erlaubt es, die Aufmerksamkeit, die diese Objekte binden, zu reduzieren. Liegt die für die Abgrenzung der Situationsdefinition notwendige Bedingung nicht vor, dann werden auch andere Verweisungszusammenhänge der Horizontobjekte thematisch relevant.

Das Bewußtsein erlebt die Umwelt als in Objekte gegliedert. Diesen Objekten werden bestimmte Eigenschaften zugeschrieben. Über diese Eigenschaften können die Objekte mit anderen relationiert werden. Über die Verknüpfung einer generalisierenden Erwartung an die Eigenschaft des Objektes mit einer spezifischen Relationierung gewinnt das Objekt eine Valenz. Wenn nun zu dieser Valenz eine auf sie bezogene andere hinzukommt, dann führt dieser Sachverhalt zu einem Ereignis, das als Möglichkeit kontrollbedürftig ist. Er führt zur Bildung einer Permeabilitätskonstanten in der Form einer bestimmten Wahrnehmungsbereitschaft.

Eine Position bestimmt Verweisungszusammenhänge, die bestimmte Themen, Personen und Sachverhalte miteinander verknüpfen. Solche Zusammenhänge können vom Bewußtsein wie Objekte behandelt werden. Sie haben äußere und innere Horizonte. Positionen sind Elemente der Situationsdefinition. Die Konzentration der Aufmerksamkeit auf die an eine bestimmte Position gebundenen Aufgaben ist an das Vorliegen von bestimmten Voraussetzungen gebunden.

Ein Forscher z.B., der sich mit der Erklärung eines Phänomens beschäftigt und seine Arbeitszeit allein für diese Aufgabe einsetzt, geht davon aus, daß andere für ihn notwendige Arbeiten von anderen verrichtet werden, daß er sich die für ihn notwendigen von anderen erbrachten Arbeitsergebnisse z.B. durch Kauf aneignen kann oder daß sie ihm auf andere Weise zugeteilt werden. Nur unter dieser Voraussetzung ist er fähig und bereit, seine volle Arbeitszeit einem spezifischen Problem zu widmen. Er muß kontrollieren, ob diese Voraussetzungen auch tatsächlich vorliegen. Streiken z.B. die Versorgungsbetriebe, dann nimmt das Beschaffungsproblem seine Aufmerksamkeit

---

81 a.a.O., 101

stärker in Anspruch als sonst und kann ihn auch während der Arbeitszeit von seinem Problem ablenken.

Die durch Arbeitsteilung ermöglichte Versorgungssicherheit läßt also die Konzentration der Aufmerksamkeit auf spezifische Probleme und die Neutralisierung anderer Probleme in spezifischen Situationen erst zu. Dennoch muß jeweils geprüft werden, ob diese Voraussetzungen auch gegeben sind. Arbeitsteilung, die die Bearbeitung von Aufgaben bestimmten Positionen zuweist, und das Vertrauen darein, daß die Positionsinhaber diese Aufgaben auch wahrnehmen, ist eine wesentliche Voraussetzung dafür, Situationen zu begrenzen und Aufmerksamkeit auf spezifische Probleme zu konzentrieren. Läßt das Vertrauen in diese Voraussetzungen nach, so werden die Grenzen der jeweiligen Situation immer schwerer definierbar, da weitere Themen Aufmerksamkeit auf sich lenken und sie binden. Erst durch Arbeitsteilung und die Schaffung von Positionen lassen sich Situationen schaffen, in denen nicht alle Aspekte handlungsrelevant werden und geklärt werden müssen. Die Kontrolle darüber, ob diese Voraussetzung gegeben ist, wird in normalen Situationen durch Permeabilitätskonstanten geleistet.

Jede Position hat aufgrund ihrer Institutionalisierung ihre eigenen Permeabilitätskonstanten, d.h. Bedingungen, deren Vorliegen kontrolliert werden muß, damit sich der Positionsinhaber der Positionsumschreibung als Element der Definition der Situation, also der Abgrenzung von Aufmerksamkeitsregeln, bedienen kann. Diese Bedingungen werden normalerweise als gegeben angenommen. Damit in einer Situation unerwartete Horizontbedingungen handlungsrelevant werden, müssen sie mindestens einer der durch die Permeabilitätskonstanten definierten Erwartungen widersprechen. Die Permeabilitätskonstanten für jede Position müssen empirisch erhoben werden. Für die Position „Mutter" konnte der Verfasser aufzeigen, daß die Erziehungsaufgabe durch die Verknüpfung mit Zeugung und Geburt zum Zeitpunkt des Einsetzens einer Schwangerschaft thematisch wird. Zu diesem Zeitpunkt prüfen die Frauen, ob sie dem Kind angemessene Entwicklungschancen bieten können. Sie prüfen also, ob die Permeabilitätskonstanten für die Mutterposition gegeben sind. Für die Erfüllung der Mutterpflichten wird eine positive emotionale Beziehung der Mutter zum Kind als wichtig betrachtet. Bei einer Untersuchung von Schwangerschaftskonflikten zeigte sich nun, daß die Fähigkeit, dem Kind gegenüber positive Gefühle zu äußern, vom Verhältnis der Mutter zum Vater des Kindes abhängig gesehen wird. Nur bei einem positiven Verhältnis der Mutter zum Vater könne die Mutter dem Kind Geborgenheit bieten. Eine positive Beziehung zwischen Vater und Mutter des Kindes wird als Permeabilitätskonstante für die Übernahme der Mutterposition angesehen[82]. An dieser Stelle sollen jedoch noch einige weitere theoretische Überlegungen zu diesen Permeabilitätskonstanten angestellt werden.

---

82   vgl. H. Geller, Frauen in existentiellen Konflikten, a.a.O., 584-596

Welche Permeabilitätskonstanten in einer Situation handlungsrelevant werden, hängt vom in der jeweiligen Situation verfolgten Interesse der Handelnden ab. Es ist festgestellt worden, daß eine Position Personen und Sachverhalte in bestimmte Verweisungszusammenhänge stellt. Sie definiert aber nicht alle Verweisungszusammenhänge, in die diese Personen oder Sachverhalte gestellt werden können. Wenn jemand feststellt, die Frau hinter der Theke ist eine Verkäuferin, so stellt er sie in einen Verweisungszusammenhang, der für seine gegenwärtigen Handlungsabsichten, etwas zu kaufen, relevant ist. In dieser Situation sieht er von anderen Verweisungszusammenhängen, in die er sie auch stellen könnte, z.b. Mutter von vier Kindern oder Stadträtin ab. Für die gegenwärtige Situation ist für ihn nur das Verkäuferin-Sein relevant, die anderen Verweisungszusammenhänge sind in dieser Situation neutralisiert.

Es können aber dadurch, daß mit der Positionsinhaberin gleichzeitig andere Verweisungszusammenhänge verknüpft werden, andere Relevanzen aktualisiert werden. Die Verkäuferin kann eine frühere Mitschülerin des Käufers sein, sie verweist also auf früher erlebte gemeinsame Erfahrungen. Dieser Verweisungszusammenhang kann dazu führen, einen Themen- und damit einen Situationswechsel herbeizuführen, indem man sich z.b. über einen Lehrer unterhält. Andererseits kann der neue Verweisungszusammenhang auch die Auslegung der Verkaufsituation beeinflussen, indem die Verkäuferin ihrem Mitschüler z.B. einen Rabatt gewährt. In diesem Fall wird das Handeln in der Situation dadurch, daß die Neutralisierung eines normalerweise irrelevanten Verweisungszusammenhanges aufgehoben wird, beeinflußt. Ob diese Permeabilität als Bedrohung oder Konflikt erlebt wird, hängt von der Art der Institutionalisierung der Position ab, von der Autonomie, die die Position ihrem Inhaber gewährt, von der Möglichkeit der Themenentwicklung, die die Position einräumt, und der Fähigkeit des Positionsinhabers, Themen zu entwickeln. Ist die Verkäuferin z.B. selbständig, so hat sie eine höhere Autonomie, als wenn sie angestellt ist.

Die Wahrnehmung einer Person als Inhaberin einer Position stellt sie in einen spezifischen Verweisungszusammenhang als Objekt möglicher typischer Erlebnisse mit ihr. Andere Verweisungszusammenhänge, u.a. auch andere Positionen, die darüber hinaus mit ihr verknüpft werden, verweisen auf andere typische Erlebnisweisen. Welcher dieser Verweisungszusammenhänge in der aktuellen Situation handlungsrelevant wird, wird von der Interessenlage der Handelnden bestimmt. Ob eventuelle Überlagerungen von Verweisungszusammenhängen zu Konflikten führen, hängt von den Kompatibilitäten der Verweisungszusammenhänge einerseits und der Art der Institutionalisierung andererseits ab. Die Art der Institutionalisierung legt fest, welche Permeabilitäten zwischen verschiedenen Positionen legitim, erlaubt oder geduldet sind, und welche illegitim und verboten sind. Die Strafandrohung im Falle der Bestechung soll z.B. die Permeabilität zwischen wirtschaftlichen und politischen Positionen durch das Verbot des Kaufs politischer Macht reduzieren. Dagegen bauen z.B. typische Frauenberufe, insbesondere im Pflegebereich, gerade auf der Permeabilität von Mutterposition und Berufsposition auf.

Nicht jede Überlagerung von Verweisungszusammenhängen führt also zur Bedrohung der mit diesen Zusammenhängen verknüpften eigentümlichen Form von Erwartungen.

Eine solche Bedrohung ergibt sich erst, wenn solche Überlagerungen von Aufmerkeitsregeln zu zeitlichen, sachlichen oder sozialen Inkompatibilitäten führen.

Zur Demonstration zeitlicher Inkompatibilitäten sei ein Beispiel, das Popitz u.a.[83] darstellen, angeführt.

Normalerweise ist Schmelzerarbeit Ausdruck einer Folge von Verrichtungen, die sich in die vorgegebene zeitliche Ordnung eines technischen Prozesses einpassen. Bei einer Unregelmäßigkeit des Ofenganges würde diese Orientierung gefährlich, sie muß außer Kraft gesetzt und durch eine andere ersetzt werden.

„Eine Unregelmäßigkeit des Ofenganges führt beim Abstich zu derart starkem Ausfluß an Eisen, daß die Rinnen überzulaufen drohen. Es ist nötig, vorzeitig Abflußmöglichkeiten zu öffnen, die erst für später vorgesehen sind. Die Entschlüsse müssen rasch gefaßt und ausgeführt werden. Unter Umständen werden Sicherheitsregeln, die sonst gewohnheitsmäßig beachtet wurden, bewußt außer acht gelassen. Die Arbeiter springen z.B. über Rinnen, die bis zum Rand mit flüssigem Eisen gefüllt sind. In diesem dramatischen Augenblick tritt nun auch das Entscheidungsmoment in den Vordergrund: Wo ist Abhilfe am dringensten? Was ist wichtiger: Vorsicht oder rechtzeitiges Eingreifen? Zugleich ändert sich aber auch die zeitliche Struktur der Situation: Das ‚Jetzt‘ ist nicht mehr mit seinem Verhalten und dessen Gegenständen eingespannt zwischen das ‚Vorher‘, von dem es herkommt, und das ‚Nachher‘, auf das es hinausläuft, sondern ist vorerst isoliert. Etwas Unvorhergesehenes ist eingetreten, und was darauf erfolgen soll, muß erst erkannt und entschieden werden.“[84]

Zur Lösung der Situation muß die zeitliche Isolierung wieder aufgehoben werden, die Verknüpfung mit der Zukunft, einen Ausweg zu finden, muß durch neue Verweise auf die Vergangenheit, durch eine schnelle Erklärung, wie es zu dem Ereignis gekommen ist, hergestellt werden. Auch hier werden Erinnnerungen an ähnliche Situationen in der Vergangenheit relevant, z.B.: der Ofen hat gehangen und ist plötzlich nach unten gerutscht. In dieser Situation ist Geistesgegenwart erforderlich. Die Isolierung der Zeitstelle muß unter Zeitdruck aufgehoben und ein neues Zeitgefüge, ein neuer Zeithorizont, hergestellt werden. Die Änderung der Situation bewirkt also eine Horizontverschiebung des Ereignisses. Vorher neutralisierte Horizonte treten jetzt ins Bewußtsein und werden thematisch, sie werden jetzt handlungsrelevant. In dieser Situation ist der ursprüngliche Verweisungszusammenhang bedroht, ja

---

83 H. Popitz u.a., Technik und Industriezeitalter, Tübingen ³1976, 155
84 a.a.O., 155

für den Akteur bedrohlich. Dadurch ist seine Handlungsfähigkeit zunächst gehemmt, er kann sie erst durch die Konstruktion eines neuen Verweisungszusammenhanges wieder herstellen. Die Situation kann nicht mehr allein durch die Permeabilitätskonstanten, hier die Frage: „Fassen die Rinnen das ablaufende Eisen?" kontrolliert werden. Die für die Abgrenzung der Situationsdefinition notwendige Bedingung liegt nicht mehr vor. So werden andere Verweisungszusammenhänge der Horizontobjekte thematisch relevant und verändern so die Situation.

Die Inkompatibilitäten können auch sachlich bedingt sein. So dient die Verortung der Erwerbsarbeit im Betrieb auch dazu, die Aufmerksamkeit auf die Erwerbsarbeit zu konzentrieren und gegen andere Aufmerksamkeiten, z.B. familiäre, abzuschirmen. Abhängige Erwerbstätigkeit und Familienarbeit, insbesondere die Beaufsichtigung und Erziehung von Kindern, sind in der Regel zur selben Zeit unvereinbar, denn Kinder, vor allem Kleinkinder, bedürfen dauernder Aufmerksamkeit. Diese Dauerbeanspruchung durch Aufsicht bedeutet nicht, daß man sich nicht anderen Tätigkeiten zuwenden könnte, doch verlangt sie, bei diesen Tätigkeiten das Kind dauernd im Auge zu behalten, notfalls eine Tätigkeit zu unterbrechen und sich direkt dem Kind zuzuwenden. Die Aufmerksamkeit, die Kinder beanspruchen, verlangt also, zu jeder Zeit Hauptaufmerksamkeit werden zu können. Auch um solche Aufmerksamkeitsumschwünge zu vermeiden, ist abhängige Erwerbsarbeit an den Betrieb und an feste Arbeitszeiten gebunden.

Schließlich können Inkompatibilitäten sozial definiert sein. Oben ist dargestellt worden, daß Positionen ihre Inhaber mit Kompetenzen, Pflichten und Ermächtigungen ausstatten. Die Vernachlässigung der Pflichten oder die Überschreitung der Kompetenzen kann zu sozialen Inkompatibilitäten führen.

Für unser Problem der Definition von Positionen ergibt sich aus diesen Überlegungen: Die Grenzen von Positionen haben den Charakter von Horizonten. Damit die Aufmerksamkeit bestimmten durch die Position definierten Themen zugewandt werden kann, sind Voraussetzungen notwendig, deren Vorliegen jeweils kontrolliert werden muß. Damit die Kontrolle möglichst wenig Aufmerksamkeit bindet, müssen die erwarteten Möglichkeiten auf eine binäre Alternative, die mit ja oder nein beantwortet werden kann, reduziert werden. Um eine Positionsdefinition als Element der Situationsdefinition verwenden zu können, müssen die durch die Permeabilitätskonstanten definierten Bedingungen vorliegen. Ist das nicht der Fall, dann werden Möglichkeiten, die durch die Definition der Position ausgeschlossen sind, handlungsrelevant. Die Situation entspricht dann nicht mehr der Positonsdefinition. Andererseits zeigt sich, daß nicht jede Überlagerung bedrohlich für die Handlungszusammenhänge ist. Zwischen verschiedenen Positionen sind sozusagen osmotische Prozesse möglich. Um bestimmte Handlungsziele nicht zu gefährden, können solche osmotischen Prozesse durch Schwellenformeln begrenzt werden. Schwellenformeln wie Bestechung, Amtsmißbrauch oder Verrat sollen bestimmte Verweisungszusammenhänge gegeneinander abschirmen. Solche Abschirmungen werden von sozialen Systemen über die Definition und Institutionalisierung von Achtungsbedingungen gesetzt. Binnen- und Außenhorizonte unterscheiden sich durch die Form des Erlebens der in den Horizonten gegebenen Objekte und durch die Wahrnehmungsweisen für die Objekte. Die im Außenhorizont gegebenen Objekte werden nur unter dem Gesichtspunkt der Kontrolle ihres Vorliegens wahrgenommen, während Objekten des Binnenhorizontes die volle Aufmerksamkeit geschenkt wird. Je stärker der Außenhorizont als gefährdet erscheint, desto größere Aufmerksamkeit bindet seine Kontrolle. Bei bestimmten Schwellenüberschreitungen kann der Horizont nicht mehr über Permeabilitätskonstanten kontrolliert werden, dann muß die Gefahr thematisiert werden, dadurch ändert sich die Situation, die Positionsdefinition kann nicht mehr als Element der Situationsdefiniton verwandt werden.

2.7.2 Zum Innenhorizont

Die Überlegungen zum Charakter der Außenhorizonte machten deutlich, daß die Definition der Situation ein Selektionsprozeß ist, in dem bestimmte Möglichkeiten ins Zentrum des Bewußtseins treten, während von anderen Möglichkeiten abgesehen wird. Diese Möglichkeiten werden für das aktuelle Erleben neutralisiert, sie werden nicht vernichtet, sondern nur unter dem Aspekt der Möglichkeitsbedingung für ihr Ausblenden aus dem aktuellen Erleben betrachtet.

Das Absehen von anderen Möglichkeiten erfolgt immer unter thematischen Gesichtspunkten, wobei sich das Thema durch die jeweilige Intention konstituiert. Ein Thema wird konstituiert durch Motivationsrelevanzen. In der Lebenswelt ist der Mensch kein unbeteiligter Beobachter, sondern ein Handelnder, der seine Ziele verfolgt und unbeabsichtigte Nebenwirkungen zu vermeiden versucht. Sein Handeln ist von Plänen bestimmt, die er realisieren will. Diese Pläne, die Zustände, die er herbeizuführen oder zu vermeiden beabsichtigt, motivieren sein Handeln. Das, was getan werden muß, ist dadurch motiviert, wofür es zu tun ist. Diese Aspekte bestimmen das Thema der Situation.

„Themen sind Erwartungskomplexe mit zu bewirkenden Wirkungen als ihren Prämissen. Nur im Hinblick auf zu bewirkende Wirkungen können Themen als Selektionsstrategien ausgebildet werden."[85]

---

85 J. Markowitz, a.a.O., 71

Die Selektivität zwischen System und Umwelt wird thematisch vermittelt. Nur über Themen kann erwartet werden. Das Zentrum, der Themenkern, ist signiert durch die je spezifische Erwartungsprämisse, die zu bewirkende Wirkung. Hier sind die handlungsrelevanten Objekte ausschnitthaft miteinander verbunden. Die Objekthorizonte sind nur ausschnittweise relevant. Die relevanten Objekthorizonte bilden das Themenfeld. Sie können sukzessiv in den Kern eingehen.

> „Themen haben die Funktion, die Selektivität des Erlebens mit den Notwendigkeiten der Bestandserhaltung zu vermitteln. Themen legen fest, auf welche Wirkung hin die Selektivität des Augenblicks ausgerichtet ist, und sie schaffen die Möglichkeit, Wirkungszusammenhänge und Wirkungshierarchien auszubilden. Erst mit Blick auf zu bewirkende Wirkungen können sich Zentren der Aufmerksamkeit ausbilden, kann sich Erwartung darüber einstellen, was für den Augenblick relevant ist und was nicht."[86]

Das Thema bestimmt die Abgrenzung der Horizonte in äußere und innere. Der innere Horizont enthält alles,

> „was ,im Thema' selber enthalten ist, die verschiedenen Elemente also, in die das Thema ,zerlegt' werden kann, die Teilstrukturen dieser Elemente und deren Gesamtzusammenhang, durch die sie zu einem einheitlichen Thema werden."[87]

Der innere Horizont enthält seinem Sinngehalt nach Verweisungen auf den möglichen weiteren Verlauf der Erfahrungen. Diese Verweisungen gehören zum intentionalen Bestand des Erfahrens selbst. Solche Verweisungen übersteigen die ,situationsgebundene Identität', das, was man gerade wahrnimmt. So verweist z.B. die Wahrnehmung eines Gegenstandes auf die nicht gesehene Rückseite. Außerdem verweist die Wahrnehmung eines Gegenstandes auf frühere Erlebnisse mit ihm und auf Erlebnisse, die aufgrund dieser Erfahrungen für wahrscheinlich gehalten werden.

Jeder Wahrnehmung von etwas, jedem Erleben, haftet also ein Horizont an, d.h. mit ihr werden Erwartungen darüber verknüpft, welche Wahrnehmungen außer der momentanen damit noch gegeben sein können. Der Horizont ist also eine Erwartungskategorie. Er hat einen Verweisungscharakter. Er verweist auf ihm selbst zugehörige Potentialitäten des Bewußtseins, auf andere Möglichkeiten von Wahrnehmungen, die man auch haben kann. So kann der innere Horizont als ein leerer Rahmen unbestimmter Bestimmbarkeit charakterisiert werden, der

> „sowohl den besonderen Stil der weiteren Explikation als auch eine besondere Typik der antizipierten und so zu erreichenden Explikate anzeigt und vorschreibt."[88]

---

86 a.a.O., 72
87 Schütz/Luckmann, a.a.O., 196
88 A. Schütz, Gesammelte Aufsätze Bd. 3, Studien zur phänomenologischen Philosophie, Den Haag 1971, 131

Der innere Horizont bestimmt, welche Möglichkeiten ins Zentrum des Bewußtseins treten. Er enthält alles, was im Thema enthalten ist, die Elemente, in die das Thema zerlegt werden kann, die Teilstrukturen dieser Elemente und den Gesamtzusammenhang, durch die sie zu einem Thema werden. Der innere Horizont verweist auf ihm selbst zugehörige Potentialitäten des Bewußtseins, auf andere Möglichkeiten von Wahrnehmungen die man auch haben kann. Der innere Horizont kann als ein leerer Rahmen unbestimmter Bestimmbarkeit betrachtet werden, der den Stil und die Typik von möglichen Wahrnehmungen anzeigt und vorschreibt. Popitz u.a. erläutern diesen Sachverhalt an den Prozessen der Raumwahrnehmung in einer Industriehalle. Sie vergleichen die Raumwahrnehmung eines Umwalzers mit der eines Schnelläuferkranführers.

Für einen Umwalzer ändert sich der erlebte Raum je nach seinem Verhalten.

„Während des Umbaues und Bereitschaftspausen weitet er sich. Wenn er an der Walze steht, zieht er sich zusammen. Aber der Dehnung des Gesichtsfeldes entspricht eine Expansion des Subjekt-Objektverhältnisses, der Schrumpfung eine Konzentration auf ganz wenige, intensiv gegebene Objekte. Die riesige Werkshalle jedoch, in der vieles geschieht, was den Umwalzer nichts angeht, ist niemals der Raum des Umwalzers. Dieser ist vielmehr einer der Teilräume, in die sich die Halle gliedert. In diesen Teilräumen hat das Subjekt im allgemeinen nicht das Gefühl der Verlorenheit [...] Er (der Umwalzer H.G.) weiß sich als Mittelpunkt eines Produktionsflusses. Und sein Selbstbewußtsein, das oft dem eines ‚Stars‘ ähnelt, beruht auf dieser Stellung, die niemand anders einnehmen oder in ihrer zentralen Bedeutung relativieren kann.

In allen Fällen, in denen ein Raum so, wie er sich visuell darstellt – im Falle des Umwalzers also der sich jeweils weitende und zusammenziehende Teilraum der Werkhalle –, von der eigenen Tätigkeit her aufgeschlossen und angeeignet wird, kann man sagen, daß Arbeitsraum und arbeitsrelevante Umwelt einander entsprechen [...]

Für den Schnelläuferkranführer, der zwischen den verschiedenen Walzstraßen und anderen Plätzen vermitteln muß, teilt sich die große Halle des Walzwerks nicht in leicht erschließbare Teilräume. Er schwebt in seinem Korb über den Anlagen, die das Gesichtsfeld der unten tätigen Arbeiter begrenzen. Der Raum, in dem er sich bewegt, ist die ganze Halle. Ist sie auch sein Raum? Kann er sich in irgendeiner Form vertraut machen? Die Antwort lautet: Er muß es.

Gelingt es ihm nicht, sich in der verwirrenden Vielfalt, die sich seinem Blick anbietet, zurechtzufinden, so ist er unfähig, seinen Beruf auszuüben. Die Mehrzahl der qualifizierten Kranführer im Walzwerk (Tiefofen- und Schnelläuferkranführer) war der Ansicht, das Schwierigste für den Anfänger sei, ‚Übersicht über den Betrieb‘ zu gewinnen. Manche erzählen, wie schwer einem Neuling das Leben gemacht werde, der die Übersicht noch nicht habe. Diese Übersicht ist also nichts Selbstverständliches. Sie zu gewinnen, ist nicht leicht, denn es genügt ja nicht, einen Lageplan im Kopf zu haben und sich an ihm orientieren zu können. Vielmehr ist erforderlich, daß der Arbeiter sich auch über die wechselnden Geschehnisse orientiert, genauer: daß er stets schon über sie orientiert ist. Wenn er eine glühenden Block von der Blockstraße zu einer Fertigungsstraße transportiert, kann er nicht erst anhalten und ‚die Lage überprüfen‘. Es muß ihm schon gegenwärtig sein, daß in diesem Augenblick die Bahn frei ist und nicht von seinem Kollegen, der auf der gleichen Bahn eine Reparaturkolonne bedient, blockiert wird.

Die Übersicht, um die es sich hier handelt, ist nicht nur Kenntnis der Gesamtlage, auch nicht eine in ausdrücklichen Akten erworbene Kenntnis der jeweiligen Lage, sondern die Fertigkeit, sich nebenbei immer auf dem laufenden zu halten, so daß die Arbeit auch, ohne große Überlegung, reibungslos abrollen kann. Die ‚Aneignung‘ eines großen Raumes, der sich durch solche Vielfalt auszeichnet, ist nicht nur ein Vertrautwerden mit der Umgebung, in der man sich schließlich zu Hause fühlt, sondern sie ist eine schlichte Forderung, die sich aus dem Arbeitsvollzug ergibt."[89]

Diese Beispiele verdeutlichen, wie selbst die Art der Raumwahrnehmung vom jeweiligen Thema der Situation bestimmt wird. Das Thema bestimmt, welche Aspekte des Raumes ins Bewußtsein treten und welche ausgeblendet bleiben. Deutlich wird, daß das Thema nicht konkrete Handlungen vorschreibt, sondern Wahrnehmungsbereitschaften und Regeln, bestimmte Objekte zu verknüpfen[90].

Wichtig ist, daß die Horizonte, sowohl die äußeren als auch die inneren nicht als amorph erlebt werden, sondern gegliedert. Gegliedert werden die Horizonte durch Objekte. An diesen Objekten können Ereignisse und Erfahrungen abgelagert und auf diese Weise zugerechnet werden. Die Ablagerung von Erfahrungen erfolgt jedoch nicht als solche, sondern in der Form von Typen. Aufgrund dieser Typisierungen können sich Erwartungen, Vorerinnerungen, an das Erleben eines bestimmten Objektes ausbilden. Begriffe sind versprachlichte Typen. Erfahrungen mit dem Objekt werden zu Begriffssequenzen und die Sequenzen zum Objekthorizont integriert. Der innere Horizont gibt einen Rahmen vor, in dem Objekte zueinander in Beziehung gesetzt werden. Die Relationierung ist über den Verweisungscharakter der Objekte möglich. Dabei werden aber nicht die Verweisungscharaktere als ganze zueinander in Beziehung gesetzt. Vielmehr werden die Begriffe von den Objekten in Sequenzen zerlegt und die Sequenzen auf Vereinbarkeit miteinander verglichen. Als Auswahlkriterium für die relevanten Sequenzen dienen die Valenzen. Valenzen bestimmen die Sequenzen eines Objektes, die durch das Thema selegiert werden. Sie sind spezifische Erwartungsformen, die es ermöglichen, in der Umwelt nach Objekten mit verträglichen Valenzen zu suchen.

Das Thema der Situation wird durch Motivationsrelevanzen konstituiert. Das Themenfeld, die relevanten Umweltobjekte und die Auswahl der relevanten Objektaspekte, ergibt sich durch Selbst- und Fremdrepräsentation. In der Situation müssen Selbst- und Fremdrepräsentation zur Deckung gebracht werden.

---

89 H. Popitz u.a., Technik und Industriezeitalter, a.a.O., 165-167
90 Zum folgenden vergl. J. Markowitz, a.a.O., 72-84

Bei der Selbstrepräsentation vergegenwärtigt sich das Bewußtsein einen Horizont von Erlebnissen, die auf das aktuelle Thema bezogen sind, und zerlegt sie in Sequenzen, die nacheinander ins Bewußtsein treten und dort auf Verträglichkeit ihrer Valenzen überprüft werden.

Fremdrepräsentanz erfolgt durch Objekte im Erfahrungsbereich. Objekte werden über Merkmale identifiziert. Aus dem Vorliegen bestimmter Merkmale oder Merkmalsverknüpfungen wird auf das Vorhandensein des Objektes geschlossen. Dieser Schluß erlaubt es, auf andere Eigenschaften oder Eigenschaftskombinationen, die mit dem Objekt verknüpft sind, zu schließen und deren Vorliegen anzunehmen. Merkmale sind Eigenschaften. Sie sind Selektivitäten, die von der Relation zwischen Objekt und Wahrnehmenden abstrahieren. So ermöglichen sie einseitige Zurechnungen. Außerdem wird bei der Konstitution von Eigenschaften von ihrer Herkunft aus Relationen abstrahiert. Damit Eigenschaften dennoch relationiert werden können, müssen sie mit Wirkungsindizes versehen werden. Eigenschaften mit kompatiblen Wirkungsindizes können relationiert werden. Im Gegensatz zu Valenzen, die Erwartungen darstellen, die vom Themenkern ausgehend nach geeigneten Objekten suchen, sind Indizes Erwartungen, die von Eigenschaften ausgehend nach Themen suchen. Über Valenzen und Indizes können so Themen und Objekte aufeinander bezogen werden[91].

Neue Erfahrungen werden auf diesen Rahmen bezogen. Sie können in diesen Rahmen und die gegebene Typik problemlos passen. Dann deckt sich das Thema hinreichend mit vertrauten und genügend bestimmten Elementen des Wissensvorrates, dann braucht das Thema nicht weiter ausgelegt zu werden. Die Erfahrungen laufen routinemäßig weiter. Kommt aber zwischen Thema und Wissenselementen keine routinemäßige Deckung zustande, so stockt der routinemäßige Erfahrungsablauf, das Thema wird zum Problem. Jetzt besteht ein Motiv zur weiteren mehr oder weniger expliziten, schrittweise ‚urteilenden' Auslegung. Das Thema weckt über die Respezifikationsregeln die im Wissensvorrat sedimentierten Themen des gleichen Typs. Die übrigen im Wissensvorrat gespeicherten Elemente bleiben für die Auslegung irrelevant. Auswahlkriterium für die Auslegung ist das Prinzip der Verträglichkeit:

„Verträglichkeit zwischen dem aktuellen Thema bzw. seinen sich als ‚typisch' anbietenden Bestimmungen und den Interpretationsschemata des Wissensvorrates. Verträglichkeit aber auch zwischen den Interpretationsschemata in ihrem Verhältnis zueinander; häufig ist ja mehr als ein Schema interpretativ relevant."[92]

Eine solche Situation kann verschiedene Ausprägungen haben: Die Erfahrung kann in einen im Wissensvorrat vorhandenen Typus hineinpassen, aber die Bestimmtheit des Typen reicht zur Bewältigung der Situation nicht aus. Die im Typus sedimentierten Auslegungsprozesse sind ‚zu früh' unterbro-

---

91 vgl. J. Markowitz, a.a.O., 100-120
92 Schütz/Luckmann, a.a.O., 208 f

chen worden. Dann muß im aktuellen Auslegungsprozeß der Typus näher bestimmt werden.

So kann einem Schüler die Aufgabe gestellt werden, ein Dreieck zu konstruieren. Ihm sind die Lage und Länge der Grundlinie, die Länge einer weiteren Seite sowie der der Grundlinie gegenüberliegende Winkel vorgegeben. Er weiß, daß diese Angaben zur Lösung der Aufgabe ausreichen. Er weiß weiter, daß alle Winkel über der Sekante eines Kreises gleich sind, daß er also den Umkreis für den angegebenen Winkel über der Grundlinie finden muß. Jetzt überlegt er, wie er den Mittelpunkt dieses Kreises finden kann. Er kennt die Typik der Lösung, muß aber die Regeln des Umkreises näher auslegen und bestimmen, um seine Aufgabe zu lösen.

Etwas kann auch zum Problem werden,

> „wenn aufgrund einer aktuellen Erfahrung die Unverträglichkeit (Widerspruch) zwischen zwei im Wissensvorrat bisher fraglos mitbestehenden Wissenselementen ins Bewußtsein tritt, wenn also ein aktuelles Thema mit zwei sich als relevant anbietenden Wissenselementen in Deckung zu bringen ist, diese Elemente aber wechelseitig unverträglich sind."[93]

So kann sich eine alleinerziehende Mutter, wenn sie schwerwiegende Erziehungsprobleme hat, die Frage stellen, ob sie ihr Kind adoptieren lassen soll. Über eine Adoption könnten z.B. ihre Armutsprobleme gelöst werden und ihr Kind könnte in einer vollständigen Familie aufwachsen. Diese Faktoren sprechen für die Adoption. Andererseits erlebt sie ihr Mutter-Sein als wesentliches Identitätsmerkmal. Zum Mutter-Sein gehört, das Kind zu lieben, für das Kind dazusein. Die eine Alternative schließt die andere aus. Doch sprechen in dieser Situation für beide Alternativen gewichtige Faktoren; beide Alternativen sind motiviert, doch bestreiten sie sich gegenseitig. Solche Widersprüche konstituieren Zweifel.

Schließlich kann eine Erfahrung als eindeutig dem Rahmen zuzuordnen erlebt werden, aber dennoch diesen Rahmen sprengen. Dann verliert der Rahmen seine ordnungssichernde Funktion und damit auch/seine handlungsorientierende Wirkung, da die Erfahrung mit dem Rahmen unverträglich ist, den Rahmen zur Explosion bringt. Dann werden die vorher in den Rahmen integrierten und durch den Rahmen aufeinander bezogenen Elemente isoliert und so ihres Sinnhorizontes entblößt.

Dieser Fall tritt häufig ein, wenn Mütter ihr Kind haben adoptieren lassen. Die Zuordnung von Mutter und Kind erfolgt normalerweise durch die Geburt, sie ist vorvertraglich und wird als natürliche Bindung interpretiert. Adoption löst rechtlich diese Bindung auf, ohne aber die Vorstellungen von der natürlichen Bindung aufzuheben. So fühlen sich solche Frauen als Mütter, aber doch nicht als Mütter. Die Adoption sprengt den Rahmen der Position Mutter. Häufig können Frauen nach der Adoptionsfreigabe ihr Leben nicht

---

93 a.a.O., 203 f

mehr sinnvoll deuten. Sie empfinden ihr Leben als verpfuscht, verflucht, sinnlos und handeln nach eigenem Empfinden unberechenbar, chaotisch.

Betrachtet man eine Position als Objekt, dann stellt sie das Thema der Situation dar und gliedert den Horizont in äußere und innere Horizonte. Sie gibt dann an, welche Objekte im Zentrum der Aufmerksamkeit stehen und bestimmt den Stil und die Typik der Verknüpfungsmöglichkeiten der relevanten Elemente. Sie gibt dann den Rahmen vor, in den die Erfahrungen mit diesen Objekten eingeordnet werden. Neue Erfahrungen, die zur weiteren Auslegung führen, erweitern die Horizonte, die mit der Position verbunden werden. Sie können aber auch dem Stil und der Typik der mit der Position verknüpften Erwartungen widersprechen, so daß sie den Begriff der Position sprengen, so daß nur eine Positionsruine übrig bleibt.

Dazu ein Beispiel: Mit dem Begriff ‚Sohn' ist die Vorstellung der filiativen Abstammung von den Eltern verbunden. Die Eltern-Kind-Beziehung wird als monopolistisch und exklusiv interpretiert. Über die filiative Zugehörigkeit ordnet sich das Kind in Raum, Geschichte und Gesellschaft ein. Wurde nun ein Kind adoptiert und wurde ihm die Adoption verheimlicht, so orientiert es sich an dieser Definition der Position Kind, die filiative Abstammung wird so als normal für die Familiengründung und das Verhältnis zu den Eltern vorausgesetzt. Auf diese Normalität werden die späteren Erfahrungen bezogen und an ihr gemessen.

Erfolgt dann die Aufklärung über den Adoptivstatus durch Dritte, z.B. bei Streitigkeiten mit Schulkameraden, die ihr Wissen zur Stigmatisierung ihrer Kontrahenten einsetzen, dann kann der Rahmen der Position ‚Kind' gesprengt werden. Von seinen Eltern erwartet das Kind, wichtige Informationen zu erhalten. Die Geheimhaltung solcher Informationen kann leicht als Vertrauensbruch gedeutet werden, zumal da die bisherige Selbstverortung damit in Frage gestellt wird. So wurde eine späte Mitteilung des Adoptivstatus als überraschend, z.T. als dramatisch oder gar traumatisch erlebt. Der bisherige Typisierungsstil hatte sich als falsch erwiesen, der Rahmen des Begriffs ‚Kind-Sein' wurde gesprengt, die bisherigen Verweisungszusammenhänge erwiesen sich als falsch. Der durch den Rahmen vorgegebene Sinn explodiert. Der ehemals geordnete Horizont verwandelt sich in ein Chaos. So verliert er seine Fähigkeit, Erwartungsfähiges zu formen. Damit verlieren die Betroffenen zumindest zeitweise ihre Orientierungssicherheit.

2.8 Position und Situation

Untersuchen wir jetzt, welche Bedeutung Position für die Situationsdefinition hat. Es ist aufgezeigt worden, daß Motivationsrelevanzen ein Thema konsti-

62

tuieren. Wenn bestimmte Motivationsrelevanzen auftreten, wird das Thema konstituiert. Wichtige Themen, deren Bearbeitung von besonderer gesellschaftlicher Relevanz ist, sind, damit sie bearbeitet werden und damit ein Orientierungsrahmen für die Bearbeitung gegeben ist, mitsamt dem Themenfeld institutionalisiert. Dieser Institutionalisierung von Themen und ihren Themenfeldern dienen Positionen. Durch diese Institutionen wird das Themenfeld sachlich, zeitlich und sozial strukturiert. Diese Strukturierung erfolgt durch Positionsumschreibungen. Sie geben vor, wer ein bestimmtes Thema zu bearbeiten hat, sie begrenzen das Themenfeld und bestimmen die Selektionskriterien, also die Horizonte, die Valenzen und die Wirkungsindizes, über die die Objekte im Horizont relationiert werden. So stellen Positionen Verweisungszusammenhänge dar, über die Themen, Personen und Sachen miteinander in spezifischer Weise verknüpft werden. Diese Verweisungszusammenhänge sind dann jeweils Horizonte, die sowohl über die Themen als auch die Personen oder Sachen in Bewußtsein aktualisiert werden können.

Die Verweisungszusammenhänge können selbst wieder in Sequenzen zerlegt und diese Sequenzen mit Valenzen oder Indizes versehen werden.

Themen und Themenfelder schreiben nicht bestimmte Handlungen vor, sondern sie geben Regeln an, über die bestimmte Erwartungen, Personen und Objekte miteinander verknüpft werden. Mit dieser Definition werden gleichzeitig regelwidrige Handlungen verboten.

Positionen bestimmen die Valenzen, über die der Positionsinhaber die Objekte im Horizont selbst repräsentiert und die Indizes, mit denen er die Eigenschaften der fremdrepräsentierten Objekte versieht bzw. versehen muß. Positionen definieren also Regeln für typische Situationen. Wenn einer z.B. mit dem Auto von A nach B fährt, er also die Position Autofahrer einnimmt, muß er die Verkehrsregeln befolgen. Diese Regeln sind Elemente der Definition der Situationen, denen er im Straßenverkehr begegnet. In der jeweiligen Situation sind für ihn aber nicht alle Verkehrsregeln gleich relevant. Welche Regeln dann gerade im Vordergrund stehen, hängt davon ab, welche Ziele er momentan verfolgt und welche Objekte ihm gerade begegnen. Diese aktualisieren dann die relevanten Sequenzen der Position. Situationen wechseln, Positionen sind konstant (wenn auch geschichtlich). Positionen charakterisieren offene Möglichkeiten.

„Jede Erwartung hat den Modus der Unbestimmtheit, und diese allgemeine Unbestimmtheit konstituiert einen Umfang freier Variabilität; was innerhalb dieses Umfangs liegt, ist ein Element unter den anderen Elementen möglicher näherer Bestimmtheit, von denen ich bloß weiß, daß sie in diesem Umfang passen, jedoch sonst völlig unbestimmt sind."[94]

In Situationen dagegen haben die Möglichkeiten einen anderen Charakter; sie sind mir als seiend nahegelegt. Der Möglichkeit wird Gültigkeit zugeschrie-

---

94 A. Schütz, GA 1, 94

ben, sie erhält ein Gewicht, zwingt zur Entscheidung[95]. Situationen werden durch das im Augenblick vorherrschende Interesse der Handelnden bestimmt. Es bestimmt die Auswahl der im Augenblick relevanten Objekte und Objektaspekte, also auch die Sequenzen der Positionen, die für den jeweiligen Augenblick relevant sind. Fährt der Betreffende z.B. allein über eine Landstraße, so hat er das Rechtsfahrgebot und den Straßenverlauf zu beachten. Holt er ein anderes Fahrzeug ein, so muß er entscheiden, ob er überholen will oder nicht. Entscheidet er sich für einen Überholvorgang, so ändert sich für ihn die Situation. Jetzt werden zusätzlich andere Sachverhalte relevant. Er muß prüfen, ob die Bedingungen für diesen Vorgang vorliegen, sind sie gegeben, muß er die für diesen Vorgang vorgesehen Handlungen, Blinken, Beschleunigen, Nach links Ausscheren usw. durchführen. Ist der Überholvorgang beendet, tritt wieder ein Situationswechsel ein. Tritt während des Überholvorgangs aber plötzlich ein entgegenkommendes Fahrzeug in relativ naher Entfernung ins Blickfeld, so ändert sich die Situation schon vor Beendigung des Überholvorgangs. Dann tritt das Thema ‚diesem Fahrzeug Ausweichen' in den Vordergrund. Alle diese Situationen sind mit der Position Autofahrer typisiert. Sie werden aber als verschiedenartig erlebt, insbesondere im Hinblick auf die Bewußtseinsspannung. Von hier aus läßt sich das Verhältnis zwischen Situation und Position weiter bestimmen. Positionen definieren ein Regelsystem. Es legt fest, unter welchen Gesichtspunkten *mögliche* Objekte im Erfahrungsbereich wahrgenommen und verknüpft werden müssen. In Situationen dagegen werden als seiend erlebte Objekte verknüpft. Weiter zeigt das Beispiel, daß die thematische und zeitliche Spannweite des Themas einer Position sehr weit sein können. In Situationen wird das Thema spezifiziert, z.B. ruhig Dahinfahren, Überholen, Gefahr Ausweichen. Mit der jeweiligen Spezifizierung ändern sich auch die Valenzen und Indizes der für die Situation relevanten Positionssequenzen.

Damit sind Positionen aber noch nicht umfassend beschrieben. Oben ist behauptet worden, daß mit Positionen ihrem Inhaber auch Vollmachten übertragen werden, daß sie also den Handlungsbereich des Inhabers beschränken. Um diese Wirkungen beschreiben zu können, müssen die Ausführungen die Ebene wechseln und den einzelnen als Handelnden betrachten.

Themen können gewechselt werden. Der Wechsel kann freiwillig oder auferlegt erfolgen. Man kann ein Feld willentlich in einen thematischen Kern und einen horizontalen Hintergrund einteilen. Auf diese Weise kann man auch das Feld und seine Grenzen bestimmen. Solche freiwilligen Themenwechsel, solche Aufmerksamkeitsumschwünge, sind entweder durch einen Sprung von einer Wirklichkeitsdimension in eine andere, oder durch das ins Spiel bringen einer anderen Persönlichkeitsschicht motiviert. Durch den Aufmerksamkeitsumschwung werden andere Strömungen des Bewußtseins ak-

95 vgl. A. Schütz, GA 1, 93

zentuiert, die die Struktur des Bewußtseinstromes verändern[96]. So kann jemand eine Situation, z.B. eine Prüfung, im Bewußtsein antizipieren. Diese Antizipation ist ihm in diesem Augenblick nicht auferlegt, er wendet sich ihr ‚freiwillig‘ zu. Er könnte auch ins Kino gehen. Statt dessen thematisiert er jetzt die verschiedenen Elemente der Prüfungssituation, bis sie ihm vertraut genug sind. Allgemein ausgedrückt läßt sich sagen:

„Wenn man sich in einer Situation nicht routinemäßig orientieren kann, muß man sie auslegen. Und wenn man dies im voraus weiß, wendet man sich ihr auch ‚freiwillig‘ im voraus zu. Das bedeutet auch, daß man nicht unbeschränkt ‚anderen Gedanken‘ nachhängen kann, sondern dazu motiviert ist, sich der Situation oder bestimmten Aspekten dieser Situation ‚rechtzeitig‘ zuzuwenden. Daß hier ‚rechtzeitig‘ in engen Zusammenhang mit dem Prinzip des ‚First things first‘ und den im Wissensvorrat sedimentierten Dringlichkeitsstufen zur Bewältigung typischer Situationen und Probleme steht, versteht sich von selbst.“[97]

Neben dieser Form freiwilliger thematischer Relevanz, die als freiwilliger Themenwechsel definiert wird, gibt es eine weitere Form freiwilliger thematischer Relevanzen, die Themenentwicklung. Themen haben äußere und innere Horizonte. Sie müssen ausgelegt werden. Bei der Auslegung kann man sich dem thematischen Feld ‚freiwillig‘ zuwenden.

„Man ist dazu ‚motiviert‘ sich nicht mit dem Thema, so wie es in seinem Kern schlicht erfaßt wurde, zufriedenzustellen, sondern verlegt die Aufmerksamkeit auf die ‚Details‘ (innerer Horizont) oder die Beziehung des Themas zu anderen Themen (äußerer Horizont).“[98]

Was im thematischen Feld implizit vorgegeben war, wird in der Zuwendung explizit gemacht. Das Hauptthema wird in verschiedene Subthematisierungen weiterentwickelt. Die Fähigkeit der Themenentwicklung ist ein wesentliches Merkmal sozialer Kompetenz.

Themenwechsel können auch auferlegt sein, entweder indem ein unerwartetes Ereignis den bisherigen Vorweisungszusammenhang gefährdet, so daß man sich ihm zuwenden muß, oder ein Thema ist sozial auferlegt. Wird ein Thema sozial auferlegt und sozial verwaltet, dann müssen Vorkehrungen getroffen werden, daß der mit der Bearbeitung des Themas Beauftragte bei dem Thema bleibt. Stellt ein Arbeitgeber z.B. einen Mitarbeiter ein, besetzt er also eine Position, so erwirbt er das Recht, dem Arbeitnehmer Themen aufzuerlegen. Damit hat er ein Interesse daran, daß dieser auch bei dem ihm auferlegten Thema bleibt, daß er möglichst keine freiwilligen Themenwechsel vollzieht und daß auch der Themenentwicklung durch den Arbeitnehmer gewisse Grenzen gesetzt werden.

96 vgl. A. Schütz, Das Problem der Relevanz, Frankfurt 1971, 59 f
97 Schütz/Luckmann, a.a.O., 194
98 a.a.O., 196

Themenwechsel können sich ergeben, weil die Objekte im Horizont auf andere Zusammenhänge, in die die Objekte gestellt werden können, verweisen. Bestimmte Horizontsequenzen motivieren dazu, das Thema zu wechseln. Soll ein Themenwechsel erschwert werden, dann müssen einmal Anlässe für die Fremdrepräsentanz solcher Sequenzen reduziert werden. Dieser Verringerung der Anlässe für die Fremdrepräsentanz themenverschiebender Objektsequenzen dienen zeitliche, räumliche und soziale Abgrenzungen von Relevanzbereichen gegeneinander. Diese Maßnahmen stabilisieren die Horizonthomogenität, die auch durch soziale Maßnahmen, z.b. Uniformierung, herbeigeführt werden kann.

Da Sequenzen aber auch durch Selbstrepräsentation gegeben sein können, reicht eine solche Abgrenzung alleine für die Motivation zur Aufrechterhaltung des Themas nicht aus. Um trotz ablenkender Verweisungszusammenhänge beim gestellten Thema zu bleiben, bedarf es zusätzlicher Motivationsrelevanzen. Solche Relevanzen ergeben sich daraus, daß Erwartungen reflexiv auf andere Alter bezogen sind und daß miterwartet wird, daß mit den Erwartungen Achtungsbedingungen verknüpft sind. Diese Achtungsbedingungen können sich sowohl auf die Fremd- als auch Selbstachtung beziehen.

Über diese Verknüpfung von Erwartungen mit Achtungsbedingungen können soziale Schwellenwerte institutionalisiert werden, die die Möglichkeiten für Themenwechsel und Themenentwicklungen begrenzen. Solche Schwellenwerte sollen den Durchgriff auf thementranszendente Eigenschaften behindern.

Der einzelne definiert die Situation nicht nur für sich selbst, er kann auch versuchen, die Definition seiner Interaktionspartner zu beeinflussen.

„Das Problem der interpersonalen Kontrolle, d.h. der wechselseitigen Beeinflussung der Interaktionspartner, kann so formuliert werden als die Frage nach der erfolgreichen Beeinflussung der Situationsdefinitionen des jeweils anderen. Das geschieht dadurch, daß alter dazu gebracht wird, die Bedeutungskomponenten der Situation so zu strukturieren, daß sie mit der Situationsdefinition von ego kongruent sind. Erziehungsideologien, verbal explizit gemachte Verhaltensnormen, Erziehungskonventionen und -sitten, ‚Hausordnungen‘ pädagogischer Einrichtungen sind unter diesem Gesichtspunkt symbolische Techniken, den Spielraum für Situationsdefinitionen durch den Educandus einzuschränken. Auf der Ebene der symbolischen Kommunikation entstehen so Gewohnheiten [...], die sichern, daß die Individuen soziale Fälle oder Situationen nach einem konstanten Schlüssel dekodieren, Situationsdefinitionen also nicht beliebig vorgenommen werden, sondern nach Maßgabe eines ‚herrschenden Interesses‘."[99]

Die Institutionalisierung von Regeln bewirkt typische Weisen des Definierens von Situationen.

„Es handelt sich dabei um einen Vorgang, der seine Wurzel zwar in der interpersonellen Beziehung konkreter Individuen und deren Nötigung zur Verständigung, also zur Allgemeinheit symbolischer Formen und Inhalte in der zeitlichen und der sozialen Er-

---

99 K. Mollenhauer, Theorien zum Erziehungsprozeß, München 1972, 124 f

streckung hat, [...] Mit anderen Worten: Um soziale Situationen verfügbar zu machen, entwickeln wir – d.h. die Interaktionspartner, die interagierenden sozialen Gruppen oder Kollektive von Individuen – Regeln des Definierens von Situationen, durch die wechselseitig Handlungsspielräume festgesetzt werden; damit müssen aber zugleich den Individuen die den Handlungsspielräumen entsprechenden ‚Eigenschaften‘ zugeschrieben werden; sie müssen als Inhaber von Positionen, als Spieler von Rollen identifizierbar sein."[100]

Positionen institutionalisieren also bestimmte Themen und Themenfelder. Sie definieren Wahrnehmungsbereitschaften und Regeln zur Generierung von Handlungen.

Positionen ermöglichen die Antizipation der Erwartungen anderer und damit die Einbeziehung der Erwartungen anderer in die Definition der Situation.

Die Einhaltung der mit der Positionsdefiniton aufgestellten Regeln wird durch Habitualisierung aufseiten des Subjektes und durch Kontrolle auf Seiten des sozialen Systems durchgesetzt. Der Habitus ist eine „generative Grammatik" der Handlungsmuster[101]. Ein Habitus stattet das Individuum mit spezifischen Denk-, Auffassungs-, Beurteilungs- und Handlungsschemata aus, die die Regeln definieren, die es in gut typisierten Situationen anzuwenden hat. Er ermöglicht hinreichend schnell Entscheidungen darüber, was als Selektionsansinnen vom personalen System erwartet wird[102]. Im Prozeß der Habitualisierung macht sich das Individuum auferlegte Relevanzen zu eigenen Relevanzen, es verinnerlicht diese Relevanzen und unterwirft so die Einhaltung der Regeln der Selbstkontrolle.

Kontrolle erfolgt über Ausdruckshandlungen, die signalisieren, daß die Interaktionspartner trotz Enttäuschung an ihren Erwartungen festhalten.

2.9 Zur Verflechtung von Positionen

Über die Festschreibung von Positionen werden Themen sozial verwaltet:

„benannt, bewertet, abgeschirmt, befördert. Positionen legen fest, wer welche Beiträge leisten darf."[103]

Ist sozial festgelegt, daß bestimmte Themen nur von den Inhabern bestimmter Positionen bearbeitet werden dürfen, so werden komplementäre Positionen geschaffen, für die unterschiedliche Horizonte der Vertrautheit und des

---

100 a.a.O., 137 f
101 P. Bourdieu, Soziologie der symbolischen Formen, Frankfurt 1971, 212
102 vgl. J. Markowitz, a.a.O., 141
103 a.a.O., 196

Bekanntseins angenommen werden. Wissen ist sozial verteilt und diese Verteilung ist in wesentlichen Aspekten über Positionen geregelt. Je nachdem, welches Wissen vorher erworben worden ist, konstituiert das vorherrschende Interesse das Thema und gliedert das Themenfeld unterschiedlich. Und auch diese Differenzen können wieder institutionalisiert sein, wie sich an der Differenz zwischen Laien und Experten verdeutlichen läßt. Der Experte besitzt in einem engen Bereich Vertrautheitswissen, d.h. er hat gründliche, klare und bestimmte Kenntnis nicht nur des Was und Wie, sondern auch ein Verständnis des Warum in dem Bereich, für den er Experte ist[104]. Der Laie dagegen hat von diesem Bereich nur Bekanntheits- oder Glaubenswissen.

„Bekanntheitswissen bezieht sich nur auf das Was und läßt das Wie unbefragt. Was sich begibt, wenn wir die Wählscheibe des Telephons drehen, ist dem Nichtfachmann unbekannt, unverständlich und auch gleichgültig; ihm ist es genug, daß sich der gewünschte Partner meldet. Der Apparat, die Prozedur, das Rezept, die Maximen unseres praktischen Verhaltens werden sich, so nehmen wir an, im normalen Lauf in Hinkunft so bewähren, wie dies bisher der Fall war, ohne daß wir wissen, warum dies so ist und worauf sich unsere Zuversicht bezieht. Die Bereiche unseres Bekanntheits- und Vertrautheitswissens sind umgeben von Dimensionen bloßen Glaubens, die wiederum nach Wohlfundiertheit, Plausibilität, Vertrautheit, Vertrauen auf fremde Autorität bis hin zur Ignoranz im mannigfacher Weise abgestuft sind.“[105]

Die sich aufgrund der unterschiedlichen Wissensvorräte konstituierenden Themenfelder können wieder über Sequenzen miteinander verknüpft werden. Funktioniert z.B. das Telefon nicht mehr, ist daher eine Reparatur erforderlich, dann kann man über die Valenz Reparatur nach dem Fernmeldemechaniker suchen, der seinerseits mit der Eigenschaft, Telefone reparieren zu können, versehen ist. Auf diese Weise werden dann komplementäre Positionen miteinander verknüpft.

Das Wissen um die positionelle Wissensverteilung ist selbst wieder ein Element der alltäglichen Erfahrung, d.h. ist selbst wieder institutionalisiert. Dieser Institutionalisierung dienen Positionsdefinitionen. Sie typisieren Typen des Bekanntheitsfeldes des anderen und Typen der Weite und Zusammensetzung seines Wissens.

„Daher setze ich voraus, daß der andere von bestimmten Relevanzstrukturen geleitet wird, die sich in einer Anzahl fester Motive ausdrücken und zu einem bestimmten Handlungsmuster führen, ja selbst seine Persönlichkeit mitbestimmen.“[106]

Auf diese Weise können auch die Umstände typisiert werden, unter denen man mit ihnen interagieren muß.

In dem Maße, wie die Institutionalisierung die Themenzuschreibung und Abgrenzung der Themenfelder nicht nur sozial regelt, sondern auch billigt,

---

104 vgl. A. Schütz, GA 3, 157
105 a.a.O., 157 f
106 A. Schütz, GA 1, 17

verleiht sie den Positonsinhabern auch Prestige und Autorität, verleiht ihnen also einen Status.

> „Nur der wird als Experte [...] geachtet, der auch als solcher sozial anerkannt ist. Nachdem er diesen Grad des Prestiges erreicht hat, erhalten die Meinungen des Experten [...] zusätzliche Bedeutung im Bereich des sozial abgeleiteten Wissens."[107]

> „Wenn ich in meinem Vater, meinem Priester, meiner Regierung eine Autorität sehe, dann haben ihre Meinungen für mich besonderes Gewicht, und dieses Gewicht selbst hat den Charakter der auferlegten Relevanz."[108]

Positionen institutionalisieren also Themen und Themenfelder. Sie selegieren die Horizonte und Horizontsequenzen die für die Situationsauslegung relevant sind, sie definieren spezifische Erwartungsstile.

Nun braucht die individuelle Motivation zu einem Zeitpunkt nicht unbedingt mit der für eine Position definierten Motivation kompatibel zu sein, so daß für die individuelle Situationsdefinition Sequenzen mehrerer Positionen gleichzeitig im Bewußtsein aktualisiert werden. Welche Folgen die gleichzeitige Aktualisierung von Sequenzen mehrerer Positionen für den Betroffenen hat, hängt davon ab, ob die durch die Positonen definierten Erwartungsstile und Verknüpfungsregeln kompatibel sind oder nicht. Sind die Erwartungsstile zweier Positionen inkompatibel, dann treten bei gleichzeitiger Aktualisierung Probleme auf, da die Orientierung an der Thematik der einen Position durch das andere Thema behindert wird. In diesem Fall tritt ein Interpositionskonflikt ein. Wenn der Umwalzer des oben angeführten Beispiels an der Walze steht, sich sein Gesichtsfeld zusammenzieht und seine Aufmerksamkeit auf wenige intensiv gegebene Objekte konzentriert, kann von ihm nicht gleichzeitig erwartet werden, die Tätigkeit des Kranführers zu kontrollieren, da er dafür die ganze Werkshalle ins Blickfeld nehmen müßte. Beobachtet er den Kranführer, dann kann er die Drähte nicht mehr greifen, konzentriert er sich auf die Drähte, muß er den Kranführer unbeobachtet lassen. Solche sachlichen Unvereinbarkeiten können durch zeitliche oder soziale Differenzierungen neutralisiert werden. Müssen beide Tätigkeiten gleichzeitig durchgeführt werden, so muß die Arbeit auf verschiedene Personen verteilt werden, andererseits kann der Konflikt auch durch zeitliches Auseinanderziehen gelöst werden. Zur Zeit A bedient die Person die Walze, zur Zeit B kontrolliert sie den Kranführer. Hier wird der durch Arbeitsteilung erreichte Vorteil der Ermöglichung der Differenzierung der Einheit von Raum und Zeit deutlich. Durch die soziale Differenzierung können für einen einzelnen inkompatible Tätigkeiten gleichzeitig ausgeführt und auf diese Weise vereinbar werden. Andererseits können umgekehrt an sich sachlich verträgliche Tätigkeiten durch soziale Definitionen, z.B. Kompetenzzuschreibungen, inkompatibel werden. Selbst wenn ein Handwerksmeister Kenntnisse im Privatrecht erwor-

---

107 A. Schütz, GA 2, 100 f
108 a.a.O., 100

ben hat, darf er keine Rechtsberatung durchführen, da diese Anwälten vorbe-
halten ist.

2.10 Zusammenfassung

Über Positionen werden wichtige Themen und ihre Themenfelder institutionalisiert und deren Bearbeitung auf die Gesellschaftsmitglieder verteilt. Die
Institutionalisierung der Themenfelder bestimmt einen Rahmen, der die Auswahl und die Verknüpfungsregeln der für das Thema relevanten Personen,
Objekte und Erwartungen definiert. Diese Regeln legen fest, unter welchen
Gesichtspunkten die relevanten Gegenstände, Ereignisse und Geschehnisse
betrachtet werden und wie sie in der zeitlichen, räumlichen, sachlichen und
sozialen Dimension relationiert werden müssen. Solche Definitionen sind
gruppengebunden. Ihre Einhaltung wird sozial kontrolliert. Der einzelne muß
sie im Laufe seiner Sozialisation habitualisieren. Mit der Habitualisierung
verlagert er die Außenkontrolle nach innen.
   Voraussetzung für die Möglichkeit der Institutionalisierung von Themen
und Themenfeldern in Positionen ist Arbeitsteilung. Arbeitsteilung kann in
der zeitlichen, sachlichen und sozialen Dimension erfolgen. Ein einzelner
kann verschiedene Tätigkeiten hintereinander erledigen, die Arbeit also zeitlich aufteilen. Mehrere Personen können gleiche Tätigkeiten gleichzeitig
durchführen, es kann aber auch der eine die eine und ein anderer eine andere
Arbeit gleichzeitig verrichten. Arbeitsteilung ermöglicht stellvertretende Arbeit. Sie erlaubt es, die Wahrnehmung in Situationen auf spezifische Gesichtspunkte zu begrenzen.
   Wird die Bearbeitung verschiedener Aufgaben auf verschiedene Gesellschaftsmitglieder verteilt, dann müssen sie auf der anderen Seite wieder koordiniert werden. Arbeitsteilung macht die Gesellschaftsmitglieder voneinander abhängig, wenn sie jeweils stellvertretend für andere bestimmte Themen
oder Aufgaben wahrnehmen. Von daher wird das Interesse begründet, daß
die anderen ihre Aufgaben auch wahrnehmen. So muß gewährleistet werden,
daß diejenigen, denen die Verrichtung einer bestimmten Aufgabe anvertraut
ist, diese Arbeit auch ausführen, daß sie beim Thema bleiben. Da die Objekte
im Erfahrungsbereich thementranszendente Verweisungszusammenhänge besitzen, müssen zur Themensicherung besondere Strategien entwickelt werden. Der Horizonthomogenisierung dienen in diesem Zusammenhang die
Ausgrenzung bestimmter Zeiten und spezifischer Räume für die Ausführung
bestimmter Aufgaben, um die Verweisungshorizonte der Objekte zu begrenzen. Um die Selbstrepräsentanz thementranszendenter Horizonte einzuschränken, werden mit der Aufgabenerfüllung Achtungsbedingungen ver-

knüpft. Diese legen Schwellenwerte fest, die definieren, unter welchen Bedingungen die Verpflichteten beim Thema bleiben müssen.

Die Abgrenzung zeitlicher, sozialer und sachlicher Räume, die durch diese Strategien erfolgt, ermöglicht es, die Geltungsbereiche von Positionen gegeneinander abzugrenzen. Je besser eine solche Abgrenzung gelingt, desto klarer kann festgelegt werden, wann welche Regeln zu gelten haben. Inkompatible Anforderungen können so durch die Abgrenzung der Geltungsbereiche vereinbar gemacht werden. Umgekehrt kann das Unterlassen der Abgrenzung von Positionen dazu führen, daß der einzelne miteinander inkompatible Regeln gleichzeitig erfüllen muß. Dann wird die Einhaltung des einen Regelsystems durch die Anforderungen des anderen behindert, die Handlungsfähigkeit wird dadurch begrenzt. Die daraus enstehenden Konflikte können bewußt intendiert sein. Dann sollen sie abschreckende Wirkung, bestimmte Handlungen auszuführen, bzw. bestimmte Zustände herbeizuführen, haben.

Die Festlegung des Themas einer Situation ist ein Selektionsprozeß. Sie steuert die Auswahl der wahrzunehmenden Objekte und die Gesichtspunkte, unter denen die selektierten Objekte wahrgenommen werden. Ein Thema teilt die Horizonte des Erlebens in zwei Bereiche, die äußeren und inneren Horizonte. Diese Abgrenzung erlaubt es, das Aufmerksamkeitspotential konzentriert einzusetzen. Gleichzeitig muß aber der Horizont die Möglichkeit bieten, Durchlässigkeit zu gewährleisten, da im äußeren Horizont gegebene Möglichkeiten das Absehen vom bisherigen Thema erzwingen können. Damit also dem Thema erhöhte Aufmerksamkeit gewidmet werden kann, sind bestimmte Voraussetzungen notwendig, deren Vorliegen jeweils kontrolliert werden muß. Diese Bedingungen werden durch Permeabilitätskonstanten definiert. Liegen Bedingungen vor, die den Permeabilitätskonstanten widersprechen, dann kann die Kontrolle der Außenhorizonte nicht mehr durch Permeabilitätskonstanten gesichert werden, sondern es muß ein Themenwechsel und damit ein Situationswechsel erfolgen. Jede Position hat ihre je eigenen Permeabilitätskonstanten. Sie geben die Bedingungen an, die vorliegen müssen, damit die Position eingenommen werden kann. Sie definieren die Gesichtspunkte, unter denen die Objekte im Außenhorizont wahrgenommen werden, wenn ein bestimmtes Thema gegeben ist.

Über Positionen, also Themen und Themenfelder, wird der einzelne in die Gesellschaft integriert. Ihm werden mit seinen Positionen bestimmte Themen übertragen, andererseits wird er abhängig von anderen, die für ihn notwendige Themen stellvertretend abhandeln.

Positionen können unabhängig von ihren Trägern definiert werden. Sie umschreiben die Themen, die der Träger zu bearbeiten hat. Mit der Definition des Themenfeldes wird geregelt, welchem Relevanzbereich die Aufgaben zugewiesen werden, welche Pflichten, Rechte und Ermächtigungen dem Inhaber zugeschrieben werden, welche Autonomie dem Träger eingeräumt wird. Gleichzeitig wird durch diese Definition bestimmt, mit wem der Träger interagieren muß, von wem er wie abhängig ist, wem er über- bzw. untergeordnet ist, welche Qualifikationen er besitzen oder erwerben muß. Da diese Definitionen unabhängig vom Träger sind, sind sie lehr- und lernbar.

Die Institutionalisierung von Positionen ist an organisierte Sozialsysteme gebunden. Themenfelder, aber auch Themen selbst, können in verschiedenen Gruppen unterschiedlich abgegrenzt werden. Sie werden dann in diesen Gruppen nach verschiedenen Regeln bearbeitet. Dann werden in den einzelnen Gruppen unterschiedliche Erwartungen an die einzelnen Mitglieder gerichtet. Ist ein Individuum Mitglied in Gruppen, in denen die Positionen unterschiedlich definiert sind, so kommt es zu Intrapositionskonflikten. Die Lösung der daraus entstehenden Konflikte ergibt sich aus den Machtbeziehungen der Bezugsgruppen untereinander und der Bereitschaft in den Bezugsgruppen, zur Durchsetzung des Institutionensschutzes Machtmittel einzusetzen.

Für das Individuum haben Positionen wichtige Funktionen. Mit der Übernahme einer Position wird ihm die Zuständigkeit für ein Thema zugeschrieben. Es kann sich mit diesem Thema identifizieren. Indem es sich mit dem Thema identifiziert, wird dieses Thema gleichzeitig ein Element seiner Selbstidentifikation. Durch die institutionelle Definition des Themenfeldes wird ihm vorgegeben, welche Regeln es bei der Umsetzung des Themas beachten muß. Das Themenfeld definiert also nicht konkretes Verhalten, sondern Typen von Verhaltensregeln, die das Individum zum Handeln auslegen muß. Die Einhaltung der Regeln wird durch soziale Kontrolle einerseits und Habitualisierung andererseits stabilisiert.

Postionsdefinitionen dienen also einmal als Elemente der Selbstdefinition. Andererseits ermöglichen sie die Antizipation der Erwartungen anderer, die Einbeziehung der Erwartungen anderer in die Definition der Situation. Sie ermöglichen die bewußtseinsinterne Abstimmung von eigenen mit fremden Erwartungen.

Ist sozial festgelegt, wer für bestimmte Themen zuständig ist, so werden komplementäre Positionen geschaffen, für die unterschiedliche Horizonte der Vertrautheit und des Bekanntseins angenommen werden. Wissen ist sozial verteilt und diese Verteilung ist in wesentlichen Aspekten über Positionen geregelt. Die sich aufgrund der unterschiedlichen Wissensvorräte konstituierenden Themenfelder können über Sequenzen miteinander verknüpft werden. Positionen typisieren auch Bekanntheitsfelder des anderen und die Weite und Zusammensetzung seines Wissens. Für die Inhaber bestimmter Positionen wird angenommen, daß sie von bestimmten Relevanzstrukturen geleitet werden, die sich in einer Anzahl fester Motive ausdrücken und zu bestimmten Handlungsmustern führen, die auch ihre Persönlichkeitsstrukturen prägen. So können Umstände definiert werden, unter denen man mit den anderen interagieren muß. In dem Maße wie die Institutionalisierung die Themenzuschreibung und Abgrenzung der Themenfelder nicht nur sozial regelt, sondern auch billigt, verleiht sie den Positionsinhabern Prestige und Autorität und damit einen Status. Gleichzeitig dient sie dazu, regelkonformes Verhalten zu legitimieren.

Positionen umschreiben Möglichkeitsräume im Sinne offener Möglichkeiten. In Situationen dagegen haben die Möglichkeiten einen anderen Charakter. Sie werden als seiend nahegelegt erlebt. Hier wird den Möglichkeiten Gültigkeit zugeschrieben, den Möglichkeiten werden Gewichte verliehen. Die Möglichkeiten sind also nicht „reine Möglichkeiten", sondern Möglichkeiten, „für die etwas spricht."[109]

Als Räume, die die Verträglichkeit von Elementen definieren, sind Positionen Elemente der Definitionen der Situation. Sie definieren Regeln, nach denen mögliche Objekte verknüpft werden können. Sie definieren abstrakt strukturelle Zusammenhänge[110]. Situationen werden nicht allein durch Positionen bestimmt, sondern ebenso vom vorherrschenden Interesse des Handelnden. Es bestimmt die Auswahl der im Augenblick relevanten Dinge und Dingaspekte, also auch die Sequenzen der Position, die für den jeweiligen Augenblick relevant sind.

Positionen können durch Erfahrungen gesprengt werden. Dieser Vorgang tritt dann ein, wenn ein Element in den Erfahrungsbereich eintritt, das zwar in den durch die Position definierten Rahmen einzuordnen ist, aber dennoch den Regeln widerspricht, so daß es nicht sinnhaft eingeordnet werden kann. Das Auftreten solcher Elemente kann die Sinnhaftigkeit des Erlebens insgesamt in Frage stellen, so daß das Regelsystem seine Orientierungsfunktion verliert. In diesem Fall kann das Verhalten unberechenbar werden.

Positionen verorten die Träger in gesellschaftlichen Bezugsfeldern. Sie definieren Handlungsregeln. Rollen beziehen sich dagegen auf die Interaktionssysteme der Positionsinhaber.

---

109 vgl. A. Schütz, GA 1, 93
110 vgl. A. Schütz, Das Problem der Relevanz, a.a.O., 228

3. Zum Rollenbegriff

3.1 Persönlichkeitsstrukturen als strukturelle Entscheidungsprämissen in Interaktionssystemen

Es ist dargestellt worden, daß sich Positionen auf organisierte Sozialsysteme, Rollen auf Interaktionssysteme beziehen. Positionen bezeichnen Handlungstypen, die sich auf anonyme Nebenmenschen beziehen, sie abstrahieren von jeder Individualität und Einzigartigkeit der Positionsträger.

In Interaktionen begegnen dem einzelnen die Interaktionspartner aber nicht nur als Positionsinhaber sondern auch als Persönlichkeiten. Wie aufgezeigt, kann man aber auch die Mitmenschen nur partiell erkennen. Um dennoch handeln zu können, werden ihnen personale Typen zugeschrieben, die mit typischen Motiven und typischen Verhaltensstrategien eines Persönlichkeitstyps ausgestattet werden. Auch bei der Bildung von Persönlichkeitstypen wird von der Individualität des einzelnen abstrahiert. Bezugspunkt der Abstraktion sind aber nicht soziale Systeme, sondern personale Systeme.

Sie werden nach Kriterien bewußter und unbewußter Erlebnisverarbeitung typisiert. Persönlichkeitstypen schreiben den durch sie bezeichneten Personen spezifische Präferenzen, Aufmerksamkeitsregeln, Reagibilitäten auf Stile des Interaktionsprozesses, z.B. Freund-Feind-, Scherz-Ernst-, normativ-kognitiv-Stilisierung zu.[1]

Charakterisierungen einzelner Personen als gütig, brutal, faul, ehrgeizig, ängstlich, intrigant usw. bezeichnen Interaktionsstile, die in die Definition der Situationen, in denen diese Personen als Interaktionspartner relevant sind, eingehen. Schreibt z.B. ein Positionsinhaber seinem Vorgesetztem aufgrund von dessen Positionsdefinition die Kompetenz zu, ihm Weisungen erteilen zu können, so wird er davon ausgehen, daß ein Vorgesetzter mit autoritärem Leitungsstil extensiv von seinem Weisungs- und Kontrollrecht gebraucht macht, während er von einem Vorgesetztem mit Laisser-faire-Leitungsstil erwartet, daß er seine Vollmachten nicht ausschöpft.

Persönlichkeitstypen abstrahieren, idealisieren und generalisieren personengebundene Fähigkeiten, Fertigkeiten und Verhaltensstrategien. Auch sie werden von den Sinnzusammenhängen, in denen sie entstanden sind, losgelöst und auf andere Situationen übertragen. Die Generalisierung kann sich auf Verhalten in typischen Situationen beziehen, sie kann sich aber auch auf

---

1 vgl. N. Luhmann, Allgemeines Modell organisierter Sozialsysteme, MS Bielefeld o.J.
   9 f

das Verhalten einer Person in allen Situationen erstrecken und somit der eingeordneten Person einen durchgängigen Charakter unterstellen.

In der Definition einer Situation werden auch für die Situation als relevant gehaltenen Personen mittels der Zuschreibung solcher Persönlichkeitstypen charakterisiert. Schon daran, daß solche Typen begrifflich in der Sprache vorgegeben sind, wird deutlich, daß auch sie sozial bestimmt sind, daß sie Deutungsschemata sind, die dazu dienen, andere zu verstehen und von anderen verstanden zu werden. Indem den Interagierenden Eigenschaften zugeschrieben werden, die wiederum zu Persönlichkeitstypen integriert werden, wird der Möglichkeitsbereich begrenzt, werden über die Positionszuschreibung hinaus spezifische Entscheidungsprämissen eingeführt, diese Begrenzung erfolgt aber in anderen Dimensionen als die Begrenzung des Möglichkeitsbereiches durch die Definition von Positionen.

Beide Typisierungsverfahren werden bei der Definition der Situation kombiniert. Positionen beschreiben Regeln, nach denen sich die Interaktionspartner verhalten sollen. Persönlichkeitstypen beschreiben Verhaltensdispositionen der Personen, die interagieren, bzw. von Personen erwartete Verhaltensdispositionen. Interaktionssysteme konstituieren sich dadurch, daß beide aufeinander bezogen und miteinander verknüpft werden und sich dadurch wechselseitig in ihrem Variationsspielraum beschränken[2]. Motivationsstrukturen und formale Regeln können nicht beliebig relationiert werden. Erwartungen an Personen in Positionen, also Rollen, ergeben sich durch Kombination von formalen Regeln mit Persönlichkeitstypen. Dabei zeigt sich, daß Positionen und Persönlichkeitstypen nur begrenzt kompatibel sind.

Dementsprechend werden in den Berufsbildern psychische und physische Eigenschaften nach den Kategorien förderlich, eher nachteilig und ausschließend für bestimmte Ausbildungsberufe klassifiziert. So wird im z.B. Grundwerk ausbildungs- und berufskundlicher Informationen[3] die Kompatibilität von psychischen und physischen Merkmalen mit dem Erzieherinnen-Beruf folgendermaßen dargestellt

---

2 vgl. N. Luhmann, Allgemeine Theorie organisierter Sozialsysteme, in: ders. Soziologische Aufklärung 2, Opladen 1975, 39-50, hier 40 f

3 Bundesanstalt für Arbeit (Hrsg.), Grundwerk ausbildungs- und berufskundlicher Informationen 864 a: Erzieherin, zugehörige Berufe, Nürnberg, Ausgabe Dezember 1990

„Vorlieben und Interessen

förderlich:

Neigung zum helfenden, fördernden und anleitenden Umgang mit Menschen, Neigung zum Umgang mit Kindern und Jugendlichen
Interesse an Pädagogik und Psychologie, an Fragen und Zusammenhängen im sozialen Bereich
Vorliebe für musische und handwerkliche- gestaltende Tätigkeiten

eher nachteilig:

Abneigung gegen praktisch zupackende Tätigkeiten (z.b. Aufräumen)
Abneigung gegen schriftliche Arbeiten (z.b. Berichte, Protokolle, Schriftverkehr mit Behörden)
Abneigung gegen Umgang mit behinderten oder mit „schwierigen" Kindern und Jugendlichen
Einseitige Vorliebe für die Betreuung kleiner Kinder (z.b. Elternarbeit)

ausschließend:

Ausgeprägte Abneigung gegen unmittelbaren Körperkontakt mit anderen Menschen (z.b. Versorgung im Hygienebereich)

Fähigkeiten

notwendig:

Durchschnittliche allgemeine Auffassungsgabe und Lernfähigkeit
Durchschnittliches sprachliches Ausdrucksvermögen (z.b. Vorbildfunktion beim Spracherwerb und Sprachgebrauch, adressatengerechte Aussprache)
Durchschnittliche Wahrnehmungsgenauigkeit und -geschwindigkeit (Beobachtungsgabe für das Verhalten von Kindern und Jugendlichen z.b. erkennen von Verhaltensauffälligkeiten)
(Bezugsgruppe jeweils: Personen mit mittlerem Bildungsabschluß)
Ausreichende praktische Anstelligkeit und Handgeschicklichkeit (Betreuungstätigkeit, handwerklich- gestaltende Tätigkeiten)
Musikalische Begabung
Befähigung zum Planen und Organisieren (Leitung von Gruppen)

förderlich:

Einfallsreichtum und Improvisationsfähigkeit
Gutes Namensgedächtnis

Sonstige psychische Merkmale:

notwendig:

Einsatzbereitschaft und Verantwortungsbewußtsein (z.B. Aufsichts-pflicht)
Ausgeglichenheit, Selbstkontrolle, Geduld, (z.T. „schwierige" Kinder, be-sonnene Reaktion auf unerlaubte Handlungen)
Kontaktfähigkeit, Einfühlungsvermögen, Geschick im Umgang mit Kin-dern und Jugendlichen
Anpassungs- und Kooperationsfähigkeit (z.b. Zusammenarbeit mit El-tern, Kollegen und Personen aus anderen Berufsgruppen)
Selbständige Arbeitsweise (z.b. Leitung von Gruppen)
Ausreichende neurovegetative Belastbarkeit (unruhige, lärmende, for-dernde Kinder und Jugendliche; Überstunden; Schichtarbeit)

förderlich:

Umstellfähigkeit (je nach Lage der Arbeitsstätte u.U. Betreuung sehr unterschiedlicher Kinder und Jugendlicher in einer Gruppe
Vertrauenserweckendes, freundliches und sicheres Auftreten

ausschließend:

Unüberwindliche Neigung zu Ekelreaktionen gegenüber Körpergerüchen und Ausscheidungen
Zustand nach einer psychischen Erkrankung oder auch einer Alkohol- oder Drogenabhängigkeit, der das geforderte Ausmaß an Stabilität beein-trächtigt.
Starke Sprachstörungen".[4]

Persönlichkeitsstrukturen stellen ebenso wie Positionsdefinitionen struktu-relle Entscheidungsprämissen in Interaktionssystemen dar. Sie strukturieren den bewußt erfaßten Vergleichsbereich in Selektionsprozessen und werden in diesen Prozessen selbst nicht mehr problematisiert. Rollen werden nun nicht nur durch die jeweilige Position bestimmt, sondern auch durch die in den Interaktionen relevanten Personen. Deren Erwartungen werden über Typi-sierungen zu Persönlichkeitstypen erwartet. Personen typisieren sich selbst und werden von anderen Interaktionspartnern typisiert. Selbsttypisierung und Fremdtypisierung können dabei differieren.
Persönlichkeitstypen sind Systeme von Einstellungen. Einstellungen sind relativ stabile Verhaltensdispostionen, die im Laufe der Sozialisation, der in-dividuellen Selektionsgeschichte, entwickelt wurden. Einstellungen werden erworben, beim Auftreten bestimmter Merkmale werden sie dem Interakti-

---

4 a.a.O.

onspartner zugeschrieben und erlauben es so, sein Verhalten und Handeln in bestimmten Situationen zu antizipieren. Unterschiedlich wird aber in den Einstellungskonzepten das Problem beantwortet, worauf sich eine solche Stabilität bezieht. Im allgemeinen unterscheiden Einstellungskonzepte drei Komponenten im Verhalten gegenüber bestimmten Objekten oder Situationen: die affektive Komponente, die die gefühlsmäßigen, emotionalen Regungen gegenüber dem Objekt erfaßt, die kognitive Komponente, die die Kenntnisse, Wahrnehmungen, Vorstellungen und Auffassungen von Objekten erfaßt, und die konative Komponente, die die Handlungstendenzen, die ein Individuum in Hinblick auf ein bestimmtes Objekt besitzt oder die durch das Objekt hervorgerufen werden[5].

Es gibt verschiedene Theorien über Einstellungen. Die Kongruenz-, Konsistenz- oder Dissonanztheorien über Einstellungen gehen davon aus, daß diese drei Komponenten (in einigen aber nur die affektive und kognitve) Dimensionen einer Einstellung sind, die miteinander übereinstimmen und sich gegenseitig beeinflussen oder stützen[6]. Meinefeld versucht, diese Einstellungskonzeption idealtypisch folgendermaßen zu definieren: Einstellung ist zu beschreiben

„als eine erlernte latente Reaktionsbereitschaft von zeitlicher Dauer gegenüber bestimmten Objekten oder Situationen in der affektiven, kognitven und konativen Dimension."[7]

Phänomenologisch ausgedrückt heißt das: Eine Einstellung ist ein ‚habitueller Besitz'.

„Sie ist ein potentieller Komplex typischer Erwartungen, die unter typischen Umständen aktualisiert werden und zu typischen Reaktionen führen; oder sie führen (in unserer Terminologie ausgedrückt) dazu, einen ausgezeichneten Entwurf möglichen Handelns aufzustellen, worin die ganze Kette der Um-Zu-Motive enthalten ist, die sich auf die Ausführungen des ausgezeichneten Entwurfs beziehen, wenn, ob und wann auch immer er benötigt wird. Ich bin unter gewissen Umständen bereit, diesen ausgezeichneten Entwurf in der Wirklichkeit zu realisieren."[8]

Der Entwurf wird aktualisiert, wenn die Typisierungen, an die er geknüpft ist, thematisch werden. Einstellungen sind also Syndrome bestimmter Typisierungen von Objekten und an diese Typisierungen geknüpfter Verhaltensstrategien. Solche Einstellungen haben ihre Geschichte und sind durch biographische Umstände bedingt. Eine habitualisierte Handlungsausrichtung liegt dann vor, wenn bestimmmte Wissenselemente und an sie geknüpfte Handlungsplanungen, also bestimmte Einstellungen, zu selbstverständlichen

---

5 vgl. R. Klima, Art. Einstellung, in: W. Fuchs u.a. (Hrsg.), Lexikon zur Soziologie, Opladen ²1978, 179f

6 vgl. W. Meinefeld, Einstellung und soziales Handeln, Reinbek 1977, 24

7 a.a.O., 24

8 A. Schütz, Das Problem der Relevanz, a.a.O., 88

und vertrauten Routinen geronnen sind. Als solche haben sie den Charakter der Wohlumschriebenheit verloren; sie stellen bewährte Lösungen für Probleme dar, die in den Erlebnisablauf eingeordnet sind, ohne daß ihnen Aufmerksamkeit geschenkt wird. Die Lösungen dieses Wissens können einem Erfahrungsschema und einer vorherrschenden Handlung bei- oder untergeordnet werden.[9]

Zu Widersprüchen zwischen bewußter und habitualisierter Handlungsausrichtung kommt es dann, wenn die routinisierten Problemlösungen nicht mit dem bewußt gesetzten Handlungziel zu vereinbaren sind. Die in den Hintergrund des Vertrauten und Selbstverständlichen abgesunkenen Routinen lassen sich dann nicht problemlos dem vorherrschenden Handlungsziel bei- oder unterordnen. Da die Routinen, ohne daß ihnen Aufmerksamkeit geschenkt würde, mit den Typisierungen der Objekte aktiviert werden, verfehlt in diesem Fall der Handelnde sein Handlungsziel. Von daher wird die Situation problematisch, sie muß weiter ausgelegt werden.[10]

Solche Einstellungen sind in Interaktionen Elemente der Selbsttypisierung. Andererseits wird aus Wahrnehmungen auf Einstellungen der anderen geschlossen. Sie werden durch die Bildung von Persönlichkeitstypen den Interaktionspartnern unterstellt. Durch Wahrnehmung der Reaktionen der anderen auf das eigene Handeln und Verhalten werden deren Einstellungen gegenüber einem selbst und die Zuschreibungen von Einstellungen auf einen selbst erschlossen oder auf jemanden projeziert.

3.2 Status als Zuschreibungsmechanismus in Interaktionssystemen

Es ist festgestellt worden, daß die Individualität des einzelnen, seine Denk-, Gefühls- und Verhaltensweisen von den Interaktionspartnern nur partiell erschlossen werden können und daß der Anteil der erkennbaren Individualität mit der Anonymität zurückgeht. Um die jeweilige Situation definieren und sein Handeln planen zu können, reicht es aber nicht aus, dem Interaktionspartner eine Position zuzuweisen, er muß auch mit persönlichen Merkmalen ausgestattet werden.

Je weniger nun ein Interaktionspartner persönlich bekannt ist, desto weniger kann die Zuschreibung von personalen Typen auf eigener Erfahrung be-

---

9 vgl. Schütz, Luckmann, a.a.O., 119
10 vgl. H. Geller, Problemstellung und Methode, in: P. Lengsfeld (Hrsg.), Ökumenische Praxis, Erfahrungen und Probleme konfessionsverschiedener Ehepartner, Stuttgart 1984, 25-66, hier 48-53

ruhen. Die Erfahrung muß substituiert werden durch andere Zuschreibungsverfahren. Persönlichkeitseigenschaften werden aus der Mitgliedschaft in Gruppen und Statusgruppen erschlossen. Dieser Sachverhalt ist bisher in der Soziologie unter verschiedenen Begriffen erörtert worden. Ausgegangen wird davon, daß die Individuen in verschiedenen Erfahrungszusammenhängen aufwachsen und leben, daß sie daher auch unterschiedliche Denk-, Gefühls- und Verhaltensweisen ausbilden. K. Mannheim versucht diesen Zusammenhang mit dem Begriff ‚Soziale Lagerung' zu erfassen.

> „‚Soziale Lagerungen' sind dadurch charakterisiert, daß sie infolge spezifischer Merkmale die Individuen auf einen bestimmten Spielraum möglichen Geschehens beschränken und damit eine spezifische Art des Eingreifens in den historischen Prozeß nahelegen. Eine jede Lagerung schaltet also primär eine große Zahl der möglichen Arten und Weisen des Erlebens, Denkens und Fühlens, Handelns überhaupt aus und beschränkt den Spielraum des sich Auswirkens der Individualität auf bestimmte umgrenzte Möglichkeiten. Aber mit dieser Fixierung der negativen Beschränkung ist noch nicht alles erfaßt. Es inhäriert einer jeden Lagerung im positiven Sinne eine Tendenz auf bestimmte Verhaltungs-, Gefühls- und Denkweisen."[11]

Nach Mannheim befindet man sich in solchen Lagerungen, und es ist sekundär, ob man sich ihnen zurechnet oder nicht[12]. Auch ist es nicht erforderlich, daß man ein Bewußtsein von dieser Lagerung hat. Unter bestimmten Umständen kann sich ein solches Bewußtsein ausbilden. Dann gibt es dieser Lagerung ein besonderes Gepräge[13].

Die Zuordnung bestimmter Denk-, Gefühls- und Verhaltensweisen zu bestimmten Lagerungen umschreibt Mannheim mit dem Begriff „Fundierung". Fundierung meint nicht Determination.

> „Durch etwas fundiert sein, bedeutet aber noch nicht, aus ihm ableitbar, in ihm enthalten sein. Das Phänomen, das durch ein anderes fundiert ist, könnte zwar nicht ohne es bestehen, es enthält aber in sich ein dem Fundierenden gegenüber unableitbares, qualitativ eigenartiges Superadditum."[14]

Die Beziehung zwischen Fundierendem und Fundiertem ist nicht zwingend. Mannheim schreibt, daß die einer Lagerung inhärierende Tendenz von anderen Lagerungen verdrängt werden kann, in sie eingebettet sein oder von ihnen modifiziert werden kann.[15]

Lenski umschreibt den Begriff „Klasse" auf ähnliche Weise.. Er definiert Klasse

---

11 K. Mannheim, Das Problem der Generationen, in: ders. Wissenssoziologie, Auswahl aus dem Werk, eingeleitet und hrsg. von K.H. Wolff, Neuwied ²1970, 509-569, hier 528

12 vgl. a.a.O., 526

13 vgl. a.a.O., 526

14 a.a.O., 527f

15 vgl. a.a.O., 543

„als eine Summation von Personen innerhalb einer Gesellschaft, welche sich im Hinblick auf Macht Privilegien oder Prestige in einer ähnlichen Position befinden."[16]
Angehörige einer Klasse teilen gemeinsame Interessen, die auch die potentielle Basis einer Gegnerschaft gegenüber anderen Klassen bilden. Diese Interessen brauchen dem einzelnen nicht bewußt zu sein. Die gemeinsamen Interessen brauchen auch nicht Basis für organisiertes Handeln sein, sie können es aber sein.[17]
Lenski faßt Klassen zu Klassensystemen zusammen. Ein Klassensystem kann definiert werden als eine Hierachie von Klassen, welchen ein einziges Kriterium zugrundeliegt. Jedes Klassensystem umfaßt alle Mitglieder der Gesellschaft. So teilt das Besitzklassensystem die Mitglieder der Gesellschaft in Besitzklassen, das Geschlechtsklassensystem in Geschlechtsklassen, das Bildungsklassensystem in Bildungsklassen nach Bildungsabschluß usw. ein.

Alle sozial relevanten Klassensysteme zusammen bilden das Verteilungssystem. In jedem Klassensystem wird jeder einzelne einer Klasse zugeordnet. Jede Klasse fundiert ein Interessen- und Wissenssystem. Die Wissenssysteme der Klassen in den verschiedenen Dimensionen sind in unterschiedlichem Maße kompatibel. Von daher ergibt sich, daß bestimmte Kombinationen wahrscheinlicher oder unwahrscheinlicher sind als andere. So zeigte z.B. M. Weber auf, daß die kapitalistische Denkweise mit der protestantischen kompatibler ist als mit der katholischen. Lenski nimmt nun an, daß jeder einzelne nach Statuskonsistenz zwischen den einzelnen Klassensystemen strebt. Er postuliert, daß Personen mit Statusinkonsistenz liberale und radikale Bewegungen, die den politischen status quo verändern wollen, eher unterstützen als solche mit konsistentem Status, daß gerade Personen mit inkonsistentem Status Führer revolutionärer Bewegungen würden[18].

Synonym zum Mannheim'schen Begriff „Lagerung" und zum Lenski'schen Begriff Klasse verwenden Bolte[19] und Gerhardt[20] den Begriff „Status". Da dieser Begriff in der Rollentheorie eingeführt ist, soll er im folgenden für die Kennzeichnung dieser Sachverhalte verwendet werden. Durch die Zugehörigkeit zu unterschiedlichen Erfahrungszusammenhängen werden die Denk-, Gefühls- und Verhaltensweisen unterschiedlich geprägt. Einzelne Statusgruppen werden als Schichten bezeichnet. Die unterschiedlichen Denk-, Gefühls- und Verhaltensweisen führen zu Verständigungsproblemen und

---

16 G. Lenski, Macht und Privileg. Eine Theorie der sozialen Schichtung, Frankfurt 1973, 109
17 vgl. a.a.O., 111
18 vgl. a.a.O., 124-127
19 vgl. K.M. Bolte/St. Hradil, Soziale Ungleichheit in der Bundesrepublik Deutschland, Opladen 1988, 29f
20 vgl. U. Gerhardt, Rollenanalyse als kritische Soziologie, a.a.O., 255-266

können daher zu Interaktionsbarrieren werden. Dieses Kriterium setzt Pappi als Abgrenzungsmerkmal für Schichten an:

„Erst wenn Prestigeunterschiede zwischen Berufen Verhaltenskonsequenzen derart haben, daß Prestigegleichheit zu häufigeren Primärkontakten der jeweiligen Positionsinhaber führt und Einschnitte in der Interaktionshäufigkeit an bestimmten Stellen des Prestigekontinuums festgestellt werden können, wollen wir von sozialen Schichten sprechen."[21]

Er operationalisiert Primärkontakte über Freundschaftswahlen. Eine noch schärfere Differenzierung würde man über die Wahl der Ehepartner erhalten.

Wenn solche Erfahrungszusammenhänge zu Interaktionsbarrieren führen, sind sie voneinander abgrenzbar und identifizierbar, auch wenn die Klassen keine organisierte Interessenorganisation ausgebildet haben. Bereits unterhalb der Gesellschaft gibt es also Systeme, die selbst keine Organisation mehr haben, aber gleichwohl eine gegenüber beliebigen Möglichkeiten schon geordnete Umwelt für organisierte Sozialsysteme bereitstellen (gegen Luhmanns Gesellschaftsbegriff). Marx nennt solche Systeme z.b. „Klasse an sich". Dennoch kann es zur Organisationsbildung auf dieser Basis kommen. Aus der „Klasse an sich" kann eine „Klasse für sich" werden. Solche Systeme, die Denk-, Gefühls- und Verhaltensweisen organisieren, sind z.b. Staaten, Parteien, Kirchen, Gewerkschaften. Sie beanspruchen für sich die Kompetenzkompetenz, d.h. die verbindliche Abgrenzung der Relevanzbereiche und ihre Einordnung in eine Rangordnung. In diesem Anspruch treten sie untereinander in ein Konkurrenzverhältnis. Um ihre Machtposition zu sichern, beanspruchen sie für spezifische Leistungsbereiche Autonomie.[22]

So gibt es auch eine Reihe von Untersuchungen, die Unterschiede zwischen den Wissenssystemen verschiedener Klassen in unterschiedlichen Klassensystemen beschreiben und erklären.

Kreutz z.b. weist auf den Zusammenhang zwischen dem Einkommen der Eltern, der Art des Belohnungsverhaltens und dem Anspruchsniveau der Kinder hin. Das Anspruchsniveau wird bestimmt durch das Ausmaß an Belohnungen und Erfüllungen von Wünschen in der Vergangenheit. Je höher die Belohnung in der Vergangenheit bei gleicher Anstrengung war, umso höher sind die erwarteten Belohnungen. Andererseits wird mit zunehmender Belohnung ein viel idealerer Zustand für erreichbar gehalten, wofür dann auch insgesamt mehr Energie aufgewendet wird. Sind aber die Ansprüche, Erwartungen und Ziele auf einem relativ hohen Niveau fixiert, so sind sie auch stark gefährdet, da man sich in einer exponierten Lage befindet. Von

---

21 U. Pappi, Sozialstruktur und soziale Schichtung in einer Kleinstadt mit heterogener Bevölkerung, in KZfSS 25 (1973), 23-74, hier 25
22 vgl. H. Geller, Modell zur Erklärung der Bedeutung von Kirchen in der Alltagswelt, in: W. Fischer u. W. Marhold (Hrsg.), Religionssoziologie als Wissenssoziologie, Stuttgart 1978, 101-116

hier aus legt sich eine relativ große Vorsicht und Skepsis anderen gegenüber nahe. Dieser Personenkreis lebt in großer Distanz zu anderen Personen. Hier wird also ein Zusammenhang zwischen Einkommen der Eltern und der Denk-, Gefühls- und Verhaltensweise der Kinder postuliert und erklärt.[23]

Bahrdt u.a. erklären das Gesellschaftsbild der Arbeiter mit deren Stellung im Arbeitsprozeß. Sie weisen daraufhin, daß die Erfahrungen von schwer umsetzbaren Vorschriften in manchen Betrieben dazu führten, daß die Arbeiter eigene Normen entwickelten. In Verbindung mit der Erfahrung der Einflußlosigkeit führe dies häufig zu einem dichotomen Weltbild: ,Die da oben, wir da unten'. Sie erführen die Welt vorwiegend als Widerstand.[24]

Bolte u.a. beschreiben das Selbstbild der Angehörigen verschiedener Statusgruppen:

„Lage der Gruppe im Statusaufbau; Selbstzugeschriebene Merkmale

Oben: Machtgefühl, elitäres Selbstbewußtsein, Individualismus, ausgeprägt gute Umgangsformen; internationale Orientierung; Bindung an das ,Grundsätzliche', Konservativismus

Obere Mitte: Starke Berufs- und Fachorientierung; Erfolgsstreben, Optimismus; Selbstbewußtsein; Energie und Dynamik; Ziel, die Welt aufzubauen und zu verbessern

Mittlere Mitte: ,Bürgerliche' Einstellung; Bindung an Institutionen und Ordnung; Amtsbewußtsein; Betonung von Pünktlichkeit, Treue, Strebsamkeit, absolute Zuverlässigkeit und Ehrlichkeit; Akzentuierung der Details

Untere Mitte, nicht technisch-industriell: Mittelstandsbewußtsein; soziale Verteidigungsstellung mit Front vor allem gegenüber der aufstrebenden Arbeiterschaft; starkes Sicherheitsstreben mit restaurativen Tendenzen

Untere Mitte, technisch-industriell: Gefühl, ,normale Menschen' zu sein, und zwar in Mittelstellung als ,Fachleute', zwischen Chef und Arbeitern; Identifikation mit Betrieb und Technik im allgemeinen; Züge von ,Direktheit', Selbstvertrauen und offenem ,Optimismus'

Oberes Unten, nicht technisch-industriell: Unklares Gesellschaftsbild, relativ kontaktarm; die ,Anderen' stören ihre Ordnung und Funktion, konkrete Bindung an die Objekte ihres Berufs

---

23 vgl. H. Kreutz, Die zeitliche Dimension von Sozialisationsumwelten. Schulbildung, Zukunftsbezug, Selbsteinschätzung und soziale Anpassung von Jugendlichen aus verschiedenen sozialen Schichten, in: H. Walter (Hrsg.), Sozialisationsforschung Bd. 3: Sozialökologie – neue Wege in der Sozialisationsforschung, Stuttgart 1975, 107-150

24 vgl. H.P. Bahrdt u.a., Das Gesellschaftsbild des Arbeiters. Soziologische Untersuchung in der Hüttenindustrie, Tübingen 1957

Oberes Unten, technisch-industriell: Selbstbild des ‚einfachen Menschen, aber ‚betont männlich'; ihre Aufgabe: eine ‚gefährliche Welt von Objekten'(Maschinen, Metalle, Gase etc.) zu meistern, ‚Realismus'; starke Identifizierung mit Industrie; von daher selbstbewußter Glaube an die Zukunft

Unteres Unten: ‚Rauhe verschlossene und robuste Männlichkeit'; starke Bindung an den kleinen Kreis der ‚Kameraden'; Empfindung eines sozialen Drucks von oben; bei ständiger psychischer Konfrontation mit den Kräften der Natur, Ausbildung eines Pioniergefühls: ‚Der Arbeiter, egal, was er arbeitet, ist das Fundament des Staates'

Sozial Verachtete: Selbstbild des ‚armen Schluckers', der von den ‚anderen' nicht akzeptiert und überall herumgestoßen wird, Minderwertigkeitsgefühle, soziale Isolation; Aggressivität."[25]

Bernstein untersuchte den Zusammenhang zwischen Schichtung und Sprachstil in England. Er schrieb den Mittelschichten einen ‚elaborierten Code' und den Unterschichten einen ‚restringierten Code' zu und erklärte über diese Codes den Unterschied des Erfolges der jeweiligen Schichten im Bildungssystem[26].

Mit der Einordnung in eine dieser Schichten werden also typische Mentalitäten, Lebensstile, typische Selbst- und Fremdbilder usw. verknüpft[27].

„Die Mentalität ist geistig-seelische Disposition, ist unmittelbare Prägung des Menschen durch seine soziale Lebenswelt und die von ihr ausstrahlenden, an ihr gemachten Lebenserfahrungen."[28]

Unabhängig davon, wie valide solche Zuschreibungen sind - 1988 differenzierten Bolte und Hradil diese Aussagen sehr stark[29] - machen solche Untersuchungen zumindest deutlich, daß die Zurechnung zu Statusgruppen dazu dient, den einzelnen klassifizierbar zu machen, ihm typische Eigenschaften zuzuschreiben, auch wenn er als Person unbekannt ist. Sie ermöglichen es den Interaktionspartnern, sich eine gewisse Vorstellung davon zu machen, mit wem sie es zu tun haben.

Daß über solche Zuschreibungen Persönlichkeitseigenschaften erschlossen werden, wird daraus deutlich, daß Lebensläufe zu jeder Stellenbewerbung gehören. In formalisierten Lebensläufen wird nur die Zugehörigkeit zu Gruppen und der darin erreichte Status angegeben. Daran, welche Zugehörigkeiten im Lebenslauf genannt werden sollen, wird deutlich, welche Rangordnung den Klassensystemen zugeschrieben wird. Diese Rangordnung ändert sich im Laufe der Geschichte. Es zeigte sich, daß das Bildungssystem an Be-

---

25 K.M. Bolte, D. Kappe, F. Neidhardt, Soziale Ungleichheit, Opladen ³1974, 100

26 vgl. B. Bernstein, Studien zur sprachlichen Sozialisation, Düsseldorf 1971

27 vgl. K.M. Bolte und St. Hradil, a.a.O., 279

28 Th. Geiger, Die soziale Schichtung des deutschen Volkes. Soziographischer Versuch auf statistischer Grundlage, Stuttgart 1967, 77

29 vgl. K.M. Bolte und St. Hradil, a.a.O., 279-343

deutung gewonnen hat, während z.B. die der Herkunft und Religionszugehörigkeit abgenommen haben. Die aus den Zugehörigkeiten zu Statusgruppen erschlossenen Eigenschaften können kognitiv und kontrafaktisch institutionalisiert sein. Dieser Sachverhalt wird deutlich an der Diskussion um die Auslegung des Radikalenerlasses, in der darum gestritten wurde, ob allein aus der Mitgliedschaft in bestimmten Gruppen auf die Ablehnung der Verfassung geschlossen werden könne oder ob jeweils eine Einzelfallprüfung vorgenommen werden müsse. Im ersten Fall wird der Schluß von der Mitgliedschaft auf die Einstellung des Mitgliedes als zwingend betrachtet, im zweiten Fall als wahrscheinlich aber nicht notwendig. In beiden Fällen aber wird aus der Zugehörigkeit zu Erfahrungszusammenhängen, in denen der einzelne lebt oder gelebt hat, auf dessen Denk-, Gefühls- und Verhaltensweisen geschlossen.

„Die Klassifizierung von Menschen in sozialer Hinsicht dient also dazu, ihr soziales Verhalten im allgemeinen und im besonderen sich selbst gegenüber vorherzusagen. Und damit können wir definieren: Die Konzeption der sozialen Schicht ist ein Mittel, soziales Verhalten in einer gegebenen Kultur vorherzubestimmen."[30]

Die Zuordnung von Personen zu den Gruppen in diesem System erfolgt nach der Einschätzung des sozialen Verhaltens, nach der erlebten oder vermuteten Einstellung gegenüber der Umwelt oder anderen Menschen. Das Verhalten wird aus Symbolen erschlossen. Hier treffen wir auf eine Vielzahl von Symbolen, die alle in einem engen Zusammenhang stehen und situationsbedingt wechseln können. Die Symbole sind so vielfältig, weil sie komplexes Verhalten erfassen sollen, das sich in unterschiedlichen Situationen verschieden äußert. Hieraus ist auch verständlich, warum die Symbole nicht einfach als mechanische Anzeiger für Verhalten verstanden werden können[31].

Die Einordnung erfolgt im Verlauf eines Prozesses: Bestimmte symbolische Merkmale werden registriert. Sie dienen der Zuschreibung zu bestimmten Gruppen und der Erschließung von Einstellungen. Im Zeitverlauf erscheinen weitere Symbole, aus denen ebenso auf Gruppenzugehörigkeiten geschlossen wird. Diese Symbole können die Einordnung absichern oder auch wieder in Frage stellen. Dementsprechend kann die Person im Ansehen steigen oder fallen. Bolte u.a.nennen diesen Bewertungsprozeß „grilling-process"[32]. Ist eine Person einmal in eine Gruppe eingeordnet, dann wird ihr Verhalten mit den Vorstellungen, wie sich ein Mitglied dieser Gruppe in bestimmten Situationen verhalten sollte, verglichen und über sie bewertet.

Nach diesen Überlegungen kann der Rollenbegriff näher bestimmt werden. Rollen definieren Erwartungen an Positionsinhaber, insofern ist der Rollen-

---

30 H. Moore, G. Kleining, Das Bild der sozialen Wirklichkeit, in KZfSS 11 (1959), 353-376, hier 375

31 vgl. a.a.O., 359

32 K.M. Bolte, D. Kappe, F. Neidhardt, Soziale Ungleichheit, a.a.O., 102

begriff Komplementärbegriff zum Positionsbegriff. Erwartungen in Interaktionssystemen richten sich an Positionsinhaber, also an konkrete Personen. Die Positionsinhaber haben Persönlichkeitsstrukturen, die den Erwartungsstil und die Art der Interpretation des durch die Position definierten Sinnrahmens beeinflussen. Je weiter und unbestimmter der durch die Position definierte Sinnrahmen ist, je größer also der durch die Position bestimmte Möglichkeitsbereich ist, desto größer wird der Einfluß der Persönlichkeitsstruktur auf die Selektion der Erwartungen in konkreten Situationen. Von daher wird die Auswahl des Personals um so wichtiger, je größer der Entscheidungsbereich in der Position ist. Je höher der Einfluß in der Position auf die Verteilung von Rollen, Chancen und Belohnungen sowie auf die Entscheidungen im zentralen Bereich eines sozialen System ist, desto wichtiger wird die Auswahl der Personen, die diese Position besetzen.

Positionsdefinitionen und Persönlichkeitsstrukturen sind nur begrenzt kompatibel. Allerdings sind sie auch begrenzt substituierbar. Gutes Personal macht die Programmierung und Organisation, also die Positionsdefinitionen, weniger problematisch. Andererseits mindert eine detaillierte Positionsdefinition das Risiko der Personalauswahl.

Die Erwartungen in Interaktionssystemen an Positionsinhaber setzen sich also zusammen aus Erwartungen an die Position und die Persönlichkeit des Positionsinhabers. Beide zusammen definieren seine Rolle.

Jeder Inhaber einer Komplementärposition richtet solche Erwartungen an den Positionsinhaber, definiert so dessen Rolle. Da die Persönlichkeitsstruktur nicht voll erkennbar ist, muß sie von den Interaktionspartnern erschlossen werden. Ein Mechanismus dieser Zuschreibung ist die die Zurechnung zu Statusgruppen, denen bestimmte Denk-, Gefühls- und Verhaltensweisen unterstellt werden. Eine solche Zuordnung erfolgt im „grilling-process", in dem aufgrund der Wahrnehmung symbolischer Merkmale auf die Statuszugehörigkeit geschlossen wird. Im Laufe des Interaktionsprozesses wird diese Einordnung laufend überprüft. Da aus der Statuszuweisung auf die Persönlichkeitsstruktur, die Denk-, Gefühls- und Verhaltensweisen der Person geschlossen wird, wird auch erklärbar, weshalb der Status die Chancen, Positionen zu erlangen, beeinflußt.

4. „Der Stand der Dinge" als Entscheidungsprämisse in Interaktionssystemen

Positionen und Persönlichkeitsstrukturen sind strukturelle Entscheidungsprämissen von Interaktionssystemen. Ihre Definition abstrahiert vom Zeitablauf und Prozeßcharakter des Interaktionssystems. Betrachtet man den Prozeßcharakter, so kommt ein zusätzlicher Mechanismus zur Reduktion von Komplexität in den Blick:

> „Selektive Prozesse sind zusammenhängende Ereignisreihen, in denen die Selektivität der Einzelereignisse miteinander verknüpft ist derart, daß es nicht beliebig ist, welche Ereignisse aufeinander folgen. Man kann im Hinblick darauf von Anschlußselektivität oder Selektivitätsverstärkung sprechen."[1]

Im Prozeß wird ein Thema ausgelegt und entwickelt. Prozesse werden durch Strukturen gesteuert, andererseits bilden sich Strukturen in Prozessen. Dennoch lassen sich Prozeßprobleme aufgrund der Zeitlichkeit nicht einfach in Strukturprobleme auflösen, wenn auch Prozesse ohne Strukturen nicht identifizierbar sind.

> „Erst an feststehenden Strukturen wird Zeit zum Ereignis und alsdann zur Folge zusammenhängender Ereignisse. In solchen Ereignissen kommt eine zeitlich vor- und zurückverweisende Sinnbezüglichkeit zum Ausdruck, deren Sinn von der Augenblicklichkeit des ,Standes der Dinge' abhängt, also ,jeweilig' verschieden ist."[2]

In Prozessen setzen Selektionsleistungen andere voraus und setzen diese fort. Die jeweiligen Alternativen sind nicht beliebig, sondern beruhen ihrerseits auf vorgelagerten Prozessen, sei es auf analytischen Prozessen, in denen auf den Ablauf des bisherigen Prozesses zurückgeschaut wird, um den gegenwärtigen Stand zu erklären und neue Möglichkeiten zu eröffnen, sei es auf sol-

---

1 N. Luhmann, Allgemeines Modell organisierter Sozialsysteme, a.a.O., 3 f
2 a.a.O., 19

chen der Entscheidung, die durch Reduktion von Komplexität die zu entscheidenden Alternativen in eine bestimmte Form bringen[3]. Entscheidungen in bestimmten Situationen haben einen Ausstrahlungseffekt auf andere Situationen nach vorwärts und rückwärts. Eine bestandene Prüfung z.b. eröffnet einerseits dem Prüfling neue Alternativen in der Zukunft, indem durch sie Zugangsbedingungen für bisher unzugängliche Positionen erfüllt werden. Andererseits verleiht sie der Zeit vor der Prüfung, z.b. dem Studium, Sinn, indem sie dokumentiert, daß der Prüfling den Zweck des Studiums erfolgreich erreicht hat. Solche Strahlungseffekte von einer Situation auf andere Situationen können intendiert sein, ein Vertragsabschluß in einer bestimmten Situation bindet die Vertragspartner in der Zukunft, schränkt die Auswahl von möglichen Alternativen bei zukünftigen Entscheidungen bewußt ein. Diesen Strahlungseffekt einer Situation auf spätere beschreibt Dilthey

„Wir erfassen die Bedeutung eines Moments der Vergangenheit. Er ist bedeutsam, sofern in ihm eine Bindung der Zukunft durch die Tat oder durch ein äußeres Ereignis sich vollzog. Oder sofern der Plan künftiger Lebensführung erfaßt wurde. Oder sofern ein solcher Plan seiner Realisierung entgegengeführt wurde. Oder er ist für das Gesamtleben bedeutsam, sofern das Eingreifen des Individuums in dieses sich vollzog, in welchem sein eigenes Wesen in die Gestaltung der Menschheit eingriff. In all diesen und anderen Fällen hat der einzelne Moment Bedeutung durch seinen Zusammenhang mit dem Ganzen, durch die Beziehung von Vergangenheit und Zukunft, von Einzeldasein und Menschheit."[4]

Andererseits können solche Strahlungseffekte aber auch unbeabsichtigte Nebenfolgen sein. Ein Fehler zu Beginn eines Tennisspiels kann einen Spieler völlig aus der Fassung bringen und den weiteren Spielverlauf oder gar die Karriere des Spielers in seinem Sinne negativ beeinflussen. Ein Unfall kann zu Invalidität führen und so den ganzen Lebensplan umstoßen usw.

Prozesse verlaufen zwischen Interaktionspartnern. Daher müssen Strategien entwickelt werden, wie sichtbare Komplexität auf die Interaktionspartner verteilt wird:

„wo die Bestimmung unbestimmter Komplexität, die analytische oder kontradiktorische Aufdeckung anderer Möglichkeiten und wo die Reduktion erfolgt. Zwischen den Interaktionspartnern kommt es zu Unterschieden in der Bestimmtheit oder Unbestimmtheit des Komplexitätserlebens der analytischen und selektiven Leistungen. Solche Unter-

---

3 vgl. a.a.O., 20
4 W. Dilthey, Der Aufbau der geschichtlichen Welt in den Geisteswissenschaften. Gesammelte Schriften Bd. VII, Leipzig 1927, 233

schiede definieren für die Interaktionsteilnehmer je ihre besondere Lage, ihre Entfaltungschancen und ihre Anpassungsnotwendigkeiten.[5]

In die jeweilige Situationsdefinition gehen also nicht nur strukturelle Komponenten ein, sondern die Selektionsgeschichte des Interaktionsprozesses spezifiziert die Situation weiter und diese Spezifikation hat Auswirkungen auf die weitere Selektionsgeschichte. Betrachtet man diesen Zusammenhang, so wird deutlich, daß neben der räumlichen und der sozialen Gliederung Zeit ein Modus der Verknüpfung von Erfahrung ist. Auch über die Zeit werden Tätigkeiten sinnhaft zueinander in Beziehung gesetzt. Die Sinngebung von Zeit ergibt sich daraus, daß Ereignisse in ihrer Dauer, ihrem Rhythmus, in ihrer Abfolge bestimmt und in einer Zeitpunktreihe erlebt werden[6]. Zeit ist nicht nur eine abstrakte Kategorie, sondern gleichzeitig eine konkrete Erfahrungstatsache.

„Wir erleben sie in jedem Moment als Abfolge der Momente (Sequenzen) und als deren Beharren (Dauer); gleichzeitig bedeutet sie aber auch eine kategoriale Abstraktion, denn Zeit kann nur thematisiert werden durch das Absehen von den Inhalten des Erlebens, welche in der Zeit existieren."[7]

Das Zeitverständnis strukturiert also die Wirklichkeit, indem es ein Bewußtsein vermittelt von Tempo und der Knappheit der Zeit, von der Weite des entscheidungsrelevanten Zeithorizonts in die Vergangenheit und in die Zukunft, von den Formen der Datierung der Zeit und der Gliederung des kontinuierlichen Zeitflusses durch Ereignisketten oder Zeitpunktreihen. Damit wird die zeitliche Ordnung von Beständen und Verhaltensplänen, von Rhythmus und Ablauf von Ereignissen und Erwartungen bestimmt.[8] Grob läßt sich Zeit gliedern in Vergangenheit, Gegenwart und Zukunft. In der abstrakten Zeit ist die Gegenwart die unendlich kleine Grenzscheide zwischen Vergangenheit und Zukunft. Im Erleben von Dauer und Sequenzen in verschiedenen Situationen aber ist das ‚Jetzt', das die zeitliche Bestimmtheit einer Situation ausmacht, die jeweils größere oder kleinere Zeitspanne, deren Inhalt dem Subjekt als zu seinem ‚Jetzt' gehörig bewußt ist. Die Situation hat einen Zeithof. Etwas, was noch nicht geschehen ist, kann als Stück eines Vorganges, der jetzt geschieht, als Teil eines Verhaltens, das ich jetzt vollziehe, gegeben

5 N. Luhmann, Allgemeines Modell organisierter Sozialsysteme, a.a.O., 21
6 vgl. K. Heinemann, P. Ludes, Zeitbewußtsein und Kontrolle der Zeit, in KZfSS, Sonderheft 20. Materialien zur Soziologie des Alltags, hrsg. von R. König und F. Neidhardt, Opladen 1978, 220-243, hier 227
7 K. Lüscher, M. Wehrspaun, Familie und Zeit, in: Zeitschrift für Bevölkerungswissenschaft 12 (1986), 239-256, hier 243
8 vgl. K. Heinemann, P. Ludes, a.a.O., 220

sein und damit nicht als ein Zukünftiges. Ebenso kann etwas als noch gegenwärtig gegeben sein, das nach der Uhrzeit schon vergangen ist. Ob etwas als gegenwärtig gegeben ist, hängt nicht von einem meßbaren zeitlichen Abstand ab, sondern von der Intention, die eine gegenwärtige Situation füllt und prägt.[9] Über solche Intentionen wird die Dauer von Situationen bestimmt. Der Wechsel der Intentionen grenzt einzelne Zeitabschnitte gegeneinander ab. Eine sinnhafte Gliederung der Zeit kann nun durch Monotonie oder durch Langeweile in Frage gestellt werden. Monotonie ist dadurch gekennzeichnet, daß gleichartige Situationen, wie sie bei repetitiven Arbeitsvollzügen entstehen, in so schneller Folge hintereinander auftreten, daß sie im Bewußtsein zerfließen und ein Dauererlebnis erzeugen. In diesem Fall wird das anstrengende Erlebnis des Situationenwechsels abgebaut. Wiederholen sich Arbeitsvollzüge zu schnell, so ist das Bewußtsein nicht mehr in der Lage,

„die einzelne Verrichtung zu einem Verhalten zu machen, das jeweils die zeitliche Struktur einer Situation konstituiert."[10]

Wenn die Verrichtungen auf lange Sicht einander gleichen, können sie vom Bewußtsein auch nicht mehr in größere Tätigkeitsgruppen, die als Basis für umfassende Situationsgefüge dienen, gegliedert werden. In dieser Situation empfindet das Bewußtsein kein Jetzt mehr, das auf ein Vorher oder Nachher verweist, sondern empfindet nur noch das Gefühl der Dauer. Dadurch ändert sich auch die Subjekt-Objekt-Beziehung. Zerfließen die zeitlichen Grenzen, so verliert das Handeln seine Bestimmtheit. Es wird zu einem Tun, das gleichsam im Leeren weiteragiert und trotz des Zerfließens der Subjekt Objekt-Beziehung das Richtige trifft. Da aber das Subjekt sich nur gegen ein Gegenüber abgrenzen kann, verliert auch das Subjekt seine Bestimmtheit.

„Es erlebt nur die dauernde Bewegung, ohne zu vergegenwärtigen, woher sie kommt und wohin sie geht. Nichts anderes meinen wir, wenn wir sagen, jemand tue etwas wie im Schlaf."[11]

Anders verhält es sich im Falle der Langeweile. Als langweilig wird eine zeitliche Dauer erlebt, in der keine Intention die Aufmerksamkeit bindet (wie im Falle des Wartens), so daß eine solche Dauer ungegliedert bleibt und nicht in Situationen aufgeteilt wird. Auch in diesem Fall fehlt dem Subjekt ein Gegenüber, so daß es auch in diesem Fall seine Bestimmtheit verliert. Die Unbestimmtheit von Situationen, die zur Unbestimmtheit des Subjekts führt,

9 vgl. H. Popitz u.a., Technik und Industriearbeit, Tübingen 1964, 107
10 H. Popitz u.a., a.a.O., 156
11 a.a.O., 158

wird aber in den westlichen Industriegesellschaften als schwer erträglich erlebt. In anderen Gesellschaften sind durchaus andere Wertungen anzutreffen, indem dort z. B. „Dösen" positiv erlebt wird.

Deutlich wird aus diesen Ausführungen, daß die Bestimmung der Dauer von Situationen wesentlich für die Sinnbestimmung ist. Spezifische Ereignisse sind mit einer angebbaren Dauer assoziiert und damit in ihrer Dauer auch prognostizierbar.[12] Einzelne Ereignisse wiederholen sich in einem vorgegebenen Rhythmus, es bilden sich periodische Muster, so daß das Zeitbewußtsein durch Rhythmus als Abfolge von Ereignissen und als Dauer, in denen sich Ereignisse vollziehen, erscheint. Ebenso werden Ereignisse nach festgelegten Sequenzen, also vorher-nachher, irreversibel geordnet, und damit wird ihr simultanes oder anders geartetes Eintreten eingeschränkt oder verhindert. Weiter ist die Terminierung von Ereignissen, also, wann ein Ereignis eintritt, Bestandteil der Zeitstruktur; so sind z.b. der Beginn der Arbeit, der Termin eines Festtages, der Beginn der Nachrichten im Fernsehen, die Einnahme von Mahlzeiten, das Aufstehen festgelegt und damit Fixpunkte des Zeitbewußtseins. Bestimmte Ereignisse sind assoziiert mit dem Zeitpunkt ihres Eintretens in einem Jahr, einem Monat, einem Tag oder einer Stunde.

Neben diesen durch Dauer, Rhythmus, Ablauffolge oder Terminfixierung bestimmten Tätigkeiten[13] gibt es auch zeitlich nicht prognostizierbare Tätigkeiten, die einsetzen, wenn bestimmte Ereignisse eintreten, die den normalen Ablauf stören. So unterbricht z.B. Krankheit den normalen Lebensablauf und setzt andere Zeitstrukturen in Kraft. Zeitpunkt und Häufigkeit solcher Ereignisse sind im einzelnen nicht voraussehbar. Für solche Tätigkeiten, z.B. das Überwachen von Anlagen auf Störfälle, ist eine andere Bewußtseinsspannung erforderlich, als für zeitlich fest terminierte und in ihrer Dauer bestimmte Tätigkeiten. Solange die Anlage normal läuft, kann sie in „schläfriger Wachsamkeit" beobachtet werden. Tritt aber ein Störfall ein, so muß der Überwachende sofort hellwach und handlungsbereit sein. Die Anlage kann tagelang störungsfrei bleiben. Andererseits können gleichzeitig mehrere Störungen auftreten, so daß sich der Arbeitsaufwand nicht prognostizieren läßt. Daher treten gerade bei zeitindifferenten Tätigkeiten häufig Koordinationsprobleme mit anderen Tätigkeiten auf.

Eine weitere Form des Zeitbewußtseins stellt sich heraus, wenn man die Struktur von Handlungen betrachtet. Handlungen sind definitionsgemäß auf Zukunft ausgerichtet. Diesen Aspekt hebt besonders A. Schütz hervor. Er unterscheidet zwei Formen von Motivationsrelevanzen: Um-zu-Motive und Weil-Motive. In der Lebenswelt ist der Mensch kein unbeteiligter Beobachter, sondern ein Handelnder, der seine Ziele verfolgt und unbeabsichtigte Ne-

---

12 vgl. K. Heinemann, P. Ludes, a.a.O., 227
13 vgl. N. Luhmann, Lob der Routine, in: ders., Politische Planung, Opladen 1971, 110-142, hier 118

benwirkungen zu vermeiden sucht. Sein Handeln ist von Plänen bestimmt, die er zu realisieren trachtet. Diese Pläne, die Zustände, die er herbeizuführen oder zu vermeiden beabsichtigt, motivieren sein Handeln. Das, was getan werden muß, ist dadurch motiviert, wofür es zu tun ist.

„Das letztere ist für das erstere motivationsmäßig relevant. Eine Kette von unterein-ander verbundenen Motivationsrelevanzen führt zur Entscheidung, wie ich handeln muß."[14]

Anders ausgedrückt, das Handeln wird von einem Ziel bestimmt. Um das Ziel zu erreichen, muß zuerst das, um das wiederum das, und um das das ge-tan werden.

„Die motivationsmäßige Wichtigkeit besteht in den Handlungsentscheidungen, die im Sinnzusammenhang von Planhierarchien stehen. Das heißt, Motivationsrelevanz setzt das Verhalten in der aktuellen Situation in Sinnbezug zu Lebensplänen und Tagesplä-nen, und zwar sowohl bei routinemäßigen Vorentscheidungen als auch bei ‚außeror-dentlichen' Entscheidungen."[15]

Jedes „Um-zu-Glied" stellt eine Motivation in einer Kette von Motivationen dar. Diese Motivkette führt jeweils vom Späteren zum Früheren, vom Hand-lungsziel über die Handlungsmittel zum Handlungsansatz. Das Handlungsziel motiviert also die Handlung in ihren Ablaufphasen. Die Zeitstruktur dieser Motive, die Schütz als „Um-zu-Motive" bezeichnet, läßt sich also als „modo futuri exacti" angeben. Es wird ausgegangen von einem in die Zukunft pro-jektierten Zustand. Aus den vielen möglichen Zukunftszuständen wird einer ausgewählt, eine Zukunft wird sozusagen festgelegt und herbeizuführen ver-sucht. Von diesem Zustand her werden die Schritte, die im voraus liegen müssen, bestimmt. Der Handelnde bestimmt den Sinn seines Handelns aus der Beziehung zu seinem Handlungsziel. Der Sinn der Handlung ist für den Handelnden also abhängig von der Spannweite seines Entwurfs. Die Hand-lung kann an langfristigen Zielen (Lebensaufgabe) oder kurzfristiger Bedürf-nisbefriedigung orientiert sein. Zwischen diesen Extremen sind Zwischenfor-men mit unterschiedlichen Zeithorizonten möglich.

Andererseits ist das Entwerfen der Pläne wieder biographisch bestimmt. Betrachtet man diesen Zusammenhang, so kommt man zu einer anderen Art von Motivationsrelevanzen, die Schütz „(echte)-Weil-Motive nennt. Wäh-rend die Um-zu-Motive teleologischen Charakter haben, haben die Weil-Mo-tive kausalen Charakter. Bei der Analyse der Weil-Motive wird das Handeln auf vergangene Erlebnisse bezogen. Der Entwurf selbst verweist auf bereits

---

14 A. Schütz, Das Problem der Relevanz, a.a.O., 80
15 Schütz, Luckmann, a.a.O., 211

vorausgegangene, der entworfenen Handlung gleichartige Handlungen zurück. Diese sind in den Erfahrungszusammenhang im Zeitpunkt des Entwurfs eingegangen. Um einen Entwurf zu setzen, muß man bereits ein Vorwissen vom Verlauf des Handelns haben. Man kann also sagen: Weil ich ein bestimmtes Vorwissen habe, entwerfe ich dieses Handeln. Während also die Um-zu-Relevanzen motivationsmäßig aus den schon vorliegenden ausgezeichneten Entwurf entstehen, befassen sich die Weil-Relevanzen mit der Motivation des ausgezeichneten Entwurfs selbst. [16] Als Sinnzusammenhang ist also das „Um-zu-Motiv" auf dem jeweiligen Erfahrungszusammenhang fundiert. Ebenso konstituiert sich die Ziel-Mittel-Abfolge aus dem Zusammenhang vorhergehender gleichartiger Erlebnisketten. Diese Erlebnisketten disponieren den Betroffenen zum Entwurf dieses Planes. Die Zeitstruktur des „(echten)Weil-Motivs" ist anders als die des „Um-zu-Motivs".

„Bei jeder echten Weil-Motivation trägt sowohl das Motivierende als auch das Motivierte den Zeitcharakter der Vergangenheit. Die Fragestellung eines echten Warum ist überhaupt erst nach Ablauf des motivierten Erlebens möglich, auf welches als abgelaufenes und fertiges hingeblickt wird. Das motivierende Erlebnis ist gegenüber dem motivierten ein Vorvergangenes, und wir können deshalb die Rückwendung auf dieses Vorvergangene Erlebnis als ein ,Denken modo plusquamperfecti' bezeichnen."[17]

Im Gegensatz zum Um-zu-Motiv ist das Weil-Motiv nicht im Bewußtsein des Handelnden.
Es kommt nur im rückschauenden Blick ins Bewußtsein. Aus den vergangenen Erfahrungen resultierten die Annahmen über die Regelhaftigkeit von Ereignisabläufen und von Gestaltgesetzen, aus denen Schlußfolgerungen über das Eintreten künftiger Ereignisse erschlossen werden. Aus vergangenen Erfahrungen wird der Grad von Routinisierungen und Habitualisierungen von Handlungsabläufen abgeleitet, durch die sich Handlungsgeschehen repetitiv vollzieht und damit erwartbar wird. Weiter wird die Erwartbarkeit durch das Wissen um den Grad gesellschaftlicher Normierung von Handlungsabläufen erhöht. Es wächst das aus dem in der Vergangenheit erworbene Vertrauen in die Handlungspartner und ihre Bereitschaft, Rollen zu übernehmen, Reziprozitätsnormen und Solidaritätsverpflichtungen zu erfüllen, die Erwartbarkeit von Handlungen oder Ereignissen.[18] Aus den Erfahrungen der Vergangenheit werden also Definitionen der Zukunft bzw. Erwartungen an die Zukunft abgeleitet. Erwartungen dienen der Vergegenwärtigung von Zukunft, nicht einer offenen Zukunft, sondern einer spezifischen Zukunft, die herbeigeführt

---

16 A. Schütz, Das Problem der Relevanz, a.a.O., 84
17 A. Schütz, Der sinnhafte Aufbau der sozialen Welt, Frankfurt 1974, 125
18 vgl. K. Heinemann, P. Ludes, a.a.O., 233

werden soll. Auf diese spezifische Zukunft beziehen sich die Handlungspläne.

Die Einschätzung des tatsächlichen Eintretens von Erwartungen kann unterschiedlich sicher sein. Je mehr Möglichkeiten offen sind, von denen nur eine eintreten kann, desto weniger sicher ist die Zukunft. Hier sind wieder zwei Aspekte zu unterscheiden. Einmal kann die objektive Wahrscheinlichkeit des Eintretens bestimmter Ereignisse, der Möglichkeitshorizont, betrachtet werden. Zum anderen ist die Beurteilung der subjektiven Wahrscheinlichkeit, mit der ein Ereignis erwartet wird, von Bedeutung. Wichtige Probleme für den Handelnden ergeben sich aus dieser Unsicherheit. Um Entscheidungen abzusichern, müssen Strategien zur Reduzierung dieser Unsicherheiten zur Verfügung stehen.

Das Zeitbewußtsein ist nun biologisch oder gesellschaftlich vorstrukturiert. Dementsprechend können neben der subjektiven Zeit weitere Dimensionen unterschieden werden, Zeit als biologisches und als soziales Phänomen.

Biologische Abläufe haben ihren eigenen Rhythmus. Schwangerschaft, Reifen und Altern (Langzeitrhythmen) sind in ihrer Dauer durch biologische Gesetzmäßigkeiten wesentlich beeinflußt. Auch mittlere Zeitphasen wie der Wechsel von Wach- und Schlafzeiten sind biologisch vorgegeben. So läßt sich z.B. aus den biologischen Rhythmen ableiten, daß der Mensch ein Tagwesen ist, d.h. daß sich der menschliche Körper von seiner biologischen Ausstattung her bei Tag in einem Stadium der Aktivierung und bei Nacht in einem Stadium der Deaktivierung befindet. Werden diese Stadien umgekehrt, ergeben sich spezifische gesundheitliche, psychische und soziale Probleme, da sich die körperlichen Rhythmen nicht verändern lassen.

Soziale Zeit setzt das Zeiterleben in Beziehung zu gesellschaftlichen Strukturen und institutionalisierten Interaktionsprozessen.[19] So gliedern z.B. Feste den Jahresablauf. Tarifverträge gliedern die Zeit in Arbeits- und Freizeit, diese wiederum in Urlaub, Wochenende und Feierabend. Wie sinngebend eine solche Gliederung wirkt, wird an der Auseinandersetzung um die Sonntagsarbeit deutlich. M. Jahoda[20] hat aufgezeigt, daß beim Wegfall dieser Gliederung in Arbeits- und Freizeit auch die subjektive Zeitstruktur zerfällt.

Soziale Zeit wird durch verschiedene Institutionen gegliedert. So ist die Jahresgliederung durch Feste ebenso wie die Wocheneinteilung im wesentlichen durch die Kirchen bestimmt.[21]

Die Festlegung der Arbeitszeiten oder der Verkaufszeiten erfolgt im wesentlichen durch den Gesetzgeber und die Tarifvertragspartner. Die Urlaubs-

19 vgl. K. Lüscher, M. Wehrspaun, a.a.O., 243
20 M. Jahoda, P.F. Lazarsfeld, H. Zeisel, Die Arbeitslosen von Marienthal, Frankfurt 1975, Neuauflage, zuerst 1933
21 vgl. H. Geller, Einflußmöglichkeiten und Einflußformen der Kirchen auf das Leben des einzelnen in der Bundesrepublik Deutschland, in: H. W. Brockmann (Hrsg.), Kirche und moderne Gesellschaft, Düsseldorf 1976, 31-60

zeiten sind individueller festlegbar, doch bei Familien mit Kindern stark an die Ferien der Schule gebunden.

Selbst die individuellen Biographien werden zeitlich durch soziale Institutionen gegliedert. Vorschulalter, Schulzeit, Ausbildung, Bundeswehr, Erwerbstätigkeit und Rentenalter gliedern die Altersphasen. Solche normativen Erwartungen institutioneller Ablaufmuster[22] bestimmen Phasen und Einschnitte des Lebenslaufes. Solche institutionellen Zeitvorgaben können den einzelnen vom Entscheidungsdruck entlasten. H. Kreutz[23] verdeutlicht am Beispiel der Wahl der Schulform, daß durch die institutionelle Vorgabe der Zeithorizonte dem einzelnen vorgeformte Verhaltenssequenzen angeboten werden, für die er sich zu bestimmten Zeitpunkten als ‚Paket' entscheiden kann. Mit solchen Vorgaben übernimmt sozusagen die Institution die Vorsorge und die Gewähr für planmäßiges Erreichen der Ziele. Andererseits kann sich der einzelne in einem ‚organisationszyklischen' Stundenplan, Tagesablauf und Jahreskalender einer Institution so verfangen, daß er die biographische Orientierung auf die Zukunft verliert.[24]

Nun sind die Zeitstrukturen einzelner Individuen und verschiedener Institutionen verschieden. In Interaktion müssen daher die Zeitstrukturen der Interaktionspartner synchronisiert bzw. dissynchronisiert werden. Synchronisation heißt hier nicht nur Abstimmung von Terminen, wann was zu geschehen hat, sondern Herstellung der Gleichzeitigkeit des Bewußtseins vom Tempo und Knappheit der Zeit, damit Ereignisse und ihre Wirkungen in gleicher Weise von den Handelnden berücksichtigt werden, Abstimmung der Zeithorizonte in Vergangenheit und Zukunft, um die Wahrscheinlichkeit von Handlungen, ihre Dauer und die Termine der Zielrealisierung abzuschätzen. Solche Abstimmungen sind notwendig, um die gegenseitigen Erwartungen und Verpflichtungen aufeinander abstimmen zu können. Solche Synchronisationen ergeben sich nicht automatisch, da die einzelnen in verschiedenen gesellschaftlichen Zusammenhängen mit ihren eigenen Zeitstrukturen leben und da die Interaktionspartner unterschiedliche Motive für die Interaktion haben können[25].

---

22 vgl. F. Schütze, Prozeßstrukturen des Lebenslaufs, in: J. Matthes, A. Pfeifenberger, M. Stoßberg (Hrsg.), Biographie in handlungswissenschaftlicher Perspektive, Nürnberg 1981, 67-157, hier 138

23 H. Kreutz, Die zeitliche Dimension von Sozialisationsumwelten. Schulbildung, Zukunftsbezug, Selbsteinschätzung und soziale Anpassung von Jugendlichen aus verschiedenen sozialen Schichten, in: H. Walter (Hrsg.), Sozialisationsforschung, Bd. III. Sozialökologie – Neue Wege in der Sozialisationsforschung, Stuttgart 1975, 107-150, hier 118

24 vgl. F. Schütze, a.a.O., 83

25 zum Prozeß der Synchronisation der Erwartungen zwischen Ehepartnern vgl.: H. Leitner, Eheschließung und Aufbau familialer Wirklichkeit, in: H. Braun, U. Leitner (Hg.), Problem Familie - Familienprobleme, Frankfurt 1976, 34-50

Im Laufe des Interaktionsprozesses wird ein Thema entwickelt. In dieser Entwicklung werden weitere Möglichkeiten ausgeschlossen. So ist der Stand der Dinge im Entscheidungsprozeß eine weitere Größe, die die Erwartungen an Positionsinhaber in Situationen beeinflußt. Doch läßt sich der Stand der Dinge in weiten Bereichen nicht durch feststehende Strukturen symbolisieren. Er muß je neu festgestellt und definiert werden.

Exkurs: Situations-, Positions- und Statusrollen nach U. Gerhardt

Die Erwartungen, die an einen Interaktionspartner gerichtet werden, werden also durch die Positionszuweisungen, seine Persönlichkeitsstruktur, die aus vergangenen Erfahrungen mit ihm und die Zuweisung zu Statusgruppen erschlossen wird, und durch den jeweiligen Stand der Dinge bestimmt. Diesen Zusammenhang erörtert auch U. Gerhardt in ihrem Werk „Rollenanalyse als kritische Soziologie." Sie definiert Rollen als

„das Ergebnis einer Abstraktion, welche Haltungen, Eigenschaften, Leistungen und Tätigkeiten für gleichrangige und/oder gleichartige Personen zu einem aus Handlungsregeln bestehenden Typisierungsschema zusammenfaßt."[26]

Nach Gerhardt sind Rollen in einen strukturellen Kontext eingeordnet.

„Strukturelle Kontexte sind jene Konstellationen beobachtbarer Erscheinungen, die das ‚Substratum' einer Rolle ausmachen. Sie sind Aggregationen empirischer Gegebenheiten. Als solche werden sie von den Individuen erfahren. Die Kontexte sind keine normativen Aspekte der Rolle... Die strukturellen Kontexte variieren im Grad der Abstraktion von der unmittelbaren Erlebniswelt sowie im Grad der Generalisierung ihrer Gültigkeit."[27]

Gerhardt unterscheidet nun drei Abstraktionsebenen von der unmittelbaren Erlebniswelt, die sie in der Dimension der Dauer in der objektiven Zeit voneinander abgrenzt.

„... geringe Abstraktion: Eine wenig dauerhafte Konstellation von Faktoren (‚Gelegenheiten') bildet einen strukturellen Kontext der unmittelbar erlebt wird (Situation); 2. mittleres Abstraktionsniveau: Eine Einheit in einem arbeitsteilig differenzierten, hierarchisch organisierten sozialen Gebilde ist ein struktureller Kontext von - gegenüber der einzelnen Situation - weniger unmittelbarem Erlebnisgehalt und längerer Dauer der individuellen Teilhabe (Position); 3. Hohes Abstraktionsniveau: Der Besitz nicht erwerbbarer, also zugeschriebener oder ererbter Merkmale der Person wird zum strukturellen

---

26 U. Gerhardt, a.a.O., 226
27 a.a.O., 226

Kontext, wenn diese Merkmale für die Bewertung von Individuen in einer Gesellschaft von Bedeutung sind; der resultierende strukturelle Kontext (Status) hat unmittelbare Wirkung auf die Selbstdarstellung und soziale Erfahrungen der Person. Sein Besitz hat lebenslängliche Dauer; wird er nicht mit der Geburt erworben, sondern mit Erreichen einer Altersstufe oder zeremoniellen Würde, so bleibt sie in der Regel bis zum Tod erhalten."[28]

Durch die eindimensionale hierarchische Abgrenzung von Situation, Position und Status, wird ein vollkommenes Implikationsverhältnis angenommen. Der Status bestimmt, welche Positionen und Situationen eingenommen werden können. Die Einflußrichtung ist einseitig von oben nach unten. Positionen haben eine geringere Allgemeinheit als Status.

„Nicht alles Verhalten ist positionsbezogen, sondern ein Teil der von der Person erfahrenen Situation ist ausschließlich durch Statusbesitz bestimmt. Situationen schließlich haben den geringsten Generalisierungsgrad: Sie bewirken weder die Status- noch die Positionsteilhabe eines Individuums, sie haben keinen Einfluß auf die Auswahl der Handlungsregeln für Status und Positionen, sie gelten punktuell, bezeichnen einzelne Ereignisse von geringer Dauer und minimaler ‚Ausstrahlung auf die übrige Erlebniswelt'."[29]

An diesen Generalisierungsgrad in der Dauer der objektiven Zeit knüpft Gerhardt den Grad der institutionellen Verfestigung: Je generalisierter der Kontext ist, desto höher ist der Institutionalisierungsgrad, desto geringer ist der Spielraum der Variation und Interpretation und desto stärker sind die Sanktionen bei Regelverstößen[30]. Danach ist der Interpretationsraum in Situationen größer als der in Positionen oder gar in einem Status.

Die Art der Abgrenzung von Situation, Position und Status über die Dauerhaftigkeit in der objektiven Zeit führt zu großen Unklarheiten. Diese werden insbesondere an den Beispielen, die Gerhardt anführt, deutlich. Danach ist für sie z.B. Straßenverkehr eine Situation; die Verkehrsteilnehmer nehmen Situationsrollen, die Polizisten aber Positionsrollen ein[31]. Situationsrollen der Verkehrsteilnehmer werden spezifiziert in „Fußgänger", „Autofahrer", „Radler". Jede Situationsrolle bildet ein Typisierungsschema, das vorgibt, wie sich der Rolleninhaber typischerweise verhält. Dadurch können andere Verkehrsteilnehmer das Verhalten antizipieren und sich daran orientieren.

„Das Typisierungsschema umfaßt zugleich die Regeln, die gelten, wenn das Subjekt (in unserem Beispiel) zwar zu Fuß geht, sich aber nicht fußgängeradäquat verhält - also die

---

28 a.a.O., 226 f
29 a.a.O., 227
30 vgl. a.a.O., 227 f
31 vgl. a.a.O., 232-235

Chance, von bestimmten Anderen Sanktionen zu erleiden, ebenso wie die Chance, Sanktionen gegen bestimmte Andere auszuüben, sowohl im Sinne der Erzwingung adäquaten Verhaltens wie im Sinne der Bestrafung bereits erfolgten nicht-adäquaten Verhaltens. Sanktionierung ist bei Situationsrollen oft eher als Chance des Erleidens von Sanktionen durch angebbare Rollenpartner zu verstehen. Viele Situations-Rollen geben keine Verfügung über meßbare Mengen von Sanktionsmedien frei, sie implizieren keine Herrschaft über andere. Um dies am Beispiel des Fußgängers zu erläutern: - Bei Fehlverhalten des Fußgängers steht dem Polizisten eine legitime Sanktionschance zu; dieser agiert jedoch nicht seinerseits in einer Situations-, sondern er handelt in einer Positions-Rolle. Die Sanktionen, die die Adäquanz des Verhaltens in einer Situationsrolle garantieren, werden hier durch Träger von Positions-Rollen ausgeübt. Nur selten besitzen Situations-Rollen einen Sanktionsradius mit Sanktionen von nennenswerter Geltungsschwere."[32]

Gerhardt hatte Situationen umschrieben als wenig dauerhafte Konstellation von Faktoren (‚Gelegenheiten') die unmittelbar erlebt werden[33].

Straßenverkehr ist aber nicht von geringer Dauer, existiert kontinuierlich, läßt sich in Phasen von hoher und niedriger Intensität einteilen. Straßenverkehr ist keine Situation, er ist ein soziales System. Es ist genau festgelegt, wer die Verkehrsregeln erlassen und ändern kann, zur Durchsetzung der Regeln ist ein staatlicher Erzwingungsstab eingerichtet. Im System Straßenverkehr sind den Teilnehmern entsprechend der Verkehrsmittel, die sie benutzen, Positionen zugewiesen. Um motorisierte Verkehrsmittel benutzen zu können, brauchen sie eine Ermächtigung (Führerschein), die sie, während sie die Position einnehmen, bei sich führen müssen. Mit der Positionseinnahme ist verbunden, daß die im Verkehr auftretenden Objekte nach den für die Position geltenden Regeln verknüpft werden. Die Regeln sind interpretierbar, sie sind z.B. mit verschiedenen Fahrstilen in Grenzen vereinbar. Man kann, je nach Persönlichkeitstyp zügig oder vorsichtig, aggressiv oder defensiv fahren. Zu aggressive Fahrweise kann allerdings zum Entzug der Fahrermächtigung führen. Gerade im Straßenverkehr wird deutlich, wie wichtig die Antizipation der Reaktionen der Interaktionspartner für die Handlungskoordination ist. Diese Antizipation erfolgt über die Bestimmung der Position des Interaktionspartners, die ihm die Einhaltung bestimmter Regeln vorschreibt, und die Erschließung seines Fahrstils aus der Wahrnehmung seines Fahrverhaltens. Diese Größen lassen sich strukturell symbolisieren. Dagegen ist der Stand der Dinge, die konkreten Umstände, Geschwindigkeit mit der die Teilnehmer fahren, die Breite der Fahrbahn, die Wetterlage, usw. zu variabel, um strukturell symbolisiert zu werden, obwohl diese Faktoren die Wahl der adäquaten Möglichkeiten begrenzen. Die Situation wird von diesen Größen zusammen beeinflußt. In konkreten Situationen können die Wahlmöglichkeiten äußerst begrenzt sein, unter Umständen ist überhaupt keine Wahl mehr zu treffen.

---

32 a.a.O., 234
33 vgl. a.a.O., 226

Im Verkehr kann es überlebenswichtig sein, daß die Interaktionspartner die Regeln befolgen. Es ist wichtig, daß sie ihre Reaktionen richtig antizipieren. Daher ist die Einhaltung der Regeln im hohen Grade mit Achtungsbedingungen verknüpft. Das bewirkt aber, daß die Interaktionspartner hoch motiviert sind, auf Regelverstöße mit Ausdruckshandlungen zu reagieren, die Interaktionspartner zu sanktionieren. Solche Reaktionen können vielfältig sein. Man kann auf seinem Recht bestehen und einen Unfall in Kauf nehmen; man kann den Erzwingungsstab anrufen, man kann durch Gesten seine Mißbilligung ausdrücken. Eine Loslösung der Sanktionen von Situationen erscheint wenig sinnvoll; auch wenn Normübertretung und Sanktion zeitlich auseinanderfallen, bleibt die Sanktion dennoch an die Normübertretung in dieser Situation gebunden.

Weiter läßt sich aufzeigen, daß die Unterscheidung zwischen Situation, Position und Status nach dem Ausmaß des Ausstrahlungseffektes wenig weiter hilft.

„Während das Individuum mehrere Positionen längerfristig innehat, kann es Situationen nicht,innehaben', denn die situationsbezogenen Rollenkompetenz ,zählt' nur in der aktuellen Situation, sie hat keinen ,Ausstrahlungseffekt'. Dieser geht von den Positionen aufgrund ihrer längeren Dauer für das Individuum aus."[34]

Oben ist schon aufgezeigt worden, daß Situationen durchaus einen „Ausstrahlungseffekt" haben. Wenn jemand einen Unfall erleidet, ist der Strahlungseffekt nicht durch die Position, die er innehat, bewirkt. Der Unfall kann - z.B. bei Invalidität - dazu führen, daß jemand die bisher eingenommenen Positionen aufgeben muß. Der Unfall kann durch eine geringfügige Unaufmerksamkeit in einer Situation bedingt sein, die Folgen aber bleiben längerfristig.

Deutlich sollte werden, daß das von Gerhardt angenommene Implikationsverhältnis von Status, Position und Situation aufgelöst werden muß. Sie sind nicht verschiedene Abstraktionsgrade in einer Dimension, sondern Abstraktionen in verschiedenen Dimensionen, zwischen ihnen besteht kein Implikationsverhältnis, sondern die Merkmalsausprägungen in den einzelnen Dimensionen sind unterschiedlich kompatibel. Situationen werden durch die drei genannten Größen: Positionen, Persönlichkeitsstrukturen und „Stand der Dinge" gemeinsam bestimmt, wobei Status indirekt über die Zuschreibung von Persönlichkeitsstrukturen auf die Situationen einwirkt, indem sich die handelnden Personen an den Statusgruppen, denen sie sich zurechnen, orientieren und von anderen bestimmten Statusgruppen zugeordnet werden. Situationen werden durch das Zusammenwirken der drei Größen definiert.

---

34 a.a.O., 238

Um handeln zu können, muß ein Interaktionspartner die Situation definieren, d.h. er muß seine Position und die Positionen seiner Interaktionspartner bestimmen, den Interaktionspartnern handlungsrelevante Persönlichkeitsmerkmale zuschreiben und den Stand der Dinge bestimmen. Bei dieser Bestimmung setzt er die Idealisierungen der Reziprozität der Motive sowie der Reziprozität der Perspektiven voraus. Dementsprechend definieren auch die Interaktionspartner ihre Situation. Angesichts der Vielzahl von Variabeln und der Eigenleistungen bei der Definition der Situation sind die Idealisierungen der Reziprozität der Motive und der Reziprozität der Perspektiven sehr riskant und enttäuschungsanfällig. Wenn auch Institutionalisierungen, Habitualisierungen, soziale Kontrolle und Interaktionsdichte die Enttäuschungsanfälligkeit reduzieren, bleibt die Abstimmung der Erwartungen der Interaktionspartner aufeinander ein Problem. Es wird um so größer, je pluralistischer und differenzierter eine Gesellschaft ist, und um so unterschiedlicher die Denk-, Gefühls- und Verhaltensweisen der Statusgruppen sind, denen die Interaktionspartner angehören oder zugerechnet werden.

5. Allgemeine Qualifikationsanforderungen an Rollenspieler

Oben ist bereits festgestellt worden, daß nicht jede Persönlichkeitsstruktur mit jeder Position kompatibel ist. Im folgenden soll untersucht werden, welche Qualifikation eine Person haben oder erwerben muß, um Positionen einnehmen und Rollen spielen zu können.

Im Rollenspiel interagieren Rollenpartner, d.h. das Handeln des einen ist Voraussetzung für das Handeln des anderen. Es beeinflußt dessen Handlungsmöglichkeiten und vice versa. Um selbst handeln zu können, ist der Rollenspieler auf das Handeln des anderen angewiesen und umgekehrt. Die Rollenspieler müssen die Fähigkeiten entwickeln, sich gegenseitig zu verständigen. Sie müssen also jeweils aus Anzeichen auf die Erwartungen der anderen schließen können und sich gleichzeitig so darstellen, daß für die anderen Rückschlüsse auf die eigenen Erwartungen möglich sind. Sie müssen also die Fähigkeiten der Empathie und der Selbstdarstellung besitzen. Rollenerwartungen an den Inhaber einer Position in einer Situation können untereinander differieren, ja sie können dem Selbstbild des Positionsinhabers widersprechen. In diesem Fall muß er die Fähigkeit besitzen, seine eigenen Erwartungen auch gegen Widerstand der anderen zur Geltung zu bringen, d.h. der Rollenspieler muß eine gewisse Durchsetzungsfähigkeit besitzen oder erwerben, er muß fähig sein, Macht im weiten Sinne, wie sie M. Weber versteht, einzusetzen. Ohne einen solchen Durchsetzungswillen und die Fähigkeit, diesen Willen auch in zumindest gewissem Maße umzusetzen, würde das Rollenspiel zu einem reinen Anpassungsprozeß (woran auch immer). Schließlich bedarf ein Rollenspieler einer gewissen Ambiguitätstoleranz. Er muß Enttäuschungen ertragen und verarbeiten können. Um Rollen spielen zu können, bedarf es also einiger Basisqualifikationen, auf die im folgenden eingegangen werden soll.

5.1 Empathie

Die Interaktionspartner müssen ihre Situationsdefinitionen aufeinander abstimmen. Sie müssen in der Lage sein, sich mit Hilfe eines Symbolsystems wechselseitig zu verständigen. Sie müssen die Fähigkeit erwerben, in diesem Symbolsystem ihre Erwartungen an sich und andere auszudrücken und andererseits aus Anzeichen auf die Erwartungen anderer zu schließen, sie zu symbolisieren und gleichzeitig den eigenen Intentionen so Ausdruck zu geben, daß die Interaktionspartner auf die eigenen Erwartungen schließen können. Sie bedürfen also einerseits der Fähigkeit zur Selbstdarstellung und andererseits der Empathie.

Da sich die Biographien der beteiligten Interaktionspartner nie vollkommen decken, ist eine vollständige Empathieleistung nicht möglich, aber für den Handlungsablauf auch nicht erforderlich. Empathieleistungen sind abhängig vom Symbolsystem, das die Interaktionspartner verwenden. Je differenzierter das Symbolsystem ist, desto größer können die Empathieleistungen sein. So zitiert Krappmann Untersuchungen, die nachweisen, daß die Empathieleistungen abhängig von der Sprachfähigkeit des Rolleninhabers sind:

„Offensichtlich trägt die Sprachentwicklung sehr zur vermehrten Fähigkeit bei, sich in die Lage des anderen zu versetzen. P. Browers und P. London testeten inwieweit Kinder verschiedenen Alters sowie mit unterschiedlicher Intelligenz, sozialer Reife und Wahrnehmungsfähigkeit einige ihnen teils bekannte, teils weniger vertraute Rollen spielen können. Die Untersuchung ergab, daß die Fähigkeit zum Spielen von fremden Rollen hoch mit der verbalen Intelligenz korrelierte (Browers/London 1965). Über eine positive Korrelation zwischen Komplexität des Rollenspiels und sprachlichen Differenzierungsfähigkeiten berichtet auch J.H. Flavel aufgrund einer Reihe von Untersuchungen mit verschiedenaltrigen Kindern, die die Rollen anderer Personen übernehmen mußten (Flavel 1966). J.H. Flavel betont im Gegensatz zu voll sprachdeterminitistischen Auffassungen, daß ,role taking' sich nicht gänzlich durch Sprachbeherrschung erklären lasse. Sprachliche Differenzierung erleichtere es, sich in fremde Rollen zu versetzen, stelle aber keine kausale Erklärung dar."[1]

Je differenzierter einer das Symbolsystem, insbesondere die Sprache, anwenden kann, desto differenzierter können auch seine Wahrnehmungen bewußt werden. Je größer die Empathieleistungen sind, desto besser kann sich der Rollenspieler in die Lage seiner Interaktionspartner versetzen, desto mehr gelingt es ihm, die auf ihn gerichteten Erwartungen zu antizipieren.

Oben ist dargestellt worden, daß Erwartungen Typisierungen sind, die durch Abstraktion im Hinblick auf Vergleichsgesichtspunkte gebildet werden. Um im Hinblick auf Erwartungen handeln zu können, muß man die Erwartungen interpretieren. Eine solche Interpretation erfolgt z.B. in Hinblick auf die Vereinbarkeit mit den eigenen Handlungsintentionen, im Hinblick auf

---

1 L. Krappmann, Soziologische Dimensionen der Identität, Stuttgart [4]1975, 149

die Legitimität der Erwartungen, auf die Konsistenz der auf einen gerichteten Erwartungen, auf die Machtfülle und die Bereitschaft zum Machteinsatz der Interaktionspartner im Vergleich zu den eigenen Machtmitteln usw. Die Fähigkeit unterschiedliche Erwartungen zu vereinbaren und zu synchronisieren bzw. dissynchronisieren ist abhängig von der Fähigkeit zur Themenentwicklung. Im Verlaufe der Themenentwicklung wird das, was im thematischen Feld impliziert vorgegeben ist, in der Zuwendung expliziert. Das Hauptthema wird in Subthematisierungen weiter entwickelt. Die Fähigkeit zur Themenentwicklung vergrößert die Möglichkeit, eigene Relevanzen mit sozial auferlegten Relevanzen zu vereinbaren.

Die Fähigkeit zur Themenentwicklung wird durch die Art des Wissenserwerbs und der Wissensspeicherung bestimmt.

„Wissenserwerb ist die Sedimentierung aktueller Erfahrungen nach Relevanz und Typik in Sinnstrukturen, die ihrerseits in die Bestimmungen aktueller Situationen und aktueller Erfahrungen eingehen."[2]

Wissenerwerb, als Sedimentierung von Erfahrungen, erfolgt in Situationen und ist biographisch artikuliert. Die Bedingungen der Situationen sind gleichzeitig die Bedingungen des Wissenserwerbs. Die Grenzen der Lernsituationen sind zugleich die Grenzen des Wissenserwerbs. So bestimmt die räumliche, zeitliche und soziale Gliederung sowohl die aktuellen Erfahrungen als auch die Form der Sedimentierung dieser Erfahrungen.

„Die Erfahrungen werden zwar abgewandelt, das heißt idealisiert, anonymisiert, typisiert, wenn sie in den Wissensvorrat eingehen. Dadurch werden die strukturellen ‚Vorzeichen' der aktuellen Erfahrungen neutralisiert bzw. überformt. Sie bleiben also nicht im Griff und werden normalerweise nicht zum Bestandteil des Wissenselementes. Sie können aber prinzipiell – wenn auch nur ‚mehr oder minder' genau – in der Erinnerung rekonstruiert werden und stützen auf diese Weise den Vertrautheitsgrad des betreffenden idealisierten und anonymisierten Wissenselementes."[3]

Erfahrungen konstituieren sich durch Aufmerksamkeitszuwendungen in ‚Zeiteinheiten', die durch Bewußtseinspannungen und deren Rhythmus bestimmt sind. Diese Erfahrungen bauen sich ursprünglich Schritt für Schritt, also polythetisch, auf. Der Sinn dieser Erfahrungen kann aber nur in reflektierender Zuwendung erfaßt werden. Sinn wohnt den Erfahrungen nicht als solcher inne, sondern er wird ihnen erst in der reflektiven Zuwendung verliehen. Diese reflektive Zuwendung kann nun auf zwei Arten erfolgen. Man kann einmal den Aufbauvorgang dieser Erfahrung im aktuellen Bewußtsein nachvollziehen, indem man Schritt für Schritt die einzelnen Stadien des Wissenserwerbs im Bewußtsein rekonstruiert. In dem Maße, wie man die polythetischen Schritte des Wissenserwerbs im Bewußtsein sedimentiert hat, er-

---

2 Schütz, Luckmann, a.a.O., 129 f
3 a.a.O., 132

hellt sich der Klarheits- und Bestimmtheitsgrad eines Wissenselementes. Das gilt auch für das Setzen von Urteilen.

„Jede Prädikation ist ein Vorgang der inneren Dauer. Der Vollzug des Urteile ‚S ist p‘ ist ein Zerlegen einer einheitlichen ‚natürlichen‘ Erfahrung... Im Vollzug des Urteils wird diese Erfahrung schrittweise in einzelne Elemente zerlegt, und diese werden dann miteinander in Beziehung gesetzt. ‚S ist p‘ ist das Resultat eines Auslegungsvorganges, in dem im übrigen in Betracht gezogen wurde, daß S sowohl p als auch q als auch r usw. ist. Angesichts des situationsbezogenen Interesses am vorliegenden Problem wurde die p-Qualität von S als bemerkenswert (und merkenswert) ausgewählt.“[4]

Insofern als dieser Prozeß in seinen einzelnen Abfolgen im Bewußtsein rekonstruiert wird, werden gleichzeitig die Horizonte bewußt, unter denen das Urteil ‚S ist p‘ zustande gekommen ist. Das Bewußtsein dieser Horizonte bestimmt gleichzeitig die Auslegungsmöglichkeiten dieses Urteils mit.

„Die Erfahrung kann im strengen Sinne nur dadurch realisiert werden, daß die in den verschiedenen Beziehungen zu anderen Erfahrungen verborgenen Horizonte, die wir gerade den Horizont nannten, expliziert werden. Unser praktisches oder theoretisches Interesse bestimmt die Grenzen, bis zu denen wir alle diese vorgeformten Synthesen aufklären müssen, um eine genügende Kenntnis vom fraglichen Gegenstand zu erhalten.“[5]

Eine solche polythetische Rekonstruktion der Erfahrungsgewinnung kann man vollziehen, man muß es aber nicht. Man kann den Sinn von polythetisch aufgebauten Erfahrungen auch in einem einzigen Zugriff monothetisch erfassen. Ziel vieler Überlegungen ist allein ihr ‚Schluß‘. Das Bewußtsein speichert nur diesen Schluß. Er ragt aus den anderen Segmenten des Gedankenganges heraus, weil ihm ein besonderes Interesse anhaftet. Das Interesse hält ihn fest, lenkt die Aufmerksamkeit auf ihn und führt zu dessen Behandlung auf substantive Weise.

„Die Teile des Stromes, die diesen substantiven Schlüssen vorhergehen, sind nur die Mittel, um die letzteren zu erlangen... Wenn der Schluß da ist, haben wir immer schon die meisten vorausliegenden Schritte vergessen.“[6]

Das praktische Ergebnis einer Überlegung kann man behalten, ohne sich an dessen Ableitung zu erinnern. Eine solches monothetisches Sinnerfassen ist im Alltag weit verbreitet. Es beschleunigt die Reaktion und ist daher sehr ökonomisch. Doch können bei rein monothetischer Sinnerfassung gleichzeitig die Horizonte, in denen der Schluß konstituiert wurde, vergessen werden. Dadurch wird die Auslegungsfähigkeit des Urteils erschwert. Der Satz verliert den Bezug zu seiner Entstehungssituation. Er verselbständigt sich von den Horizonten, in denen er gebildet wurde.

---

4   a.a.O., 131
5   A. Schütz, GA 3, 42
6   a.a.O., 45

Nun beruhen die meisten Typisierungen und Urteile nicht auf eigenen Erfahrungen, sondern sie wurden von anderen übernommen, von anderen gelernt. Hier ist es nun entscheidend, daß die Grenzen der Lernsituation gleichzeitig Grenzen des Wissenserwerbs darstellen. Wird in einer Lernsituation der Sinn einer Aussage nur monothetisch vermittelt, so kann der Lernende den Sinn dieser Aussage auch nur monothetisch erfassen. Wird dagegen der Entstehungszusammenhang der Aussage mit vermittelt, so kann der Sinn polythetisch und monothetisch gespeichert werden. Der Vertrautheitsgrad eines Wissenselementes hängt davon ab, inwieweit die inneren und äußeren Horizonte der in den Wissensvorrat eingehenden Erfahrungen jeweils ausgelegt worden sind[7].

Es läßt sich nun die Hypothese aufstellen, daß die Lernsituationen in den einzelnen Ausbildungsgängen unter diesem Gesichtspunkt verschieden sind: Je höher der formale Grad des Ausbildungsganges, desto stärker wird der Absolvent dazu angehalten, Sinn polythetisch zu erfassen. Während in den basalen Bildungsinstitutionen Sinn vor allem in monothetischer Form vermittelt wird, wird mit höherem Grad immer mehr Wert darauf gelegt, die Horizonte der Lerninhalte zu explizieren. Mit höherem Bildungsgrad wird also die Fähigkeit zur Themenentwicklung gefördert. Von hier aus erklärt sich auch der Einfluß des Bildungssystems auf die Chancenzuweisung der Absolventen. Je mehr Entscheidungsspielraum eine Position ihrem Inhaber läßt, desto größer muß seine Fähigkeit zur Themenentwicklung sein. Die Fähigkeit zur Themenentwicklung ermöglicht es, verschiedene Erwartungen miteinander zu vereinbaren, die beim Fehlen dieser Fähigkeit als unvereinbar angesehen werden. Kennzeichnend für die schichtenspezifische Verteilung dieser Fähigkeit ist die Feststellung von Scheuch:

„Verschweigen der eigenen Meinung oder Unwahrheit scheint eher charakteristisch für untere Positionen in Status-Hierarchien, allgemeine Offenheit eher für hohe Positionen, charakteristisch für die mittleren Positionen ist eine ,situationsspezifische Wahrhaftigkeit'."[8]

Je größer die Fähigkeit zur Themenentwicklung ist, desto weniger braucht sich der Rolleninhaber an eine bestimmte Rolleninterpretation zu klammern, desto mehr Interaktionsmöglichkeiten kann er sich eröffnen, desto besser kann er Mehrdeutigkeiten und die damit verbundenen Unsicherheiten ertragen, also Ambiguitätstoleranz entwickeln.

---

7   vgl. Schütz, Luckmann, a.a.O., 148

8   E.K. Scheuch, Die Sichtbarkeit politischer Einstellungen im alltäglichen Verhalten, in: ders. und R. Wildenmann, Zur Soziologie der Wahl, KZfSS 1965, Sonderheft 9, 165-214, hier 198

5.2 Fähigkeit zum Machteinsatz

Ein Rollenspieler muß nicht nur die Fähigkeit besitzen, die Erwartungen anderer wahrzunehmen, sondern auch seine eigenen Erwartungen darstellen und zur Entfaltung bringen können. Situationsdefinitionen der Interaktionspartner können so verschieden sein, daß die Erwartungen aneinander nicht mehr kompatibel sind. Die Reaktionsweisen des anderen sind dann nicht die, um sich selbst erwarten zu können. Ist aber jemand auf die Reaktion des anderen angewiesen, so kann er dies durch Ausdruckshandlungen bekunden. Durch gezielten Einsatz von Ausdruckshandlungen beansprucht ein Interaktionspartner die Chance,

„innerhalb einer sozialen Beziehung den eigenen Willen auch gegen Widerstreben durchzusetzen",[9]

also Macht. Indem jemandem eine Position übertragen wird, wird ihm die Vollmacht ausgestellt, in einem bestimmten Rahmen Macht auszuüben. Er muß Techniken entwickeln, Macht auszuüben.

Am intensivsten untersucht ist diese Tatsache an der Erzieherposition. Definitionsgemäß impliziert jede Erziehungssituation ein Machtgefälle zwischen den Interaktionspartnern. Der Erzieher hat immer die größere Machtfülle gegenüber dem Zögling. Er soll diesem bestimmte Denk-, Gefühls- und Verhaltensweisen vermitteln und deren Anwendung kontrollieren. Ein wichtiges Element des Erziehungshandelns sind die Kontrolltechniken, die Reaktionen auf Handlungen und Erlebensweisen der Kinder, die von den Erwartungen der Erzieher abweichen. Die Differenzen zwischen dem Verhalten des Kindes und den Erwartungen des Erziehers kommen dadurch zustande, daß beide die Situation anders definieren. Das Kind aktualisiert aufgrund seiner Situationsdefinition ein bestimmtes Handlungsschema, das sich aber mit den Erwartungen des Erziehers nicht deckt, da dieser die Situation anders definiert. In Erziehungssituationen wird davon ausgegangen, daß die Intentionen, Tatsachendarstellungen, Normannahmen und -interpretationen, also die Situationsdefinition des Erziehers, wahr und richtig sind. Die Erzieher müssen Strategien entwickeln, sich gegenüber dem Kind durchzusetzen.

In der Erziehungsstilforschung[10] werden häufig drei Grundtypen von Kontrollverhalten unterschieden, die durch Einsatz der vorwiegend eingesetzten Machtmittel charakterisiert sind. Caesar z.B. unterscheidet ‚machtorientierte',

---

9   M. Weber, Wirtschaft und Gesellschaft, a.a.O., 28
10 vgl. z.B.: B. Caesar, Autorität in der Familie. Ein Beitrag zum Problem schichtenspezifischer Sozialisation, Reinbek 1972; F. Darpe, K.A. Schneewind, Elterlicher Erziehungsstil und kindliche Persönlichkeit, in: K. Schneewind, H. Lukesch (Hrsg.), Familiäre Sozialisation, Stuttgart 1978; K. Schneewind, Th. Her mann, Erziehungsstilforschung, Stuttgart 1980

,liebesorientierte' und ,induktive' Formen elterlicher Autoritätsausübung.[11] Als machtorientierte Einsatzmittel werden Eingriffe in die physische Unversehrtheit oder die Bewegungsfreiheit, also auf Gewalt basierende Maßnahmen, bezeichnet, als liebesorientierte Sanktionsmittel die Bindung von persönlicher Zuwendung an erwünschte Verhaltensweisen. Induktive Erziehungsformen werden nicht unter dem Gesichtspunkt der Machtanwendung eingeordnet, obwohl es die Systematik erfordern würde[12], wollen doch auch induktiv erziehende Eltern ihre Kinder veranlassen, sich ihrem Willen gemäß zu verhalten. Auffallend ist, daß die Unterscheidung der Erziehungsstile über die vorwiegend eingesetzten Kommunikationsmedien Macht, Liebe, Wahrheit erfolgt, deren Funktion es nach Luhmann ist, „reduzierte Komplexität übertragbar zu machen und für Anschlußselektivität auch in hochkontingenten Situationen zu sorgen",[13] also zu gewährleisten, „daß der eine die Selektionen des anderen als Prämissen eigenen Verhaltens übernimmt."[14] In diesem Sinne stellen alle generalisierten Kommunikationsmedien Machtmittel dar. Sie ermöglichen es, nichtidentische Selektionsperspektiven selektiv zu verknüpfen, sie stellen die erfolgreiche Abnahme von Kommunikationen sicher. Um sich durchsetzen zu können, muß ein Interaktionspartner fähig sein, diese Medien einzusetzen. Sprachliche Kommunikation bewirkt zunächst eine Übertragung von Selektionsangeboten, nicht die adäquate Übertragung der Selektion in das Erleben und Handeln des Interaktionspartners. Um die Übertragung zu gewährleisten, müssen andere Medien eingesetzt werden.

Um aufzeigen zu können, welche Technik der Machtausübung bei den einzelnen Erziehungsstilen angewandt werden, sollen sie näher dargestellt werden.

Nach Caesar, die eine Reihe anderer Untersuchungen zusammenfaßt, ist der induktive Erziehungsstil gekennzeichnet durch

„das Überwiegen affektiv-warmer Anteilnahme und Unterstützung gegenüber dem Kind im Verhältnis zu negativen Diziplinierungsmaßnahmen, zum anderen eine möglichst weitgehende kognitve Strukturierung des Kontextes der elterlichen Sanktionshandlungen, indem sie mit allgemeinen verbal begründeten Erziehungsmaßstäben verknüpft werden, schließlich die Eröffnung eines Spielraumes selbstständiger Entscheidungen für das Kind, die auf das Sanktionsverhalten der Eltern zurückwirkt."[15]

---

11   vgl. B. Caesar, a.a.O., 50-68
12   vgl. B. Caesar, a.a.O., 61 f; L. Krappmannn, a.a.O., 148
13   N. Luhmann, Einführende Bemerkungen zu einer Theorie symbolisch generalisierter Kommunikationsmedien, in ZfS 3 (1974), 236-255, hier 240
14   ebd.
15   B. Caesar, a.a.O., 61 f

Caesar beschreibt diese Kontrolltechnik weiter:

„Zu dem durch diese drei Aspekte hauptsächlich bezeichneten Syndrom induktiver Techniken gehört ein Muster von jeweils spezifisch auf einzelne Handlungen des Kindes beschränkten Strafmaßnahmen der Eltern, das innerhalb jeder der Elternfiguren zu den diffusen, der gesamten Person des Kindes gegenüber kontinuierlich und unbedingt gewährten positiven Liebeszuwendung und Unterstützung kontrastiert; weiterhin ein Überwiegen ,präventiver' auf künftige Lernprozesse gerichteter, gegenüber ,retrospektiven' nachträglich sanktionierenden Maßnahmen. Das schlägt sich in Versuchen der Eltern nieder, das Kind mehr durch verbale Anleitungen, Ratschläge, Bitten, Ermahnungen, Hinweise auf die negativen Konsequenzen einer unerwünschten Handlungsweise sowie auf gute oder schlechte Vorbilder zu dem von ihnen erwünschten Verhalten zu bewegen als durch unmittelbar hemmende Eingriffe in den Handlungsablauf, ebenso wie in ihrem Angebot von Substituten für die aus ihren spezifischen Verboten antizipierten Frustrationen für das Kind, mit dem sie diese möglichst zu reduzieren suchen. Die Sanktionen weisen zwar – entsprechend den differenziert interpretierten Situationsbezügen ... eine erhebliche Variationsbreite auf, werden aber überwiegend in symbolischer, indirekter Form (z.B. durch Lob, Bezeugung von Anerkennung oder Mißbilligung, Andeuten von Verletztsein, Kritik, Appell an Schuldgefühle des Kindes) zum Ausdruck gebracht; selten in konkreten ,objektbezogenen' Maßnahmen wie: körperliche Züchtigung oder Entzug von Privilegien. Dabei werden sie – wie die ihnen zugrundeliegenden Erwartungen der Eltern – jeweils durch argumentierendes Räsonnement gegenüber dem Kind gerechtfertigt, womit ihm ein Mittel der kognitiven Beurteilung seiner eigenen wie der elterlichen Handlungen und damit der reflexiven Distanzierung von ihnen geboten wird.“[16]

Diese Beschreibung macht deutlich, welche Technik des Einflußhandelns hier verwendet wird. Sie arbeitet mit gestufter Kompetenzzuweisung in Verbindung mit abgestuftem Kompetenzentzug. Der Erzieher bestreitet explizit die Richtigkeit und den Wahrheitsgehalt der Situationsdefiniton des Kindes. Er beansprucht für seine Situationsdefinition Gültigkeit und verwandelt die des Kindes in eine Fiktion. Durch die Zuschreibung der Abweichung auf die Unerfahrenheit oder Dummheit des Kindes entwertet er dessen Situationsdefinition. Er verdeutlicht dem Kind, daß es bei seiner Auslegung der Situation falsche Bezüge hergestellt oder die Auslegung zu früh abgebrochen hat, und veranlaßt es so, die Situation neu oder weiter auszulegen. Dazu zeigt er ihm die relevanten Horizonte auf. Er legt ihm eine weitere Auslegung auf. Wenn die Abweichung der Inkompetenz des Kindes zugeschrieben werden kann, kann der Erzieher gewisse Abweichungen dulden. Die Ambiguitätstoleranz wird vergrößert durch das Vertrauen in die Durchsetzbarkeit der eigenen Situationsdefiniton sowie in die Verunsicherung des Kindes, wenn dessen Situationsdefiniton in eine Fiktion verwandelt worden ist. Die Machtbasis des Erziehers wird dadurch gewonnen, daß er die Situationsdefiniton des Kindes entwertet. Diese Kontrolltechnik zwingt das Kind zu lernen. Dieser Zwang verknüpft mit argumentierenden Räsonnement verbessert die Auslegungs-

---

16 a.a.O., 62

möglichkeiten von Situationen und die Sprachfähigkeit des Kindes. So wird dessen soziale Kompetenz gefördert.

Diese Machttechnik, die durch Entzug der Kompetenz des Interaktionspartners erfolgt, ist bedeutend flexibler als der Einsatz oder die Androhung von Gewalt oder Zuwendungsentzug. Um ihr Funktionieren zu verstehen, muß auf die Beziehung zwischen Darstellung und Tatsachen näher eingegangen werden. Sie wird ermöglicht dadurch, daß auch die Feststellung von Tatsachen ein sozialer Prozeß ist und daher auch sozial beeinflußbar ist[17]. Tatsachen werden durch Aussagen festgestellt. Aussagen können wahr und unwahr sein. Daher müssen Aussagen daraufhin geprüft werden, ob sie berechtigt sind oder Wahrheit für sich nur beanspruchen[18]. Ob eine Aussage als ‚wahr' betrachtet werden kann, ist davon abhängig, ob dem Gegenstand, den sie betrifft, der Prädikator zukommt oder nicht, ob die Typisierung dem Gegenstand adäquat ist oder nicht.

„Von ‚wahren' Aussagen fordert man ... traditionell, daß sie ‚mit den Tatsachen übereinstimmen', und das erweckt den Anschein, als seien die Tatsachen so etwas wie vorfindliche Dinge, denen sich menschliche Rede gegenüber befindet und dann auszumessen sucht. In Wahrheit aber sind die Tatsachen nicht unabhängig von bestimmten Aussagen, indem sie nämlich durch verschiedene Aussagen dargestellt werden können (wie jeglicher Sachverhalt)."[19]

Tatsachen bilden Gegenstände nicht einfach ab. Ein abgebildeter Gegenstand besteht unabhängig von der Abbildung.

„Sachverhalte dagegen und somit auch Tatsachen ‚gibt es' unabhängig von den Aussagen, durch die sie dargestellt werden, keineswegs. Das Darstellen der Aussagen ist kein Abbilden, und wie wir umgangssprachlich einen Sachverhalt angeben als den Sachverhalt, daß ..., so ist auch eine Tatsache stets die Tatsache, daß ..."[20]

Tatsachen sind sprachgebunden. Indem jemand über ein Ereignis berichtet, macht er Aussagen. Wenn Aussagen wahr sind, sind sie Tatsachen. ‚Wahre Aussagen' sind also Kennzeichnungen von Ereignissen durch Sprache. Eine ‚wahre Aussage' stellt also eine Tatsache dar; anders ausgedrückt: eine ‚wahre Aussage' stellt einen wirklichen Sachverhalt dar[21]. Jede Aussage stellt einen Sachverhalt dar, aber nicht jede Aussage stellt einen wirklichen Sachverhalt dar. Aussagen, die keinen wirklichen Sachverhalt darstellen, werden als ‚fingierte Sachverhalte' bezeichnet. Wenn jemand sagt, ‚Dieser Gegenstand ist fingiert', so kann das nur heißen,

---

17   vgl. H. Geller, Zur biographischen Bedingtheit von Tatsachenfeststellungen, in: J. Matthes, A. Pfeifenberger, M. Stosberg (Hrsg.), Biographie in handlungswissen schaftlicher Perspektive, Nürnberg 1981, 287-291
18   vgl. W. Kamlah, P. Lorenzen, Logische Propädeutik, Mannheim 1973, 117
19   a.a.O., 136 f
20   a.a.O., 137
21   vgl. a.a.O., 138

„die Kennzeichnung, die diesen Gegenstand bezeichnet, ist fingierend, oder: der Sachverhalt, in dessen Zusammenhang dieser Gegenstand auftritt, ist fingiert."[22]

Umgekehrt besagt die Aussage ‚Dieser Gegenstand ist wirklich', „die Kennzeichnung, die diesen Gegenstand bezeichnet, ist echt."[23]
Wie erfolgt nun der Wahrheitserweis? Die klassische Definiton des Wahrheitsbegriffes, wonach Wahrheit eine ‚adaequatio rei et intellectus' sei, stellt, da sie die Sprachgebundenheit nicht berücksichtigt, keine Definition dar, drückt aber eine berechtigte Forderung aus[24]. Da nämlich die Wirklichkeit nicht redet, sondern schweigt, kann sie nicht über die Wahrheit einer Aussage entscheiden. Es ist nicht die ‚Wirklichkeit', die den Prädikator ‚wahr' zuschreiben kann. Einer Aussage wird der Prädikator ‚wahr' dann zugeschrieben, wenn die Mitglieder derselben Sprachgemeinschaft diese Aussage als adäquat betrachten. ‚Wahr' wird eine Aussage dadurch, daß ihr der Prädikator ‚bekannt in Gemeinsamkeit mit anderen' zugeschrieben wird. Eine Aussage, der dieser Prädikator nicht zugeschrieben wird, ist eine Fiktion. Um also die Wahrheit einer Aussage zu beurteilen, rekurriert man auf das Urteil anderer, die mit einem dieselbe Sprache sprechen. Daher kann der Prozeß der Wahrheitsfindung auch als interpersonale Verifizierung bezeichnet werden[25].

Ist es unklar, ob eine Aussage eine Fiktion oder eine Tatsache darstellt, so kann versucht werden, die Aussage durch inhaltsgleiche Aussagen, die denselben Sachverhalt darstellen, zu ersetzen.

„Dem Wortlaut nach verschiedene Aussagen stellen genau dann denselben Sachverhalt dar, wenn sie auseinander ableitbar sind bezüglich des Regelsystems der Sprache, in der sie formuliert sind. Diesem Regelsystem werden stets Regeln der formalen Logik angehören, zu denen aber hinzukommen: Prädikatorenregeln, Regelung des Gebrauchs von Prädikatoren durch exemplarische Einführung, syntaktische Regeln...usw."[26]

Aufgrund solcher Regeln ist es auch möglich, die Zustimmung zu einer Aussage zu gewinnen, indem zunächst über einen anderen Sachverhalt entschieden wird, woraus dann nach diesen Regeln auf den ersten Sachverhalt geschlossen und dann über ihn entschieden werden kann. Andererseits ist es auch möglich, den Kreis derer, die der Aussage zustimmen müssen, zu begrenzen. So begrenzen Kamlah und Lorenzen z.B. den Kreis derer, die einer Aussage zustimmen müssen, um sie als ‚wahr' zu erweisen, auf die ‚sachkundigen und vernünftigen' Mitglieder einer Sprachgemeinschaft.
Indem jemand nun Verfahren entwickelt, über die er die Zustimmung oder den Anschein allgemeiner Zustimmung zu seinen Aussagen bei den Interaktionspartnern erweckt, verleiht er seinen Aussagen den Status von Tatsachen.

22 a.a.O., 141
23 a.a.O., 141
24 vgl. a.a.O., 143
25 vgl. a.a.O., 121
26 a.a.O.,135

Entgegengesetzte Aussagen werden dadurch in Fiktionen verwandelt, da eine Aussage und deren Negation nicht zugleich ‚wahr' sein können. Indem jemand seinen eigenen Aussagen den Prädikator ‚wahr' zuschreibt, versucht er, entgegengesetzen Aussagen den Charakter der Durchsetzbarkeit zu entziehen. Dieser Sachverhalt soll an einem kurzen Gesprächsausschnitt eines Interviews mit einem konfessionsverschiedenen Ehepaar erläutert werden. Es geht um Hemmungen der Frau, zusammen mit ihrem Mann das Abendmahl in der evangelischen Kirche zu empfangen.

M: So, eh, solange sie das noch so versteht, ich halte das für eine falsche Einstellung, aber das ist ja ganz unwichtig, nech. Das Entscheidende ist, ob meine Frau die innere Freiheit hat, das zu tun. Und sie soll es eben nur tun, nech, wenn sie die innere Freiheit hat. Ich sehe darin weder ein theologisches Problem noch ein kirchenrechtliches Problem heute; aber das ist nicht entscheidend. Entscheidend ist, ob

F: ob ich es verantworten kann, nicht,

M: sie die innere Freiheit hat.

F: oder ob ich es nicht verantworten kann."[27]

Beide konstatieren eine Handlungshemmung, die die Frau daran hindert, das Abendmahl zu empfangen. Der Mann, der in einem evangelischen Pfarrhaus aufgewachsen ist, in dem Katholiken als unfreie Papisten typisiert wurden, interpretiert diese Handlungshemmung, indem er seiner Frau die Handlungsmuster, die er von Katholiken erwartet, zuschreibt: Katholiken sind unfrei, daher resultiert die Handlungshemmung aus innerer Unfreiheit. Seine Frau dagegen stellt die Handlungshemmung in einen anderen Kontext. Sie interpretiert den Empfang des Abendmahles als ersten Schritt, der sie persönlich von der Kirche, der sie sich zugehörig fühlt, entfernen würde. Für sie steht die Bindung an die katholische Kirche im Vordergrund. Aus dieser Bindung resultiert die Frage, ob die zur Entscheidung anstehende Handlung mit dieser Bindung vereinbar ist. Daher sieht sie diese Entscheidung nicht unter dem Aspekt der Freiheit, sondern dem der Verantwortung.

Es geht hier nicht um das Verhältnis von Freiheit und Verantwortung. Vielmehr soll deutlich werden, daß Tatsachenfeststellungen vom Bezugsrahmen, in den ein Problem gestellt wird, abhängig sind. Da sie den Sachverhalt in verschiedene Bezugsrahmen stellen, kommen die Ehepartner zu verschiedenen Tatsachenfeststellungen: Ursache der Handlungshemmung ist mangelnde innere Freiheit bzw. Verantwortung. Formal unterscheiden sich die Aussagen dadurch, daß der Mann seiner Aussage größere Legitimität zuschreibt. Er hält die Aussage seiner Frau, auch wenn er sie zuläßt, für falsch und beschreibt den Sachverhalt in Form einer Devianz: „Es fehlt die innere Freiheit", die herbeigeführt werden muß. So ist bereits in der Tatsachenfeststellung ein

27   H. Geller, Biographische Analysen, a.a.O., 191

Anspruch auf Einstellungsänderung seiner Frau impliziert. Doch verknüpft er die erwartete Einstellungsänderung nicht mit Sanktionen. Er toleriert die Auffassung seiner Frau, hält aber den Anspruch an sie aufrecht. Er versetzt seine Frau damit unter einen Rechtfertigungsdruck, wenn sie ihre Auffassung dagegenstellt, und erschwert es ihr dadurch, ihre Aussage aufrechtzuerhalten.

Nun ist Konsens im Sinne von gleichsinnigem Erleben knapp; kein Sprecher kann für jede Aussage, die er macht, im Verlaufe eines Gesprächs ihren Wahrheitsgehalt explizit aufweisen; umgekehrt kann kein Zuhörer im Gespräch jede Aussage der anderen Interaktionspartner auf ihren Wahrheitsgehalt hin überprüfen. So behilft sich der Sprecher dadurch, daß er seinen Aussagen Konsens unterstellt, während der Zuhörer global die Glaubwürdigkeit des Sprechers überprüft. Indem er dem Sprecher ‚Glaubwürdigkeit' zuschreibt, akzeptiert der Hörer die Konsensunterstellung des Sprechers. Dieses Verfahren ist für die Aufrechterhaltung der Interaktion notwendig, da die Kapazität für Aufmerksamkeit begrenzt ist[28]. Wollte der Sprecher die Konsensfähigkeit für jede seiner Aussagen aufweisen, oder würde er vom Hörer dazu gezwungen, so würde das verfügbare Potential für Aufmerksamkeit von anderen Themen abgezogen und wäre rasch erschöpft. Die Interaktionen würden zu keinem Ergebnis führen[29].

Der Vorteil dieses Machtinstrumentes ‚Wahrheit' liegt darin, daß der Anteil des Handelns des Machtausübenden verschleiert wird, da die Anerkennung von Tatsachen auf beiden Seiten als Erleben behandelt wird. Der Machtunterlegene schreibt die Selektion nicht dem Interaktionspartner, sondern der gemeinsamen Umwelt zu. Tatsachen müssen beide Parteien hinnehmen, Machtdifferenzen werden nicht den Interaktionspartnern, sondern ihrer Umwelt zugeschrieben. In dieser Zuschreibungsart liegt nach M. Weber der Vorteil bürokratischer Herrschaft, die auf dem Glauben an die Legalität gesatzter Ordnungen und des Anweisungsrechts der durch sie zur Ausübung der Herrschaft Berufenen beruht[30]. Hier wird, so Weber, der legal gesatzten sachlichen unpersönlichen Ordnung und dem durch sie bestimmten Vorgesetzten kraft formaler Legalität seiner Anordnung gehorcht. Vorgesetzter und Untergebener haben auf diese Ordnung keinen Einfluß; sie müssen sie hinnehmen, sie ist ihnen durch ihre gemeinsame Umwelt auferlegt, sie können diese Ordnung nur erleben. Daher wird es auch sinnlos, in Interaktionen zwischen Vorgesetzten und Untergebenen die Machtdifferenzen in Frage zu stellen, denn sie sind ja durch Handeln weder des einen noch des anderen beeinflußbar. Gelingt es, einer Ordnung Wahrheitswert zuzuschreiben, so bedeutet das, daß sie von den Interaktionspartnern als legitim anerkannt wird, ihrem Einfluß entzogen ist, und von daher stabilisiert wird.

28   vgl. N. Luhmann, Rechtssoziologie 1, Reinbek 1972, 68
29   vgl. H. Geller, Biographische Analysen, in P. Lengsfeld (Hrsg.), Ökumenische Praxis, a.a.O., 185-188
30   M. Weber, Wirtschaft und Gesellschaft, a.a.O., 124

Liebesorientierte Kontrolltechniken in der Erziehung setzten nach Caesar die elterliche Affektion selbst als hauptsächliches Kontrollmittel gegenüber dem Kind ein,

„indem sie ihm jeweils ‚bedingt' in Abhängigkeit von seiner Konformität mit den elterlichen Erwartungen als Belohnung gewährt (z.b. im Bezeugen von besonderer Zärtlichkeit, Aufmerksamkeit, positiver Wertschätzung) bzw. partiell und kurzzeitig als Mittel der Bestrafung entzogen wird (z.b. durch Hinweise darauf, daß das Kind aufgrund seiner Handlung von den Eltern weniger geliebt und geschätzt wird; Entzug von Anerkennung, Verweigern von Kommunikation mit dem Kind)...ihr Entzug [beinhaltet] eine Bedrohung der emotionalen Sicherheit der gesamten Person des Kindes, das in dem Maße von der Kontinuität der affektiven Zuwendung der Eltern abhängig ist, in dem es eine solche erfahren und ein Abhängigkeitsbedürfnis ihr gegenüber herausgebildet hat. Diese Techniken stellen demnach einen erheblichen psychischen Zwang dar, dessen Intensität mit der Stärke mit der in das Kind in früheren Lebensjahren ‚investierten Affektion' zunimmt."[31]

Diese Strategie geht davon aus, daß das Kind den Erzieher liebt, daß es sich fragt, was sein Handeln für die Erlebnisreduktionen des Erziehers bedeuten oder anders: „Wer kann ich sein, daß mein Handeln die Erlebnisselektionen Alters bestätigt?"[32]. Diese Machttechnik funktioniert in dem Maße, wie der Erzieher sich darauf verlassen kann, daß dem Kind die emotionale Zuwendung und Bestätigung wichtig ist. Unter diesen Bedingungen kann er durch Dosierung der Zuwendung oder deren Entzug das Handeln und die Ausbildung von Erwartungen des Kindes beeinflussen. In diesem Sinne ist auch das Kommunikationsmedium ‚Liebe' ein Machtmittel.

Den dritten Kontrollstil bezeichnet Caesar als „machtbezogene Sanktionsmuster", in unserer Systematik trifft der Begriff „gewaltbezogene Sanktionsmuster" besser den Sachverhalt.

„Solche Arten der Kontrolle manifestieren sich vornehmlich in der Form von Befehlen, ohne Begründung durch allgemeine Verhaltensprinzipien und ohne Qualifikation, d.h. ohne Angebot von Substituten vorgetragene Erwartungen ‚unbedingten' Gehorsams, deren Nichtbefolgen eher durch unmittelbar hemmende Eingriffe in den Handlungsablauf zu eliminieren versucht bzw. nachträglich (‚retroaktiv') sanktioniert wird. Die Sanktionen haben eher physischen ‚objektorientierten' als psychischen Charakter, was sich auf dem positiven Pol etwa in Gewähren besonderer Privilegien, in Geschenken usw. niederschlägt. Entsprechend der vorherrschend restriktiven Einstellung überwiegen dabei allerdings negative Sanktionen als Mittel der Kontrolle, deren extreme Ausdrucksform und Prototyp körperliche Strafen oder deren Androhung sind und zu deren weniger extremen Momenten Schimpfen, Verspotten, Lächerlichmachen des Kindes, Zeichen von Ekel und Entzug von Privilegien gehören. Solche Strafmethoden lassen das Kind primär die schmerzhaften Konsequenzen seines Fehlverhaltens empfinden."[33]

---

31 B. Caesar, a.a.O., 63 f
32 N. Luhmann, Einführende Bemerkungen zu einer Theorie symbolisch genera
    lisierter Kommunikationsmedien, a.a.O., 244
33 B. Caesar, a.a.O., 65 f

Aus dieser Umschreibung wird deutlich, daß das Handeln des Erziehers darauf abzielt, ein Handeln des Zöglings auszuwählen, daß er also zu entscheiden sucht, wie dieser Handeln soll[34]. Er konstruiert eine Alternative, die beide Interaktionspartner vermeiden wollen, der Zögling aber dringender als der Erzieher.

> „Vor dem Hintergrund eines solchen Alternativenverlaufs können dann auf beiden Seiten mehr oder weniger wahrscheinliche Selektionsmotive zum Tragen kommen und die Komplexität, deren Reduktionen noch übertragbar sind, kann immens gesteigert werden."[35]

Durch den gezielten Einsatz symbolisch generalisierter Kommunikationsmedien kann ein Interaktionspartner also seine Selbstdarstellungs- und Durchsetzungsmöglichkeit in Interaktionen erhöhen. Auffällig ist, daß in der Erziehungsliteratur kein Bezug auf die vierte Zurechnungsmöglichkeit, „daß Alter handelt und Ego genau diese Reduktion als Erleben zu akzeptieren hat",[36] genommen wird. Medien, die diese Zurechnungsart ermöglichen sind nach Luhmann Eigentum und Geld. Diese Medien erlauben eine selektive Bedürfnisbefriedigung und die Vermittlung von Tauschprozessen durch unspezifizierte Äquivalente. Aufgrund dessen setzt ihr Einsatz auf seiten der Interaktionspartner ein gewisses Abstraktionsvermögen voraus. Daher kann Geld in der Kleinkinderziehung, auf die sich die Untersuchungen zu den Erziehungsstilen größtenteils beziehen, noch nicht eingesetzt werden. Liegt diese Abstraktionsfähigkeit vor, dann ist Geld als Sanktionsmittel sehr wirksam, da es als Mittel für vielfältige Zwecke verwendbar ist, den Handlungsspielraum und die Anpassungsmöglichkeiten des Besitzers erweitert.

Wichtiger als Geld ist im Anfangsstadium der Erziehung das Kommunikationsmittel ‚Gnade', das voraussetzungslose Wohlwollen gegenüber dem anderem ohne unmittelbare Gegenleistung. Da Gnade ebenso wie Geld die Zurechnungsweise: Alter handelt – Ego erlebt, beinhaltet, konnte im Calvinismus Geld als Indikator für Gnade betrachtet werden.

Wie die Beschreibung der Erziehungsstile aufzeigt, sind die symbolisch generalisierten Kommunikationsmedien teilweise substituierbar. Gewünschte Anschlußreaktionen können durch den Einsatz von Gewalt, Liebe, Geld oder Wahrheit erzielt werden. Jedoch sind die Folgewirkungen für die Interaktionspartner je nach Wahl des eingesetzten Mediums verschieden. Darpe und Schneewind[37] untersuchten Zusammenhänge zwischen den von Kindern perzipierten Erziehungsstilen der Eltern und Persönlichkeitsmerkmalen der Kinder. Sie stellten signifikante Zusammenhänge unter anderem zwischen den

---

34 vgl. N. Luhmann, Einführende Bemerkungen ..., a.a.O., 246
35 a.a.O., 246
36 a.a.O., 245
37 F. Darpe, K.A. Schneewind, Elterlicher Erziehungsstil und kindliche Persönlichkeit, a.a.O., 149-163

perzipierten mütterlichen und väterlichen Bestrafungspraktiken und der „Über-Ich-Stärke" der Kinder fest.

„Der Faktor ‚Über-Ich-Stärke' bezieht sich auf die Persönlichkeitsattribute ‚hohe Selbstkontrolle, Gewissenhaftigkeit und Orientierung an ethischen Grundsätzen'. Über-Ich-starke Kinder fühlen sich von ihren Eltern akzeptiert und verstanden und berichten über ein emotional positives Beziehungsverhältnis. Ferner perzipieren sie den Wunsch der Eltern nach kindlicher Eigenständigkeit und Ablehnung einer Zielstrebigkeit, die sich auf Sozialprestige und Tüchtigkeit bezieht. Elterliche Kontrolle wird durch ‚Liebevolle Zuwendung' bzw. ‚Liebesentzug' erfahren. Machtbetonte Sanktionsmethoden wie Freiheitsentzug und Züchtigung stehen im Zusammenhang mit ‚Über-Ich-Schwäche'."[38]

Weiter berichten Darpe und Schneewind über Zusammenhänge zwischen den Erziehungsstilen der Eltern und der ‚Extroversion' der Kinder.

„Extrovertierte Kinder sind nach ihrer Darstellung „durchsetzungsfähig, gesellig, nach außen gewandt, lebhaft, offen, heiter und ungern allein. Sie zeichnen sich durch große Selbstsicherheit aus und wissen schwierige Situationen zu meistern. Extrovertierte verhalten sich unkonventionell, transgressiv und wenig konform."[39]

Den Gegen-Typ stellen ängstlich-introvertierte Kinder dar. Sie

„sind nach innen gewandt und verschlossen. In schwierigen Situationen sind sie unsicher, nervös und aufgeregt. In ihren Gefühlen sind sie empfindlich und unkontrolliert."[40]

Extrovertierte Kinder schilderten den Erziehungsstil der Eltern als durch Verständnis und Unterstützung gekennzeichnet. Sie wären häufig und auf verschiedene Weise belohnt, selten dagegen bestraft worden. Insbesondere hätten sie keine strengen Disziplinierungsmaßnahmen (Züchtigung, Freiheitsentzug) erlebt. Sie hätten ihre Vorstellungen gegenüber den Eltern in hohem Maße durchsetzen können. Dagegen sei bei introvertierten Kindern das Verhältnis der Eltern zu ihnen durch Ablehnung, Unnachgiebigkeit und mangelndes Einfühlungsvermögen geprägt. Die Eltern wurden als unnachsichtig, strafend und manipulierend erfahren. Ihr Verhalten hätte sich durch Strenge ausgezeichnet. Strafen erfolgten in Form von Drohungen und körperlicher Züchtigung. Daraus resultierten auf Seiten des Kindes Unsicherheit über die elterlichen Erwartungen und die Abschätzung ‚richtigen' Verhaltens. Dadurch würde Ängstlichkeit entwickelt, die die Eigeninitiative beschränkt und zu anpasserischem Verhalten führe.

Die beiden Pole der Skala „Gefühlsbetontheit" werden durch folgende Typen charakterisiert: Kinder mit hohen Skalenwerten besitzen die Eigenschaften Sanftmut, Einfühlungsfähigkeit, Normkonformität und Selbstsicherheit. Sie können auf andere zugehen und sind gruppenbewußt. An solche Kinder

---

38 a.a.O., 155
39 a.a.O., 156
40 a.a.O., 157

wurden nur geringe Anforderungen durch die Eltern gestellt. Die Eltern zeichneten sich durch Nachsicht, Verständnis, Großzügigkeit und Einfühlungsvermögen aus. Die Eltern-Kind Beziehung war positiv affektiv. Strafen wurden nicht angewandt, Belohnungen in Form zärtlicher Zuwendung erteilt. Kinder mit niedrigen Skalenwerten dagegen seien reizbar, impulsiv, unbeherrscht und aggressiv. Sie hätten nur ein geringes Gruppenbewußtsein. Ihre Eltern seien zielstrebig, aber verständnislos und ablehnend gewesen. Sie hätten ihre Kinder inquisitorisch streng bestraft und nur materiell belohnt.

Schließlich zeigen Darpe und Schneewind noch elterliche Einflüsse in einer vierten Dimension auf, die sie ‚Emotionale Labilität' nennen. Emotional labile Kinder sind gespannt, überreizt, nervös, verwirrt, leicht erregbar und sorgenvoll. Sie fühlen sich von ihren Eltern abgelehnt, sie erkennen in deren Erziehungsverhalten keine Zielsetzung und fühlen sich daher orientierungslos. Belohnungen sind selten, die Strafen dagegen drastisch. Die Eltern sind machtorientiert und engen insbesondere den Freiheitsraum der Kinder ein. Umgekehrt erfahren emotional stabile Kinder viel Lob und Anerkennung durch ihre Eltern, bestraft werden sie selten. Die Eltern geben den Kindern erkennbare Ziele vor. Diese richten sich weniger auf Leistung und Prestige, sondern mehr auf soziale Verantwortlichkeit. Die Kontakte der Eltern zu den Kindern sind intensiv. Dieses Verhalten bewirkt bei den Kindern große Selbstsicherheit, Über-Ich-Stärke und Ausgeglichenheit.[41]

Die Zusammenfassung der Untersuchung von Darpe und Schneewind verdeutlicht, daß im Erziehungsverhalten die symbolisch generalisierten Kommunikationsmedien in unterschiedlicher Weise kombinierbar sind und kombiniert werden, um das gewünschte Anschlußverhalten des Kindes zu erzielen. Gleichzeitig wird deutlich, daß die Schwerpunktsetzung in der Auswahl des Mediums unterschiedliche Folgewirkungen auf seiten des Kindes hat.

Betrachtet man diese Darstellung, so wird deutlich, daß die eingesetzten Kommunikationsmedien dadurch differenziert werden, ob sich die Kinder von den Eltern akzeptiert oder abgelehnt, ob sie sich gefördert oder eingeschränkt fühlten. Differenziert man dementsprechend Egos Handeln und Erleben in die Dimensionen Vertrauen und Mißtrauen, so lassen sich die von Luhmann aufgezeigten Medien jeweils in zwei differenzieren, in Wahrheit und Täuschung, Liebe und Haß, Geld (Gnade) und Ausbeutung, Domination und Einfluß.

Wie Ego Alter erlebt und in Bezug auf ihn handelt, ist wesentlich davon bestimmt, ob er ihn vertrauenswürdig hält oder ihm mißtraut. Vertrauen entsteht, wenn Alter so erlebt wird, daß er bei dem bleibt, was er bewußt oder unbewußt über sich mitgeteilt hatte[42]. So kann sich der Vertrauende in seiner Lebensführung darauf verlassen, Risiken zu übernehmen in dem Bewußtsein,

41   vgl. a.a.O., 158-161
42   vgl. N. Luhmann, Vertrauen. Ein Mechanismus der Reduktion sozialer Kom
     plexität, Stuttgart ²1973, 41

daß sein Interaktionspartner diese Risiken auffängt. Vertrauensbildung und -vergewisserung befaßt sich mit dem Zukunftshorizont der jeweils gegenwärtigen Gegenwart.

„Sie versucht, Zukunft zu vergegenwärtigen und nicht etwa, zukünftige Gegenwarten zu verwirklichen. Alle Planungen und Vorausberechnungen künftiger Gegenwarten, alle indirekten, langfristig vermittelten, umweghaft konzipierten Orientierungen bleiben unter dem Gesichtspunkt des Vertrauens problematisch und bedürfen eines Rückbezuges in der Gegenwart, in der sie verankert werden müssen. Die zunehmende Komplexität solcher Planungen macht in wachsendem Umfang eine Vertagung von Befriedigungen und Entscheidungen erforderlich, deren zeitpunktmäßige Vorplanung und Terminierung kein Gewißheitsäquivalent zu bieten vermag. Daher steigt mit zunehmender Komplexität auch der Bedarf für Vergewisserung der Gegenwart, zum Beispiel für Vertrauen."[43]

In dem Maße, wie man anderen vertraut, kann man die Risiken der Zukunft reduzieren.

„Der vertrauensvoll Handelnde engagiert sich so, als ob es in der Zukunft nur bestimmte Möglichkeiten gebe. Er legt seine gegenwärtige Zukunft auf eine künftige Gegenwart fest. Er macht damit den anderen Menschen das Angebot einer bestimmten Zukunft, einer gemeinsamen Zukunft, die sich nicht ohne weiteres aus der gemeinsamen Vergangenheit ergibt, sondern ihr gegenüber etwas Neues enthält."[44]

Somit ist Vertrauen riskant und wird nicht blind geschenkt, wenn auch die Vertrauensperson einen gewissen Kredit genießt, in dessen Rahmen auch ungünstige Erfahrungen absorbiert und zurechtinterpretiert werden können. Dieser Rahmen ist aber nicht beliebig groß, sondern er legt Schwellen fest, jenseits derer das Vertrauen entzogen wird. Innerhalb des Rahmens bleiben die Verhaltensgrundlagen konstant oder zumindest indifferent gegen Unterschiede. Wird der Rahmen aber überschritten, dann können auch kleine Schritte große Veränderungen bewirken.

Vertrauen kann durch Mißtrauen substituiert werden, Mißtrauen kann also dessen Funktionen übernehmen. Das wird dadurch erreicht, daß ein mißtrauischer Mensch seine Erwartungen ins Negative zuspitzt.

„Diese negativen Strategien geben dem Mißtrauen jenes emotional gespannte, oft krampfhafte Naturell, das es vom Vertrauen unterscheidet. Ihr Repertoire reicht von der Definiton des Rollenpartners als Feind, der bekämpft werden muß, über ein grenzenloses Ansammeln eigener Reserven für Notfälle bis zum Verzicht auf alle abschreibbaren Bedürfnisse. Kampfstrategien, Liquiditätsstrategien und Verzichtsstrategien machen eine mißtrauische Lebensführung durchführbar und definieren ihre Situation so, daß in dem abgestecktem Rahmen zweckrational gehandelt werden kann."[45]

---

43 a.a.O., 13
44 a.a.O., 20
45 a.a.O., 78 f

Somit leistet auch Mißtrauen Vereinfachung. Mißtrauen kann sich auf positive Wirkungen nachteiligen Handelns oder aber auf Negativerwartungen beziehen. Da letzte aber zu wenig ausschließen, lassen sich auf ihnen nur schwer Verhaltensstrategien aufbauen. Die Kraft, die dadurch absorbiert wird, ist so groß, daß sie nur „wenig Raum läßt für unvoreingenommene objektive Umweltforschung und Anpassung."[46] Stellt man seinen Erwartungsstil von Vertrauen auf Mißtrauen um, dann stellt der Mißtrauende diesen auch in seinem Verhalten dar und macht ihn somit sozial sichtbar. Feindselige Gefühle lassen sich schwer im Verborgenen bändigen, die Barrieren der Vorsicht, die nun nötig zu sein scheinen, verraten die Absicht. Der, dem mißtraut wird, sieht meist keine Veranlassung, die Perspektive des Mißtrauens auf sich selbst anzuwenden. Das Mißtrauen bleibt ihm unerklärlich. So schreibt er es dem Mißtrauenden zu.

„Er wird zunächst vielleicht mit Erläuterungen, mit Nachsicht, dann mit Vorsicht und schließlich selbst mit Mißtrauen antworten, sofern er die Beziehung überhaupt fortsetzt. Er findet sich durch das ihm entgegengebrachte Mißtrauen von moralischen Bindungen entlastet, in die Freiheit eines Handelns nach eigenen Interessen versetzt, sofern er nicht gar das Bedürfnis fühlt, sich für unverdiente Behandlung zu rächen. Und dadurch gibt er dem Mißtrauen nachträglich Rechtfertigung und weitere Nahrung."[47]

Mißtrauen legitimiert sich somit häufig selbst. Es führt oft die befürchteten Zustände selbst herbei[48].

Je nachdem, ob der Erwartungsstil gegenüber Alter durch Vertrauen oder Mißtrauen geprägt ist, wird Ego dessen Erleben und Handeln entweder als es fördernd oder schadend einordnen. Glaubt Ego, Alter wolle ihm schaden, so wird er in der Kombination Alter erlebt – Ego handelt das Medium Haß einsetzen, in der Kombination Alter handelt – Ego handelt wird er Domination ausüben, in der Kombination Alter erlebt – Ego erlebt wird er Täuschung unterstellen und in der Kombination Alter handelt – Ego erlebt, wird er Ausbeutung unterstellen. Dagegen wird er, wenn er Alter vertraut, Liebe einsetzen, bereit sein, dessen Aussagen als wahr hinzunehmen, dessen auf sein Handeln zielendes Handeln als Einfluß deuten und die Kombination „Alter handelt – Ego erlebt" als Gnade interpretieren.

Wird in die Betrachtung eine Vielzahl von Interaktionspartnern einbezogen, so werden weitere Beziehungen zwischen den symbolisch generalisierten Kommunikationsmedien sichtbar. Popitz[49] weist Zusammenhänge zwischen der Organisationsfähigkeit einer Gruppe und deren Machtchancen auf. Die Organisationsfähigkeit wiederum ist abhängig davon, in welchem Medium die vertretene Ordnung kommuniziert wird. Wird die Ordnung in einer

---

46 a.a.O., 79
47 a.a.O., 82
48 vgl. P. Watzlawick, Über die Kunst, unglücklich zu sein, München 1983
49 vgl. H. Popitz, Prozesse der Machtbildung, Tübingen ^{2}1969

Gruppe von deren Mitgliedern als vorgegeben erlebt und den Interaktionspartnern vertraut, werden die Ordnungsdarstellungen also im Medium Wahrheit kommuniziert, so wird diese Ordnung als Selbstverständlichkeit hingenommen. Die Einigung über diese Ordnung ist vorgegeben, sie braucht nicht
erst hergestellt zu werden. Die Mitglieder dieser Gruppe erteilen sich gegenseitig die Vollmacht, diese Ordnung zu vertreten, da sie als gerecht erlebt
wird. Angesichts dieser Einschätzung gibt es nur eine, nämlich die eigene
Ordnung, die als legitim betrachtet werden kann. Das Hinnehmen der Ordnung durch alle Gruppenmitglieder stärkt den Gruppenzusammenhalt und bewirkt, daß die Mitglieder ihre Kräfte in die Gruppe einbringen[50]. Unter diesen
Bedingungen fallen Gruppeninteressen und Eigeninteressen zusammen. Eine
Verteidigung der Ordnung verteidigt gleichzeitig die eigenen Interessen.
Diese Koinzidenz von Gruppen- und Eigeninteressen erhöht die Organisationsfähigkeit da mit dem Eintreten für Gruppeninteressen gleichzeitig Eigen-
intressen vertreten werden und umgekehrt. Auf dieser Basis ist eine Verständigung zwischen den Mitgliedern der Gruppe über die zu vertretende Ordnung immer schon gegeben, sie braucht nicht erst hergestellt zu werden. Daher ist der Zeitaufwand für aufeinander abgestimmtes Handeln gering. Soli-
darisches Handeln durch Stellvertretung, gegenseitige Schutzgewährung und
Bestätigung ist unter diesen Umständen naheliegend[51]. Der Konsens über die
Gültigkeit der Ordnung bewirkt eine wechselseitige Bestätigung, die den Beteiligten Sicherheit verleiht. Diese Sicherheit hat eine ausstrahlende Wirkung,
die Suggestivkraft des Einverständnisses.

> „Die Suggestivkraft des Einverständnisses wirkt bereits, wenn der interne gegenseitige
> Anerkennungsprozeß für andere sichtbar, beobachtbar wird: etwa im demonstrativen
> Zeremoniell der Privilegierten, das die Legitimität ‚vorspielt‘, in einem darstellenden
> Verhalten versinnbildlicht (Grußformen, Kleidung, Anerkennungsgesten mit ihrer vor-
> bildlichen Wirkung).“[52]

Durchsetzungsfähigkeit über das Medium ‚Wahrheit‘ erhält man also dadurch, daß man sich auf die Hinnahme einer gemeinsam anerkannten Ordnung, von gemeinsam anerkannten Normen oder Werten beruft.

Nach Schüller[53] stellt die Sprache dazu eine eigene Art von Rede zur Verfügung: die Paränese. Paränese zielt auf das Tun dessen ab, was als sittliche
Forderung schon erkannt und anerkannt ist[54]. Ihr Ziel ist es nicht, Einsichten
zu vermitteln. Einsicht wird bereits vorausgesetzt. Die Geltung der Verhaltensregeln wird nicht begründet, sondern als selbstverständlich von allen anerkannt und als von keinem in Zweifel zu ziehen angenommen. Paränese ver-

---

50 vgl. a.a.O., 40
51 vgl. a.a.O., 10
52 a.a.O., 16
53 B. Schüller, Die Begründung sittlicher Urteile. Typen ethischer Argumentation in
    der Moraltheologie, Düsseldorf ²1980, 15-33
54 vgl. a.a.O., 17

sucht also, den Angesprochenen dazu zu bewegen, sich seiner eigenen Ansicht entsprechend zu verhalten. Sie mahnt und fordert auf. Unter dem Gesichtspunkt der Wissensvermittlung sind paränetische Sätze in der Gestalt von Tautologien oder Leerformeln konstruiert;[55] nach dem Schema

„Tue das, was Du zu tun hast."

Information ist aber gerade nicht das Ziel der Paränese, sondern sie soll wirken, eingreifen, bewegen und zum angestrebten Erfolg führen[56].

In diesem Sinne sind Mahnreden, Appelle, aber auch Gerichtsverhandlungen paränetische Reden, indem unterstellt wird, daß alle Beteiligten die Normen tatsächlich anerkennen.

„Paränese kann nur gelingen, wenn ihre Voraussetzung erfüllt ist, wenn das Einverständnis aller Beteiligten über das, was sittlich und/oder rechtlich gefordert ist, tatsächlich besteht."[57]

Ist diese Voraussetzung nicht gegeben, so muß entweder argumentiert werden oder man muß andere symbolisch generalisierte Kommunikationsmedien einsetzen. Dabei zeigt sich, daß der Einsatz dieser Medien kombinierbar und teilweise substituierbar ist.

Popitz zeigt auf, daß der aufgrund der durch das Medium ‚Wahrheit in einer Gruppe' erreichte Vorsprung an Organisationsfähigkeit gegenüber anderen in oktroyierbare Macht, also Domination, umgesetzt werden kann[58].

Der Vorteil einer auf ‚Wahrheit in einer Gruppe' basierenden Ordnung liegt für die Gruppenmitglieder darin, daß für sie klar ist, welche Ordnung gerecht ist, Gegner dieser Ordnung, müssen sich dagegen, bevor sie gemeinsam handeln können, darüber einigen, welche Ordnung sie anstreben. Solange darüber keine Einigung besteht, fallen Eigeninteressen und Gruppeninteressen auseinander, solange wird es für sie schwer, ihr Handeln zu koordinieren. Ihre

„Solidarität ist also davon abhängig, daß sich alle Beteiligten auf die übernächste Phase hin orientieren. Nicht auf einen Augenblicksvorteil, sondern auf ein fernes Ziel muß die Organisationsbereitschaft sich konstituieren."[59]

nicht auf einen wirklichen, sondern auf einen imaginären Vorteil.

„Sie kann nur auf ein spekulatives Vertrauen gründen, auf eine spekulative Solidarität, – eine unvergleichlich höhere Leistung, als sie den Privilegierten zugemutet wird."[60]

---

55 vgl. a.a.O., 18
56 vgl. a.a.O., 23
57 a.a.O., 16
58 vgl. H. Popitz, Prozesse der Machtbildung, a.a.O., 40
59 a.a.O., 12
60 a.a.O., 12

Während der Gruppe, die ihre Ordnung gemeinsam hinnimmt, die Kooperationschancen sich quasi aufdrängen, stehen die anderen vor dem Problem,

„das was jeder will, umzusetzen in etwas, was alle wollen."[61]

Dieser Vorsprung an Handlungsfähigkeit verleiht der privilegierten Gruppe auch die Möglichkeit, ihre Macht auf andere auszudehnen und sie zu festigen. Sie kann definieren, was gilt, und diese Geltung aufgrund ihrer Organisationsfähigkeit mit Dominanzmitteln durchsetzen. Indem die Mitglieder der privilegierten Gruppe ihre Ordnung als gerecht erleben, wird für sie auch der Einsatz von Gewalt zur Verteidigung und Durchsetzung dieser Ordnung legitimiert, während ihre Gegner, insofern sie keine gemeinsame Ordnungsvorstellung haben, damit auch Legitimationsprobleme für den Einsatz von Gewalt haben.

Es können aber auch Dominanzverhältnisse in Legitimität und damit Wahrheit transponiert werden.

„Auch die extrem Unterdrückten beginnen eventuell die Legitimität einer Machtordnung anzuerkennen, weil sie sich selbst anerkennen. ... der Wille aber, der immer wieder gebrochen wird, läßt sich nicht durchhalten. Das Widerstreben gegen einen permanent übermächtigen Zwang stellt schließlich nicht diesen, sondern sich selbst in Frage. Damit sind die Voraussetzungen für eine Art Kehre gegeben: Der dauernd Erniedrigte rechtfertigt seine Fügsamkeit, indem er sie in Freiwilligkeit uminterpretiert, und er rechtfertigt diese Freiwilligkeit durch die Verbindlichsetzung der Ordnung, in die er sich fügt."[62]

Über Legitimationen der Fügsamkeit entsteht ein komplementäres Verhältnis zwischen Privilegierten und Unterdrückten: Während die Privilegierten tun müssen, was sie wollen, wollen die Unterdrückten das, was sie müssen. Damit wird das Herrschaftsverhältnis stabilisiert, denn wer sich selbst unterwirft, braucht nicht unterworfen zu werden[63]. Schließlich zeigt Popitz auf, daß Eigentum und Geld Potentiale sind, die sich in Domination umsetzen lassen, und daß umgekehrt Domination in die Schaffung von Eigentum umgesetzt werden kann.

Auch Kombinationen des Medieneinsatzes sind möglich.

Wahrheit kann durch Domination gesichert werden. Ohne eine Legitimitätsbasis ist die Aufrechterhaltung einer Ordnung durch Machteinsatz sehr kostenträchtig. Der Dominante muß nicht nur den Konflikt zwischen seinen eigenen aufzuoktroyierenden Zielen und denen des Unterworfenen überwinden, sondern er muß den abhängigen Partner auch überwachen und dafür selbst zur Verfügung stehen oder andere Personen dazu heranziehen. Er muß sein Drohpotential bereithalten, um Abweichungen zu verhindern. Da Strafen seine Attraktivität beim Unterworfenen verringern, muß er Fluchttendenzen

---

61   a.a.O., 13
62   a.a.O., 34
63   vgl. a.a.O., 34

des Unterworfenen aus seinem Einflußbereich befürchten und daher Kräfte einsetzen, die den Unterworfenen am Verlassen seines Einflußfeldes hindern[64]. Indem aber die Unterwerfung legitimiert wird, der Untergebene die Ordnung also hinnimmt und sich selbst unterwirft, können die Kosten für die Aufrechterhaltung reduziert werden. Dann deutet der Unterworfene auch Dominanz in Einfluß um. Popitz zeigt Bedingungen auf, unter denen eine solche Legitimitätsanerkennung einer Ordnung wahrscheinlich wird: Die Machthaber müssen den Unterworfenen Ordnungssicherheit bieten.

„Ordnungssicher sind die Beteiligten, wenn sie ein sicheres Wissen haben, was sie und was andere tun dürfen und tun müssen; wenn sie eine Gewißheit entwickeln können, daß sich alle Beteiligten mit einiger Verläßlichkeit auch wirklich so verhalten, wie es von ihnen erwartet wird; wenn sie damit rechnen können, daß Übertretungen in der Regel bestraft werden; wenn sie voraussehen können, was man tun muß, um Vorteile zu erringen, Anerkennung zu finden. Man muß mit einem Wort wissen, woran man ist."[65]

Wenn die Machthaber diese Sachverhalte ermöglichen, kann das Mißtrauen der Untergebenen in sie in Vertrauen umschlagen. Dann interpretieren sie das Handeln der Machthaber nicht mehre als Dominanz, sondern als Einfluß.

Weiter zeigt Popitz auf, daß auch Täuschung im Prozeß der Machtausdehnung eine wichtige Rolle spielen kann. Er beschreibt Machtausdehnung als Prozeß, dessen Erfolg insbesondere in den Anfangsstadien gefährdet ist. Zu diesem Zeitpunkt sei es wichtig, eine Staffel der Neutralen, der Zuschauer, der Nichtbetroffenen, zu schaffen[66]. Die Machtnahme muß sich ein Publikum schaffen, das so getäuscht wird, daß es sich einbildet, mit dem Vorgang der Machtausdehnung und den damit verbundenen Konflikten nichts zu tun zu haben. Deren Neutralität muß ihnen als Friedensprivileg vermittelt werden.

„Die jeweils Neutralen müssen sich als die ‚Herausgehaltenen‘ solange geschätzt und möglichst wohlfühlen können, bis sie nichts weiter darstellen als den Rest, der darauf wartet, verteilt zu werden."[67]

Diese Täuschung ist für den Gesamterfolg entscheidend.

„Je größer das Illusionspotential einer sozialen Einheit in dieser Hinsicht ist, um so größer ist die Chance der Entstehung extremer Machtverhältnisse."[68]

Auch der Einsatz von Eigentum und Geld ist an Legitimation gebunden. Das Funktionieren von Eigentum und Geld als Kommunikationsmedium setzt voraus, daß Besitzansprüche als legitim von allen Interaktionspartnern angesichts der Knappheit hingenommen werden, d.h. eine gewisse Reichtumstoleranz auch der Nichthabenden ist Voraussetzung für das Funktionieren. Luh-

---

64 vgl. H.D. Schneider, Sozialpsychologie der Machtbeziehungen, Stuttgart 1978, 12 f
65 H. Popitz, Prozesse der Machtbildung, a.a.O., 35
66 vgl. a.a.O., 26
67 a.a.O., 26
68 a.a.O., 27

mann erklärt, diese Wirkung würde durch das Medium Eigentum selbst erzeugt[69]. Doch wird angesichts der Schwierigkeiten bei der Umstellung der Wirtschaft in den neuen Bundesländern deutlich, daß die Akzeptanz durch Legitimation erfolgt, daß sich widersprechende Legitimationskriterien auch den Einsatz und die Verwendung von Eigentum problematisch machen. Ohne eine Basislegitimation der Differenz von Haben und Nicht-Haben funktioniert das Medium Eigentum nicht[70].

In seinen Beispielen geht Popitz immer von einem besonderen Vertrauensverhältnis der machthabenden Minderheit untereinander aus, während er das Verhältnis dieser Gruppe zu der unterlegenen Mehrheit als Mißtrauensverhältnis umschreibt. Er leitet aus diesem besonderen Vertrauensverhältnis die hohe Organisationsfähigkeit der machtüberlegenen Gruppe ab, da dieses Vertrauensverhältnis die eingesetzten symbolisch generalisierten Kommunikationsmedien beeinflußt.

Untereinander setzen die Gruppenmitglieder der überlegenen Minderheit die Medien: Wahrheit, Liebe, Gnade (Geld) und Einfluß ein. Sie konnten diese Medien wählen, da sie sich gegenseitige Achtung und gegenseitiges Wohlwollen unterstellten. So konnten sie ihr Handeln auf die Mehrung ihrer und ihrer Gruppe Chancen ausrichten und in ihrem Erleben die Sicherheit annehmen, ihre Interaktionspartner würden sie fördern und ihnen nicht schaden wollen. Auf diese Weise brauchten sie keine Energie für die gegenseitige Kontrolle zu binden. Sie konnten so die Vorteile der Arbeitsteilung, mehrere Chancen wahrzunehmen, nutzen und ihre Energie auf die Machtexpansion ausrichten.

Schütz[71] zeigt auf, daß zwischen Vertrauen und der Anerkennung gemeinsamer Wahrheiten einer hoher Zusammenhang besteht. Er weist daraufhin, daß es in jeder Gruppe Volksweisen gibt, die als die richtige Weise sozial anerkannt werden, um mit den Dingen und Mitmenschen zu recht zu kommen. Sie sind fraglos gegeben, weil sie sich bislang bewährten, und sie gelten, solange sie sozial gebilligt werden, als weder einer Erklärung noch einer Rechtfertigung bedürftig. Sie gelten als Anweisungs- und Auslegungsschemata. Solange sich die Gruppenmitglieder an diesem Deutungsschema orientieren, ist gegenseitige Verständigung und gegenseitiges Vertrauen relativ problemlos möglich.

In einer out-group gelten andere Lebensweisen. Deren Mitglieder halten den Lebensstil der In-group nicht für selbstverständliche Wahrheiten.

„Kein Glaubensartikel und keine historische Tradition verpflichtet sie, die Verhaltensweisen irgendeiner anderen Gruppe als der ihren als richtig und gut anzuerkennen. Nicht nur ihr Zentralmythos, sondern auch der Prozeß von dessen Rationalisierung und Institutionalisierung sind verschieden. Andere Götter offenbaren anderes Recht und an-

---

69   vgl. N. Luhmann, Einführende Bemerkungen..., a.a.O., 245
70   vgl. B. Schüller, a.a.O., 28
71   A. Schütz, GA 2, 203 - 255

dere Vorstellungen von gutem Leben, andere Dinge sind geheiligt oder tabuisiert, es werden andere Sätze des Naturrechts angenommen. Der Außenseiter mißt die Standards, die in der von ihm betrachteten Gruppe vorherrschen, in Übereinstimmung mit dem Relevanzsystem, das für die natürliche Weltanschauung seiner Heimatgruppe gilt. Solange es keine Transformationsformel gibt, die die Übersetzung des Systems von Relevanzen und Typisierungen, die in der beobachteten Gruppe vorherrschen, in die der Heimatgruppe ermöglicht, bleibt die Art und Weise der zuerst genannten unverständlich; häufig aber hält man sie für geringerwertig und unterlegen."[72]

Dies gilt auch für die Gruppen, deren Volksweisen sich in großen Teilen decken.

Nun sind Selbstauslegung und Fremdauslegung häufig miteinander verknüpft. Häufig fühlen sich die Mitglieder der in-group von denen der out-group mißverstanden. Da aber die Deutungsschemata der in-group von ihrem Mitgliedern als selbstverständlich und von allen einsehbar verstanden werden, wird das Nichtverstehen durch die Mitglieder der Outgroup auf feindliche Vorurteile oder bösen Willen zurückgeführt.

„Diese Vorstellung kann zu einem partiellen Umschwung des in der in-group herrschenden Relevanzsystemes führen, indem sich nämlich eine Solidarität des Widerstandes gegen äußere Kritik bildet. Die out-group wird daher mit Abscheu, Verachtung, Ekel, Antipathie, Haß oder Furcht angesehen."[73]

Ihr gegenüber werden damit auf Mißtrauen basierende symbolisch generalisierten Kommunikationsmedien: Täuschung, Haß, Ausbeutung und Domination eingesetzt.

Darauf wiederum reagiert die out-group, die die Veränderung im Verhalten der in-group bemerkt, und interpretiert ihrerseits das Verhalten der in-group als verabscheuungswürdig. Sie stereotypisiert jetzt nicht nur das Bild, das sie von der in-group hat, sondern auch das Bild, wie sie sich selbst von der in-group betrachtet fühlt, um. In dem Maße, wie die eingesetzten symbolisch generalisierten Kommunikationsmedien durch Mißtrauen bestimmt sind, steht weniger die Mehrung des gemeinsamen Nutzens im Vordergrund der Handlungsinteressen, sondern die Zuführung eines für Alter größeren Schadens als für Ego bzw. die Abwendung eines für Ego größeren Schadens als für Alter. Ihr Einsatz verursacht Kosten für beide beteiligten Agenten, da die Interaktionspartner jeweils ein Droh- und Abwehrpotential bereitstellen müssen, das beim Einsatz von auf Vertrauen basierenden Medien nicht erforderlich ist. Die von Popitz angeführten Beispiele verdeutlichen, daß die im Erziehungszusammenhang erkannten Durchsetzungstechniken nicht nur auf die Beziehung zwischen Erzieher und Zögling eingesetzt werden, sondern auch in den Beziehungen zwischen Erwachsenen, und daß durch Organisation die

---

72 a.a.O., 225
73 a.a.O., 226

Wirkung der eingesetzten symbolisch generalisierten Kommunikationsmedien verstärkt werden kann.

Machtmittel sind alle aufgeführten Medien, indem sie es ermöglichen, den eigenen Willen auch gegen Widerstände durchzusetzen oder wie Luhmann es formuliert, indem sie gewährleisten, daß der eine die Selektionen des anderen als Prämissen eigenen Verhaltens übernimmt[74]. Unterschiedlich sind aber die Kosten, die mit dem Einsatz der einzelnen Medien verbunden sind. Der Rollenspieler muß, wenn er seinen Erwartungen Erfolgschancen verleihen will, diese Medien einsetzen. Er muß abschätzen können, wann er welches Medium einsetzt, welche Wirkung der Einsatz jeweils bei seinen Interaktionspartnern erzielt, und welche Kosten durch den Einsatz jeweils entstehen.

Die Wahl der einzusetzenden symbolisch generalisierten Kommunikationsmedien bestimmt den Interaktionsstil des Rollenspiels entscheidend mit. Die Interaktionspartner schreiben sich gegenseitig typische Interaktionsstile als Persönlichkeitsmerkmale zu. Die zugeschriebenen Interaktionsstile sind wichtige Eigenschaften zur Charakterisierung von Personen. Wie oben (siehe Kapitel 3) dargestellt, werden solche Eigenschaften aus Anzeichen in gegenwärtigen und früheren Interaktionen und aus der Zurechnung der Interaktionspartner zu Gruppen erschlossen. So wirkt sich die Verhältnisbestimmung zwischen Gruppen über die Zuschreibung von Interaktionsstilen auf die Rollendefinitionen aus. Dies gilt um so mehr, je weniger vertraut die Interaktionspartner sind.

Auch dieser Sachverhalt soll am Beispiel eines konfessionsverschiedenen Ehepaares erläutert werden. Beide Ehepartner waren in konfessionshomogenen Umwelten aufgewachsen. Sie hatten die Normen ihrer Konfessionen habitualisiert und empfanden sie als selbstverständlich. Die Tradition der anderen Konfession kannten sie nicht aus eigener Anschauung, die Verhaltensweisen der anderen waren ihnen fremd und andersartig. Diese unbestimmte Andersartigkeit erweckte Angst, da sie das Verhalten der Mitglieder der anderen Konfession nicht antizipieren konnten. Die Erfahrung, daß die eigenen Deutungsmuster nicht von allen geteilt werden, führte zu Verunsicherungen. Bei der Frau äußerte sich diese Verunsicherung jedoch nicht in der Form von Zweifeln an ihren eigenen Deutungsmustern, sondern sie versuchte, sich ihrer Wissensbestände und deren kommunikativer Anwendbarkeit durch Missionierung zu versichern[75]. Sie versuchte, ihren Mann zur Konversion zu bewegen. Dieser Versuch mißlang. Er löste aber bei ihrem Mann, der sich jetzt in seinem Evangelisch-Sein bedroht sah, Abwehr aus. Jetzt mußte er besonders deutlich hervorheben, daß er evangelisch war und bleiben werde. So wurden die Entscheidungen um die kirchliche Trauung und die Erziehung der Kinder zunächst in Form eines Machtkampfes gefällt. Nachdem die Machtkämpfe

---

74   vgl. N. Luhmann, Einführende Bemerkungen..., a.a.O., 239
75   vgl. M. Schibilsky, Religiöse Erfahrung und Interaktion, Stuttgart 1976, 133

durch Verträge beendet worden waren, in denen sich beide freie Religions-
ausübung zugesagt und sich dadurch die Überfremdungsängste genommen
hatten, änderten sich auch die Themen im Vergleich der Konfessionen. Wurden vorher beim Vergleich besonders die Differenzen gesehen und apologetisch diskutiert, traten nach den Verträgen die Gemeinsamkeiten in den Vordergrund[76].

5.3 Ambiguitätstoleranz

Die Definition von Positionen, Rollen und Situationen dient, wie dargestellt,
der Koordination von Interaktionen, der Abstimmung des eigenen Erlebens
und Handelns mit dem der Interaktionspartner. Positionen, Rollen und Situationen begrenzen den Möglichkeitsbereich des Erwartbaren und konstituieren
auf diese Weise Handlungszusammenhänge. Institutionalisierung von Erwartungen bewirkt eine Entsubjektivierung und damit höhere Durchsetzungschancen. Indem man Dritte zur Unterstützung anrufen kann, werden die eigenen Erwartungen von außen gestützt, sie erhalten einen Außengaranten,
den man anrufen kann, wenn die eigenen Handlungspotentiale nicht hinrei-
chen, um seine Ziele zu erreichen oder aber Bedrohungen abzuwehren. Die
Anrufung eines Außengaranten ist also abhängig vom Vertrauen in die eigenen Handlungspotentiale, je größer und erfolgversprechender diese eingeschätzt werden, desto weniger Veranlassung besteht, einen Außengaranten
anzurufen. Je mehr Handlungspotenzen sich einer zuschreibt, desto selbstsi-
cherer kann er auftreten. Zwischen Selbstsicherheit und äußerer Sicherheit
muß nach Kaufmann ein Entsprechungsverhältnis bestehen:

„Die Einheit von ‚äußerer‘ und ‚innerer‘ Sicherheit ist das Kriterium einer werthaften
‚sicheren‘ Sicherheit."[77]

Mit zunehmender Pluralisierung und Differenzierung der Gesellschaft, so
wird in allen soziologischen Theorien angenommen, gehe auf gesamtgesell-
schaftlicher Ebene ein Verzicht auf Integrationsmechanismen bzw. deren
Verlagerung auf abstraktere Ebenen einher. Gemäß dem Postulat der Entsprechung von ‚äußerer‘ und ‚innerer‘ Sicherheit werden dementsprechend
vom Individuum höhere Integrationsleistungen erfordert. Es muß also spezifische Qualifikationen erwerben, diese Integrationsleistungen zu erbringen.

---

76 vgl. H. Geller, Biographische Analysen, a.a.O., 121-138
77 F.X. Kaufmann, Sicherheit als soziologisches und sozialpolitisches Problem,
    Stuttgart ²1973, 145

Positionen können von verschiedenen Gruppen anders definiert werden, die Interaktionspartner können, selbst wenn sie die Positionen gleich definieren, unterschiedliche Erlebens- und Handlungsstile gegenseitig erwarten, schließlich können sie den Stand der Dinge unterschiedlich bestimmen. Die Komplementarität der gegenseitigen Erwartungen ist also nicht schon als von vornherein gegeben anzunehmen, sie muß in vielen Fällen erst hergestellt werden.

„Sobald sich die Umwelt eines Subjektes segmentiert, sobald es in ,sich kreuzenden sozialen Kreisen' steht, genügt es nicht mehr, daß eine mehr oder weniger einheitliche ,äußere Ordnung' im Bewußtsein introjiziert wird, um sich wirklichkeitsgerecht zu verhalten. Das Orientierungssystem muß sich vielmehr ebenfalls differenzieren, und gleichzeitig generalisierte und abstraktere Erwartungen entwickeln, d.h. es muß eine zusätzliche innere Organisation des Bewußtseins Platz greifen, die unter elementaren Sozialverhältnissen entbehrlich ist und deshalb im Regelfall auch nicht provoziert wird."[78]

Situationsdefinitionen enthalten viele subjektive und gruppenspezifische Elemente. Daher kann zu Beginn der Interaktion nicht sicher vorausgesetzt werden, daß die Erwartungen kompatibel sind. Vielmehr bedarf es der gegenseitigen Vergewisserung der Interaktionspartner, welche Rollen sie spielen sollen. Je nach der Vorstrukturierung einer Situation muß man erst ermitteln, welche Erwartungen überhaupt bestehen, worauf sie sich beziehen, wie sie zu interpretieren sind und wie sie bewertet werden. So entstehen häufig Rollen erst im Interaktionsprozeß. Die Komplementarität der Erwartungen muß sich erst ausbilden. Sie ist dann Ergebnis erfolgreicher Interaktionen. Die Erwartungen stabilisieren sich, wenn das Verhalten der Interaktionspartner ihnen entspricht, wenn sie sich also bewähren, d.h. wenn der oder die Handelnden jeweils ihre Ziele erreichen.[79] Die an Interaktionen Beteiligten müssen also zunächst einen ,Arbeitskonsensus'[80] herstellen, der als Basis für den weiteren Ablauf der Interaktion dienen kann. Dieser Arbeitskonsens ist keine statische Größe, sondern er entwickelt sich im Laufe des Interaktionsprozesses.

Für die Interaktionspartner folgt daraus, daß sie die Fähigkeit entwickeln müssen, Konflikte zwischen unterschiedlichen Erwartungen auszuhalten. Sie müssen sich mit unvollständigen, veränderlichen und kompromißhaften ,alsob' -Übereinstimmungen begnügen und sich an Interaktionen, die sie eventuell nicht voll befriedigen, beteiligen können[81]. Sie müssen also Ambiguitätstoleranz entwickeln.

Erwartungen, so wurde oben festgestellt, dienen der Vergegenwärtigung von Zukunft, und zwar einer spezifischen, nicht einer ungewissen Zukunft.

---

78 a.a.O., 293
79 vgl. H. Joas, Die gegenwärtige Lage der soziologischen Rollentheorie, Frankfurt ³1978, 103
80 vgl. L. Krappmann, a.a.O., 151
81 vgl. a.a.O., 80

Insofern durch Erwartungen und ihre Institutionalisierung andere Möglichkeiten ausgeschaltet werden, wird Zukunft verfügbar gemacht, in Dauerhaftigkeit oder Berechenbarkeit umgewandelt, sie verliert sozusagen ihren Zukunftscharakter und wird Raum, in dem sich menschliches Handeln entfalten kann[82].

Um überhaupt handeln zu können, darf nicht alles möglich sein. Die Zukunft muß in gewissem Maße absehbar sein, der Bereich des Möglichen auf die Handlungskapazität des Subjektes reduziert sein. Ist das nicht der Fall, erscheint also die Umwelt als überkomplex, so verliert das Subjekt seine Handlungsfähigkeit und wird unsicher.

Wenn eine Entsprechung zwischen Außenstabilisierung durch institutionalisierte Ordnung und Innenstabilisierung besteht, dann muß der durch Differenzierung und Pluralisierung bewirkte Abbau von Außenstabilisierung durch vermehrte Innenstabilisierung kompensiert werden. Wenn Ziele nicht von außen gesetzt werden, dann muß das Individuum in der Lage sein, sich selbst sinnhafte Ziele zu setzen und zu realisieren. Die Zielfestlegung, die Setzung der Werte wird von der Objektwelt in das Subjekt verlagert. Dem geht ein Verlust an transsubjektiver Verbindlichkeit einher[83].

Das bedeutet, daß ohne Zunahme der Innenstabilisierung eine Orientierungsunsicherheit entsteht, die als Horizontlosigkeit erfahren wird und sich in Angst umsetzt. Mit dem Unbestimmtwerden des Horizontes läßt sich die Situation nicht mehr definieren, das Subjekt kann nicht mehr zielorientiert, also zukunftsbezogen handeln, sondern nur noch gegenwartsbezogen reagieren. Fühlt sich das Subjekt bedroht, so steigt die Wahrscheinlichkeit, daß sein Verhältnis zur Umwelt von Vertrauen in Mißtrauen umschlägt. Aufgrund des Bewußtseins, bedroht zu sein, werden dann die Verhältnisse, wenn das Subjekt handlungsorientiert ist, daraufhin geprüft, ob sie die eigene Identität und Autonomie gefährden. Im Vordergrund des Bewußtseins steht die Sicherung der eigenen Identität und die Abwehr von Anpassungsdruck. Der Interaktionsstil wird apologetisch und kämpferisch. Interaktionen, in denen sich mindestens einer der Beteiligten bedroht fühlt, haben kaum die Chance, beim anderen Verständnis für die eigenen Motivationen zu finden, da dieser Gesichtspunkt bei der Planung der Handlungsstrategie keine Rolle spielt. Vielmehr steht der Behauptungswille als grundlegendes Ziel im Vordergrund[84].

Nichtertragbare Unsicherheit der Zukunftsperspektiven geht vielfach einher mit verstärktem Konformitätsdruck. Hier ist allerdings zu fragen: ‚Konformität womit?‘

Es ist dargestellt worden, daß der Unsichere seine Handlungen auf Sicherung der eigenen Identität ausrichtet. Empathie ist also kein Aspekt seiner Handlungsplanung. Dem entspricht, daß seine Fremdbilder stereotyp sind. So

---

82   vgl. F.X. Kaufmann, a.a.O., 162
83   vgl. a.a.O., 165
84   vgl. H. Geller, Biographische Analysen, a.a.O., 136-139

kann seine Anpassung nicht Anpassung an Erwartungen anderer sein. Vielmehr orientiert er sich strikt an seinen eigenen Ordnungsvorstellungen, an seinen eigenen Normprojektionen und ruft andere, einzelne und Organisationen, von denen er annimmt, sie würden seine Ordnungsvorstellungen teilen, um Unterstützung an: So zeigt sich, daß in Zeiten großer Unsicherheit gesteigerter Nationalismus, Fundamentalismus wie auch eine Zunahme an Kirchlichkeit zu verzeichnen ist. Die Organisationen, die Ordnungssicherheit verheißen bzw. Ordnung legitimieren, gewinnen also an Unterstützung, sie sollen die Außenstabilisierung der eigenen Erwartungen garantieren. Orientierungsunsicherheit fördert also autoritäre Tendenzen, den Ruf nach starken Autoritäten, die Bildung von Stereotypen, die Zunahme von Intoleranz.

Darüber hinaus ergibt sich ein weiterer Zusammenhang: die Abwehr von Bedrohung zielt nicht darauf ab, einen bestimmten Zustand herbeizuführen, sondern ihn zu vermeiden.

Dieser Gesichtspunkt reduziert die Komplexität stärker, da die Umwelt nur unter dem Gesichtspunkt betrachtet werden muß, wie die Gefahr abgewendet werden kann. Dazu können dann auch Täuschung, Haß, Ausbeutung und Gewalt eingesetzt werden. Nicht die Optimierung der Kooperation steht im Vordergrund, sondern die Begrenzung der Handlungsmöglichkeiten des Interaktionspartners; diese kann auch herbeigeführt werden, indem ihm Schaden angedroht oder zugefügt, sein Handlungspotential beschnitten wird.

Hat angesichts des Gefühls der Überforderung durch die Komplexität der Umwelt der Autoritarismus noch aktivierende Wirkung, so kann auch eine lähmende Wirkung eintreten. Das eigene Handlungspotential wird als so gering eingeschätzt, daß der Erfolg des Handelns überhaupt bestritten wird. Kaufmann nennt die Einstellung ‚Fatalismus‘[85]. Er beschreibt sie folgendermaßen: Die Umwelt wird als so beschaffen erlebt, daß es sich nicht lohne, sich ihr gegenüber planvoll oder auch nur zielstrebig zu verhalten, weil es immer anders komme, als man denkt. Die Umwelt erscheint als Schicksal, Glücksspiel, Spielverderber, als frustrierende, jede Eigeninitiative erstickende Intoleranz.

„Vom Gesichtspunkt des eigenen Handelns aus gesehen lehnen diejenigen, bei denen diese Einstellung am stärksten entwickelt ist, allein schon den Gedanken an ein planvolles Handeln ab; mehr sind es bereits, die darin wenig Sinn sehen, und in milderen Graden manifestiert sich diese Einstellung in der Erwartung, daß der Erfolg des Handelns völlig ungewiß sei oder zumindest vom Schicksal abhängig."[86]

In der fatalistischen Einstellung erfolgen die Zuschreibungen nicht differenziert auf Objekte, sondern die Einstellung betrifft die Beziehung von Ego zur Situation. Mit zunehmenden Fatalismus schrumpft der Zeithorizont. Anders als im Autoritarismus wird die mangelnde Handlungsfähigkeit nicht durch

---

85   vgl. F.X. Kaufmann, a.a.O., 186
86   a.a.O., 185

Vertrauen in Organisationen kompensiert. Auch ihnen gegenüber bleibt man mißtrauisch. So bleibt einem nur die Möglichkeit, auf Handeln anderer zu reagieren, nicht aber sich selbst an Zielen auszurichten. Kaufmann erklärt den Fatalismus als Ausdruck eines Mangels an ‚Selbstsicherheit‘[87].

Das Problem der Überkomplexität der Umwelt ergibt sich aus der Relation zwischen Außen- und Innenstabilisierung. Es kann also sowohl durch gesellschaftliche Entwicklungen z.b. krisenhafte Erscheinungen, plötzliche Umstürze, plötzliche Differenzierungsschübe usw. verursacht sein, andererseits aber auch individuell bedingt sein. Vieles deutet daraufhin, daß es unterschiedliche Risikotoleranzen gegenüber Gefahren gibt, daß die Mehrdeutigkeit von Situationen je nach Person als unterschiedlich belastend erfahren wird, daß auch die Innenstabilisierung eine variable Größe ist. Wenn aber Autoritarismus und Fatalismus sich erst aus der Relation zwischen Innen- und Außenstabilisierung als Einstellungen ergeben, dann sind sie abhängig von den jeweiligen Umwelten, in denen sich die Person gerade befindet. Ist die Gesellschaft stark ausdifferenziert, dann wechseln mit den Positionen auch die Umwelten. Für jede muß dann das Entsprechungsverhältnis spezifisch bestimmt werden.

Bisher ist der Begriff „Innenstabilisierung" relativ unbestimmt verwandt worden. Er muß erläutert werden. Durch Innenstabilisierung gewinnt das Individuum Selbstsicherheit.

„Selbstsicherheit bezeichnet ... das Problem wie der Mensch in einer überkomplex gewordenen Welt zu einer ‚Umwelt‘ zu gelangen vermag, innerhalb derer er zu handeln, d.h. sinnhafte Ziele zu setzen und zu realisieren befähigt ist."[88]

Wenn nun die an jemanden von außen herangetragenen Erwartungen inkonsistent und widersprüchlich werden, dann muß sich das Individuum, wenn es sich als konsistent erleben will, von an es gerichteten Erwartungen distanzieren können. Es muß ‚Nein‘ sagen können. Es muß sein eigenes Handlungspotential als ausreichend betrachten, so daß es sich weder seinem Schicksal fügen muß, noch einfach gegenwartsbezogen reagiert[89]. Es muß also auf die Möglichkeit eigenen Handelns vertrauen. Erfüllt es diese Bedingungen, so kann es selbstsicher auftreten, sich intern stabilisieren. Es fühlt sich seiner Umwelt gewachsen, von ihr nicht bedroht, Handlungsdisposition und Situation erscheinen aufeinander abgestimmt. In überkomplexen gesellschaftlichen Verhältnissen kann ein Individuum nur dadurch Sicherheit erlangen, daß es sich eine eigene Identität schafft. Es muß sich seine Umwelt selbst schaffen, es muß aus der Vielfalt der Möglichkeiten die auswählen, die untereinander und mit seiner Vergangenheit vereinbar sind. In der Realisierung dieser Möglichkeiten stabilisiert es sich. Die ertragbare Konflikttoleranz

---

87 vgl. a.a.O., 204
88 a.a.O., 225
89 vgl. a.a.O., 198

hängt ab von seiner inneren Anpassungsfähigkeit oder wie Claessens sie nennt, seiner Plastizität[90]. Entlastung muß das Individuum sich selbst schaffen.

„Wenn Arbeitsteilung und Differenzierung soweit fortgeschritten sind, daß ‚an sich' weit mehr ... möglich ist, so muß das Subjekt für sich Möglichkeiten ausschließen, die die allgemeinen Normen anderen zugestehen."[91]

Identität, die Schaffung und Erhaltung eines je eigenen Orientierungssystems, gewinnt zunehmend an Bedeutung. Dessen Beeinträchtigung oder gar Desorganisation bedeuten daher hohe Gefahr. Wie dargestellt reflektiert das Gewissen dieses Orientierungssystem, es ermöglicht, zu sich selbst Stellung zu nehmen.

Nach Kaufmann wird Selbstsicherheit von konstitutionellen Faktoren, biographischen Faktoren und aktuellen Komponenten beeinflußt.

Die Handlungsfähigkeit ist abhängig von Zustand der Erregung, in dem sich das Subjekt befindet. Erregbarkeit ist in hohem Maße konstitutionell bedingt und kann sich vererben. Handlungsfähig ist man im Zustand niedriger bis mittlerer Erregung, ab einem gewissen Grad wirkt Erregung aber desorganisierend auf die Verhaltenskoordination und wirkt im Extremfall gar handlungslähmend. So ergibt sich maximal günstiges Verhalten bei einem optimalen Erregungsgrad, wobei das Optimum nicht in die Bereiche geringer oder maximaler Erregung fällt.

„Welche ‚Bedeutung' die somatischen Erregungszustände haben, welches ‚Gefühl' mit ihnen verbunden ist, erscheint im wesentlichen als von der wahrgenommenen Situation bestimmt, in der die Erregung auftritt. Aktivation braucht nicht einmal notwendigerweise ‚Gefühle' auszulösen, diese entstehen vielmehr erst durch die Verbindung des körperlich Wahrgenommenen mit kognitiven Inhalten. Nur die physiologisch unerklärliche Erregung führt dazu, daß sie mit kognitiven Aspekten einer Situation verbunden und zugleich definiert und erklärt wird."[92]

Gefühle sind also ohne Berücksichtigung des Bewußtseinszustandes nicht zu fassen. Ihre Definition ist durch Sprache vermittelt. Gefühle beinhalten positive oder negative Erwartungen. Diese Erwartungen können bestimmt oder unbestimmt sein.

Für das Sicherheitsbewußtsein relevant ist der Umgang mit negativen Erwartungen, da nur sie zu Verunsicherungen führen können. Claessens hat nun die Bedingungen untersucht, die notwendig sind, damit sich ein selbstsicheres Bewußtsein ausbilden kann, das auch fähig ist, Unsicherheit zu ertragen.

90   vgl. D. Claessens, Familie und Wertsystem. Eine Studie zur `zweiten, soziokulturellen Geburt' des Menschen, Berlin 1962, 62
91   F.X. Kaufmann, a.a.O., 291
92   a.a.O., 288

Claessens nimmt an, daß die prinzipielle Aktionsbereitschaft, die dem Menschen angeboren ist, sich zunächst als ‚Wartestand' darstellt[93]. Sie kann zunächst nur durch Aktion anderer Menschen aktiviert werden. Bevor der Mensch in der Welt handeln und sich von der Welt distanzieren kann, muß er in der Welt ‚Fuß fassen', muß Kultur übernehmen. Bevor der Mensch als Individuum handeln kann, muß sein Persönlichkeitssystem grundgelegt werden. Im Anfangsstadium seiner Entwicklung müssen andere in Bezug auf ihn handeln, während der Säugling das Handeln anderer erlebt. Er ist angewiesen auf positive Zuwendung. Das grundlegende Kommunikationsmedium ist also Gnade, das Erleben wohlwollenden Handelns anderer gegenüber einem selbst. Gnade bewirkt die emotionale Erhaltung des Säuglings und die emotionale Fundierung. Positive emotionale Zuwendung ist die Bedingung für die Entstehung von Erwartungen überhaupt sowie die Erwartungen von etwas Bestimmtem, die sich im Laufe der Zeit zu Erwartungshaltungen verdichten. Diese fundamentale Erwartungshaltung nennt Claessens ‚logischer Optimismus'. Die Ausbildung des logischen Optimismus, die Ausbildung der Erwartung, daß etwas so sein wird, weil es in der persönlichen Erfahrung immer so war, führt zu der ersten Entlastung von dem grundsätzlich zu großem Unter- und Entscheidungsdruck.

> „Die Fähigkeit, erwarten zu können, d.h. darauf eingestellt zu sein, daß etwas Übersehbares geschehen wird, stellt sich damit als das erste für ein ‚normales', d.h. hier: menschliches Leben notwendige Vorurteil dar."[94]

Dies ist ableitbar aus den ersten Abfolgeerwartungen auf Grund der Versorgung und Pflege überhaupt.

Mit der Fähigkeit, erwarten zu können und selbst Erwartungen zu hegen, kann erst von einem eigenen Persönlichkeitssystem gesprochen werden. Erst mit der Orientierung an Erwartungen kann der einzelne soziale Beziehungen eingehen, d.h. erst mit der Fähigkeit, Erwarten zu können, kann er sich auf andere einstellen und sein Verhalten an ihnen orientieren. Erst dann ist er in der Lage, selbst zu handeln. Erst wenn sich ein Persönlichkeitssystem – wenn auch noch so einfach strukturiert – ausgebildet hat, können diesem auch Handlungen zugeschrieben werden. Erst von diesem Zeitpunkt an wird es möglich, andere symbolisch generalisierte Kommunikationsmedien als Gnade im Hinblick auf ihn einzusetzen.

Wichtig vor aller Differenzierung ist es nach Claessens, Vertrauen in die Regelmäßigkeit des Verhaltens der anderen zu entwickeln. Ein solches Vertrauen ist Voraussetzung für die Differenzierung, da Differenzierung zunächst mit Erwartungsenttäuschung verbunden ist. Die Typisierungen und Generalisierungen, die in der Vergangenheit ausgebildet wurden, werden auf zunächst als gleich typisierte Situationen übertragen. In diesen Situationen

---

93   vgl. D. Claessens, Familie als Wertsystem, a.a.O., 67
94   a.a.O., 79

aber bewähren sie sich nicht. Auf der Basis der Annahme der Regelmäßigkeit und Regularität im Verhalten der anderen kann es dann zu Lernprozessen kommen. Situationen werden dann nach den Begleitumständen der Handlungen unterschieden. Entsprechend der Ausweitung und Differenzierung der erfahrenen Umwelt differenziert sich das Persönlichkeitssystem. Vor allen Dingen ermöglicht das Vertrauen in die Regelmäßigkeit des Verhaltens der anderen, die Frustration durch die Erfahrung von sozialer Distanz aufzufangen. Die Gewißheit der Zuverlässigkeit des anderen läßt auch eine angstfreie Trennung von ihm zu. Ertragen von sozialer Distanz und Vertrauen erscheinen daher ineinandergekoppelt.

Wenn dann die Abhängigkeit des Säuglings beginnt, sich in das Mittun und in das Miteinander-Machen aufzulösen und zu steigern, entwickelt sich Vertrauen zu Solidarität.

„Die rechte Abstimmung des gegenseitigen Verhaltens auf den Grundlagen von Vertrauen und im Erlebnis der Distanz, die es jeweils zu überbrücken gilt, d.h. auf der Grundlage des im Erlebnis der Distanz gefestigten sozialen Optimismus, [wird] eine ständige Aufgabe, wobei der tiefe Doppelsinn dieses bedeutungsvollen Wortes voll eingesetzt werden kann: als Anforderung und als Preisgabe."[95]

Mit zunehmendem sozialen Optimismus und zunehmender Stabilitätserfahrung steigen auch die Frustrations- und Ambiguitätstoleranz. Vertrauen steigert die ‚Toleranz für Mehrdeutigkeit'.[96]

Vertrauen richtet sich auf das Handeln und Verhalten anderer

„Man neutralisiert gewisse Gefahren, die nicht ausgeräumt werden können, die aber das Handeln nicht irritieren sollen."[97]

Vertrauen ist Vorschuß auf Erfolg. Es ersetzt äußere Sicherheit durch innere Sicherheit.

„Wer vertraut, muß .. seine eigene Risikobereitschaft unter Kontrolle halten. Er muß, und sei es nur zur Selbstvergewisserung, sich klar machen, daß er nicht bedingungslos vertraut, sondern in Grenzen und nach Maßgabe bestimmter, vernünftiger Erwartungen. Er muß sich selbst in seinem Vertrauen zügeln und kontrollieren. Das ist Teil der Motivstruktur, die das Vertrauen ermöglicht, und geschieht dadurch, daß er sich sein Objekt mit Hilfe von Symbolen der Vertrauenswürdigkeit nahebringt."[98]

Wie aufgezeigt, ist Interaktion auf der Basis gegenseitigen Vertrauens besonders leistungsfähig. Gegenseitiges Vertrauen ermöglicht es den Interaktionspartnern weniger ängstlich und defensiv, dafür spontaner, freundlicher und respektvoller zu sein. Es erlaubt den Interaktionsteilnehmern in höherem

---

95   a.a.O., 92
96   vgl. N. Luhmann, Vertrauen, a.a.O., 16
97   a.a.O., 26
98   a.a.O., 31

Ausmaß, sich bestimmten Aufgaben hinzugeben[99] und Konflikte zu ertragen. Daher wird eine solche Interaktion in Verbindung mit Herrschaftsfreiheit, dem Verzicht auf den Einsatz jeglicher Repression, als ideale Kommunikationssituation angesehen.[100]

Doch zeigt sich, daß Vertrauen sehr voraussetzungsvoll ist, daß blindgeschenktes Vertrauen sehr riskant sein kann[101] und von da aus nur selten vorkommt. In Interaktionen vor allem mit Fremden wird im allgemeinen eine gewisse Vorsicht walten, die mit zunehmender Vertrautheit reduziert wird. Diese Vorsicht äußert sich in Sicherungsmaßnahmen, die der Kanalisierung von Mißtrauen als Vertrauensersatz dienen.

Weiß jemand nicht, ob er seinem Interaktionspartner vertrauen kann, so wird er sich möglichst unangreifbar machen wollen. Er kann abwägen, welche Kosten-Nutzen Rechnung sein Interaktionspartner aufstellt, ob ihm Vertrauen mehr einbringt als Vertrauensbruch. Diese Rechnung kann er beeinflussen, indem er durch die Bereithaltung von Repressionsmitteln dessen Kosten im Falle des Vertrauensbruches erhöhen kann. Diese Überlegungen prägen z.B. militärische Abschreckungstheorien. Durch Repressionsmittel soll sichergestellt werden, daß der Gegner in seinem Handeln berechenbar bleibt. Diese Kontrolltechnik kann sehr kostenträchtig sein, Vertrauen ist weit billiger, doch

„gibt der Vertrauende unbedacht Sanktionsmöglichkeiten aus der Hand, entgleitet ihm damit auch die Möglichkeit, die Schuldzurechnung zu seinen Gunsten zu lenken, und die Vorwürfe wenden sich dann gegen ihn selbst."[102]

Innerstaatlich kann diese Funktion der Erwartungssicherung durch Repressionsandrohung auch die Rechtsordnung übernehmen. Indem sie

„für bestimmte Erwartungen und Sanktionsmöglichkeiten hohe Sicherheit gewährt, ist [sie] eine unentbehrliche Grundlage für jede langfristige Überlegung dieser Art und entlastet damit das Risiko der Vertrauensgewähr."[103]

Auf der Basis des Rechts kann Vertrauen z.B. durch Verträge substituiert werden.[104]

Andererseits besteht die Möglichkeit, mögliche Schädigungen durch Vertrauensbruch mittels Informationskontrolle zu vermeiden.

---

99   vgl. L. Krappmann, Soziologische Dimensionen der Identität, a.a.O., 69
100 vgl. a.a.O., 27
101 vgl. H. Popitz, Prozesse der Machtbildung, a.a.O.,19
102 N. Luhmann, Vertrauen, a.a.O., 39
103 a.a.O., 35
104 vgl. H. Geller, Biographische Analysen, a.a.O., 131-134

5.4 Fähigkeit zur Informationskontrolle

Wie bereits erwähnt, muß jeder Interaktionspartner, damit Verständigung erfolgen kann, sowohl Empathieleistungen aufbringen wie auch seine eigenen Intentionen darstellen. Dabei muß er als glaub- und vertrauenswürdig erscheinen. Mit diesem Problem der Selbstdarstellung und ihres Schutzes hat sich ausführlich E. Goffman[105] befaßt.

Der einzelne ist an zukünftigem Handeln seiner Interaktionspartner interessiert. Über dieses Handeln kann er keine sicheren Informationen gewinnen. So beurteilt er die Anwesenden aufgrund des Eindrucks, den sie auf ihn in der Gegenwart und Vergangenheit gewinnen bzw. gewonnen haben. Die Eindrücke, die sie erzeugen, werden als Behauptungen und Versprechen bewertet, die implizit mit der Darstellung gegeben werden. Über die Eindrücke werden die Tätigkeiten und die Person des anderen geprüft. Es wird erwartet, daß der andere in seiner Selbstdarstellung konsistent ist und daher auch in Zukunft verläßlich.[106] Nun gibt es aber für fast jede Darstellung Fakten, die mit den durch die Darstellung hervorgerufenen Eindrücken unvereinbar sind. Solche Fakten müssen dem Publikum, vor dem man sich darstellt, verborgen bleiben, da sonst die erwünschten Eindrücke nicht erzielt werden oder bereits bestehende Eindrücke in Frage gestellt würden. Gerade deshalb ist es für den Darsteller wichtig, Techniken der Informationskontrolle zu entwickeln.

Krappmann, der die ideale herrschaftsfreie Kommunikationsstruktur[107] untersucht, tritt dagegen für eine möglichst umfassende Information und Darstellung des Verhaltens in anderen Rollen ein, weil das Individuum nur so eine balancierte Identität gewinnen könne, und weil es damit rechnen müsse, daß auch zwischen verschiedenen Interaktionssystemen ein Austausch stattfinden werde, der die Unstimmigkeiten in der Selbstdarstellung in verschiedenen Situationen offenbaren würde. Doch auch Knappmann räumt ein, daß gewisse Informationen erst preisgegeben werden können, wenn zwischen den Interaktionspartnern ein solches Vertrauensverhältnis entstanden ist, daß die Information nicht zum Kontaktabbruch führt.

„Irgendwann wird der Vorbestrafte seiner Verlobten über seinen früheren Gefängnisaufenthalt etwas sagen müssen. Er wird es jedoch erst dann versuchen, wenn eine Basis gegenseitigen Vertrauens vorhanden ist, die eine derartige Mitteilung erträgt und nicht zerbrochen ist, ehe er erklärt werden konnte, was das vergangene Ereignis jetzt bedeutet. Diese Zurückhaltung in der Informationsweitergabe soll sicherstellen, daß das diskreditierende Ereignis in Situationen nicht eingeführt wird, in denen es die Interaktion nur

---

105   vgl. E. Goffman, Interaktionsrituale. Über Verhalten in direkter Kommunikation, Frankfurt 1969
106   vgl. E. Goffman, Wir alle spielen Theater. Die Selbstdarstellung im Alltag, München 1969, 228
107   vgl. L. Krappmann, Soziologische Dimensionen der Identität, a.a.O., 28

zerstören würde. Die Informationskontrolle dient somit der Wahrung eines Anspruchs auf Identität, wenngleich das Individuum seine Identität nicht offenbaren kann. Sie bleibt gleichsam unter der Oberfläche, beeinflußt aber dennoch die Handlungsstrategien des Individuums. Es gibt erst dann seinen Anspruch auf Identität auf, wenn es durch sein Verhalten die mögliche Präsentation dessen, was es ist und war, selbst verhindert."[108]

Bedingung für die Möglichkeit der Informationskontrolle ist der Wechsel der Interaktionspartner in verschiedenen Situationen. Die Tatsache, daß jeder verschiedene Positionen einnimmt und sich so in unterschiedlichen Interaktionssystemen bewegt, die in weiten Teilen zeitlich, räumlich und sozial voneinander abgegrenzt sind, erleichtert die Informationskontrolle. Dadurch werden auch Wahrnehmungsschranken errichtet, die durch zusätzliche Maßnahmen gesichert werden können.

Aufmerksamkeit kann durch unbeabsichtigte und unbedachte Gesten oder Aussagen auf wohlgehütete Geheimnisse gelenkt werden. Eine Frau z.B., die ein Kind zur Adoption freigegeben hat, kann im Beisein von Bekannten dem Adoptionsvermittler begegnen und diesen grüßen. Sie riskiert damit Nachfragen, woher sie ihn kenne, und kommt damit in eine Situation, in der die Aufdeckung ihres Geheimnisses möglich ist. Sie kann sich mit einer jungen Mutter über deren Schwangerschaft unterhalten und unversehens auf ihre eigene Schwangerschaft verweisen. Sollen solche Situationen vermieden werden, so bedarf es einerseits einer hohen Selbstkontrolle und hoher Selbstbeherrschung insbesondere des Gesichtes und der Aussagen, andererseits aber auch der Geheimhaltung durch die Mitwisser und deren Loyalität. Denn auch sie können durch unbeabsichtigte – oder auch beabsichtigte – Gesten oder Aussagen den Betroffenen in Verlegenheit bringen. In unserem Beispiel ist es z.B. gleichgültig, ob die Mutter oder der Adoptionsvermittler zuerst grüßt. Zur Vermeidung solcher Zwischenfälle bedarf es äußerster dramaturgischer Sorgfalt. Die Geheimnisträger, Goffman nennt diese Gruppe das Ensemble, müssen sich auf eventuelle Zwischenfälle vorbereiten, sie müssen ihre Verhaltensweisen absprechen, in unserem Fall z.B. vereinbaren, sich im Beisein Dritter nicht zu grüßen, keine freundlichen Blicke auszutauschen usw. Treffen der Ensemblemitglieder, die sich aus dem Zusammenhang als notwendig erweisen, z.B: weil die Frau an der Entwicklung ihres Kindes weiterhin interessiert ist und darüber vom Adoptionsvermittler informiert wird, müssen nach außen abgeschirmt werden, Zugang Dritter zu diesem Treffen möglichst unterbunden werden. Zur Sicherung der Abschirmung muß ein Warnsystem aufgebaut werden, um es den Ensemblemitgliedern zu ermöglichen, ihr Verhalten auf die neue Situation umzustellen, um Peinlichkeiten zu vermeiden. Peinlichkeiten treten immer dann ein, wenn in Interaktionen das Bild, das einer der Interaktionspartner von sich vermitteln will, gefährdet ist, wenn Imageverlust droht.

---

108   a.a.O., 53

„Der Terminus Image kann als der positive Wert definiert werden, den man für sich durch die Verhaltensstrategie erwirbt, von dem die anderen annehmen, man verfolge sie in einer bestimmten Interaktion. Image ist ein in Termini sozial anerkannter Eigenschaften umschriebenes Selbstbild, – ein Bild, das die anderen übernehmen können. Jemand kann z.b. einen guten Eindruck von seinem Beruf oder seiner religiösen Einstellung vermitteln, indem er sich selbst gut darzustellen weiß."[109]

Das Image, das in einer Situation vermittelt wird, wird von den Interaktionspartnern mit emotionalen Reaktionen belohnt. Wenn es sich bestätigt, wird man sich sicher fühlen, wird es stärker als erwartet belohnt, wird man sich wohl fühlen, wird es geringer belohnt, wird man sich schlecht oder verletzt fühlen. Die Sicherung des Images ist ein Grund, die Teilnahme an Interaktionen als Verpflichtung zu empfinden. Gleichzeitig muß man Gefühle für das Image der anderen entwickeln. Imageverlust ist nicht nur peinlich für den, der es verliert, sondern auch für seine Interaktionspartner. Daher sind Anstands- und Benimmregeln institutionalisiert, die die Interaktionspartner verpflichten, auch das Image der anderen zu beachten und deren Selbstdarstellung zu unterstützen. Sie werden bis zu gewissen Schwellen Informationen, die die Selbstdarstellung des anderen in der Interaktion gefährden könnten, zurückhalten, gewisse Unsicherheiten übergehen oder Fehler zu korrigieren versuchen, schon allein, um die Interaktion mit ihm fortsetzen zu können, denn bei Imageverlust werden Ausdrucksformen entstehen, die nicht leicht in das Ausdruckssystem der Situation einbezogen werden können.
Wenn jemand merkt, daß sein Image falsch ist,

„wird er wahrscheinlich beschämt sein oder sich minderwertig vorkommen, weil er die Interaktion stört und sein Ruf als Interaktionsteilnehmer in Gefahr geraten kann. Er kann sich überdies schlecht fühlen, weil er sich darauf verlassen hatte, daß die Begegnung ein Selbstbild von ihm stützen würde, an das er emotional fixiert war und das er nun bedroht sieht. Mangel an verständiger Unterstützung kann ihn bestürzen, ihn verwirren und ihn momentan unfähig zum Interagieren machen. Sein Verhalten und seine Haltung können schwanken, zusammenbrechen und zerbröckeln. Er kann verwirrt und verärgert werden, er kann beschämt werden. Sein Gefühl, ob nun berechtigt oder nicht, daß andere ihn in erregter Verfassung gesehen haben und daß er keine adäquate Reaktionsweise gezeigt hat, kann sein Selbstwertgefühl noch mehr verletzen. Ebenso kann der Übergang von dem Bewußtsein, ein falsches oder gar kein Image zu besitzen, in einem Zustand des Beschämtseins weitere Unordnung in die expressive Organisation der Situation bringen. Dem üblichen Sprachgebrauch folgend, möchte ich hier den Terminus ‚Gelassenheit‘ benutzen: damit beziehe ich mit auf die Fähigkeit in der Begegnung mit anderen Beschämung zu unterdrücken und zu vermeiden."[110]

Mit der Übernahme eines Images übernimmt man auch die Verpflichtung, es zu wahren. Damit hat man in Situationen, wo man sein Image wahren muß, die Verantwortung, den Gang der Ereignisse zu überwachen, die expressive Ordnung einzuhalten, Selbstachtung zu zeigen und gleichzeitig Rücksicht auf

---

109 E. Goffman, Interaktionsrituale, a.a.O., 10
110 a.a.O., 13 f

andere zu nehmen. Ausdrucks- und Informationskontrolle sind daher eine unabdingbare Voraussetzung für die Interaktion in Situationen.

Informationskontrolle dient aber nicht nur defensiven Zielen. Im Erziehungsprozeß ist sie ein Mittel, die Umwelt des Kindes auf seine Handlungskapazität abzustimmen. Im Erziehungsprozeß sind die Eltern Designer der Umwelt ihres Kindes[111]. Die Eltern können Lernsituationen für das Kind herstellen, indem sie den Alltag des Kindes organisieren, wodurch sie im Ergebnis sowohl die Arten von Lernsituationen als auch das Arrangement der für das Kind verfügbaren Umweltstimuli samt deren Bedeutung steuern. Eltern stellen Regeln auf, die den Zugang des Kindes zu Menschen, Orten und Dingen steuern. Sie strukturieren gleichzeitig die zeitlichen und räumlichen Horizonte, in denen ihr Kind lebt und sich bewegt. Die Organisation des kindlichen Alltags setzt Rahmenbedingungen für die Kommunikation zwischen Eltern und Kindern, zwischen Kindern und Personen außerhalb der Familie. Durch die Organisation der Lernumwelt gewinnen sie eine Vielzahl von Möglichkeiten, das Kind zu motivieren, ohne ihre Emotionsäußerung gegenüber dem Kind verändern zu müssen.

Die Bedeutung der Informationskontrolle wird insbesondere dann sichtbar, wenn sie nicht möglich ist; z.B. bei Alleinerziehenden. Kinder, insbesondere Kleinkinder beanspruchen dauernde Aufmerksamkeit. So ist bei Alleinerziehenden eine räumliche Trennung der Mutter von den Kindern nur schwer möglich. Daraus ergibt sich, daß auch eine thematische Distanzierung von den Kindern sehr schwer ist. Alles, was die Mutter betrifft, geschieht im Aufmerksamkeitsbereich der Kinder. Diese geringen Distanzierungsmöglichkeiten bewirken, daß die Möglichkeit zur Dosierung der Information, die das Kind erhält, entfällt. Die alleinerziehende Mutter kann nicht Designerin der Umwelt ihres Kindes sein. Auf diesen Faktor sind eine Reihe von Erziehungsschwierigkeiten und daraus resultierenden Verhaltensauffälligkeiten von Kindern in unvollständigen Familien zurückzuführen. Schwierigkeiten alleinerziehender Elternteile, sich gegenüber ihren Kindern durchzusetzen, Aufsässigkeit und Aggressivität, Lügen, Diebstahl sowie eine starke Mutterfixierung sind nach A. Napp-Peters häufig anzutreffen. Sie sind auf die Schwierigkeiten bei der Informationskontrolle zurückzuführen.[112]

In Interaktionen müssen die Rollenspieler Situationen bewußt oder unbewußt darstellen. In diese Darstellung geht jeweils eine Konzeption ihrer selbst ein. Das Selbst als dargestellte Rollen ist die Wirkung, die die dargestellte Szene erzeugt. Wichtig für die Interaktionspartner ist, ob diese glaubwürdig ist oder nicht[113]. Die Darstellung gilt als Beweis der Fähigkeit, seine

---

111   vgl. F.X. Kaufmann, A. Herlth, K.P. Strohmeier, Sozialpolitik und familiale
        Sozialisation. Zur Wirkungsweise öffentlicher Sozialleistungen, Stuttgart 1980, 94
112   vgl. H. Geller, Frauen in existentiellen Konflikten. Entscheidungsprozesse um die
        Adoptionsfreigabe von Kindern, Essen 1992, 419f
113   vgl. E. Goffman, Wir alle spielen Theater, a.a.O., 231

Rolle oder überhaupt eine Rolle spielen zu können. Darstellungen binden die Darsteller, Störungen der Darstellungen führen zu Desorganisation.

> „Das Image, das eine Statusgruppe vor einem Publikum anderer Statusgruppen auf-rechterhalten kann, ist von der Fähigkeit des Darstellers abhängig, den kommunikati-ven Kontakt mit dem Publikum einzuschränken."[114]

Informationskontrolle ist ein wichtiges Element der Darstellung. Sie dient der Vermeidung von Störungen, der Aufrechterhaltung des eigenen Images und der Fortführung der Interaktion.

---

[114] a.a.O., 220

6. Ergebnis

Ziel der vorangegangenen Überlegungen war es, mittels der Begriffe Position und Rolle Wirklichkeit verstehend zu deuten. Eine solche Deutung erfolgt immer unter spezifischen Gesichtspunkten, die aus der unendlichen Wirklichkeit einen endlichen Teil als wissenswert aussondern.[1]

Ziel der Rollentheorie war es von Anfang an[2], ein Modell zu entwickeln, über das der einzelne in seine Kultur eingeordnet werden kann und über das erklärt werden soll, wie Interaktion trotz Individuation und prinzipiell nur begrenzter Erkennbarkeit des anderen möglich ist. Als kulturelle Werte werden also Individualität, Sozialität und gegenseitige Abhängigkeit der Menschen untereinander angenommen. Organisierte Sozialsysteme, Individuen und Interaktionssysteme werden als verschiedenartig konzipiert und miteinander relationiert.

Der Positionsbegriff stellt nun den einzelnen in den Zusammenhang der Organisationssysteme und leitet aus der In-Beziehung-Setzung zur Arbeitsteilung Folgerungen für das Sinnverstehen der Wirklichkeit in ihrer Kulturbedeutung ab, er soll also einen Beitrag zum nacherlebenden Verstehen geistiger Vorgänge leisten[3], indem er die Wirklichkeit auf universelle Kulturwerte bezieht und diese Zusammenhänge heraushebt, die für uns bedeutsam sind[4]. Im Sinne M. Webers ist der Positionsbegriff ein Gattungsbegriff, der Zusammenhänge allgemeinster Art zwischen Arbeitsteilung und Sinnverstehen erläutern soll. Er ist abstrakt und relativ inhaltsarm, da sich seine Geltung und damit sein Umfang auf viele Erscheinungen erstreckt. Seine Herausarbeitung ist nicht das Ziel an sich, vielmehr erweist sich seine Fruchtbarkeit daran, ob er zur Erkenntnis der Kulturwirklichkeit beiträgt. Die Begriffe "Position", "Rolle" und "Situation" sind nicht die Darstellung der Wirklichkeit, wohl aber Ausdrucksmittel für die Darstellung. In den vorausgegangenen Kapiteln wurden die Begriffe expliziert. Diese Explikation kann auf ihre logische Konsistenz und auf ihre Plausibilität hin geprüft

---

1 vgl. M. Weber, Gesammelte Aufsätze zur Wissenschaftslehre, Tübingen [7]1988, 171
2 siehe R. Linton, The Study of Man, New York 1936
3 vgl. M. Weber, Gesammelte Aufsätze zur Wissenschaftslehre, a.a.O., 173
4 vgl. a.a.O., 181

werden. Einer empirischen Prüfung auf Bewährung oder Falsifikation kann sie nicht unterzogen werden. Wohl aber kann ihre sachliche Zweckmäßigkeit in der Anwendung z.b. auf konkrete Positionen getestet werden. Der Positionsbegriff stellt Abstraktionsgesichtspunkte bereit, auf die hin von der Wirklichkeit abstahiert wird, um konkrete Positionen beschreiben zu können. Er hat eine heuristische Funktion für die Aufschließung von arbeitsteiligen Gesellschaften. Entscheidend ist, daß er zu signifikanten interpretativen Leistungen führt.

Hier wurde die Abgrenzung zwischen Position und Rolle durch Zuordnung zu verschiedenen Systemen vorgenommen. Positionen werden den organisierten Sozialsystemen, Rollen den Interaktionssystemen zugeordnet. So kann eine klare Abgrenzung erfolgen, andererseits können Interdependenzen zwischen Positionen und Rollen untersucht werden. Beide Begriffe werden hier als Strukturbegriffe aufgefaßt.

Strukturen begrenzen den jeweiligen Möglichkeitsbereich von Systemen. Das Interesse der vorliegenden Arbeit richtete sich auf die Strukturen des Interaktionssystems.

Im Interaktionssystem interagieren Positionsinhaber. Jeder ist aufgrund seiner Positionsdefinition institutionell mit Rechten, Pflichten und Ermächtigungen ausgestattet und damit auf einen Bereich möglichen Erlebens und Handelns ausgerichtet. Die Institutionalisierung ermöglicht die Ausbildung komplementärer Erwartungen der Interaktionsteilnehmer untereinander. Die Positionsdefinitionen sind dem Interaktionssystem mehr oder weniger vorgegeben. Sie stellen strukturelle Entscheidungsprämissen für das Interaktionssystem dar.

In Interaktionen agieren nicht Positionen, sondern Personen in Positionen. Diese Personen sind mit Denk-, Gefühls- und Verhaltensweisen ausgestattet, sie haben Präferenzen ausgebildet, beachten unterschiedliche Aufmerksamkeitsregeln, modalisieren die Interaktion auf unterschiedliche Weise. Auch dadurch wird der Möglichkeitsbereich eingegrenzt. Persönlichkeitsstrukturen sind relativ konstant. Auch sie bilden daher strukturelle Entscheidungsprämissen für das Interaktionssystem.

Positionen und Persönlichkeitsstrukturen begrenzen den Bereich möglichen Erlebens in verschiedenen Dimensionen. Die durch sie konstituierten Möglichkeitsbereiche sind, da sie sich auf ein Prozeßsystem beziehen, interdependent, sie sind begrenzt substituierbar, aber auch nur begrenzt kompatibel. Für die Einnahme einer Stelle sind daher bestimmte Qualifikationsanforderungen auf seiten des Stelleninhabers erforderlich. Die Strukturprobleme in diesem Bereich müssen durch Rekrutierungsprozesse gelöst werden. Die Interdependenz der Abgrenzung der Möglichkeitsbereiche durch Persönlichkeitsstrukturen und Positionsdefinitionen bewirkt, daß in Interaktionsprozessen die Erwartungen an die Positionsinhaber im Lichte der Persönlichkeitsstrukturen der Interaktionspartner interpretiert werden, wodurch der Möglichkeitsbereich weiter begrenzt wird. Rollenerwartungen an Positionsinhaber sind also subjektive, nicht institutionalisierte, Erwartungen, die allerdings an institutionalisierten Erwartungen ausgebildet und bewertet werden. Soll jemand auf Erwartungen anderer eingehen, so muß er die Fähigkeit haben, die Erwartungen anderer wahrzunehmen. Er muß aus Anzeichen auf diese Erwartungen schließen. Sinn hat nicht nur eine Selektionsfunktion, sondern auch eine Verweisungsstruktur. Der einzelne muß die Erwartungen auslegen, interpretieren. Sie legen ihn nicht auf eine einzelne Wahlmöglichkeit fest - solche Situationen sind Ausnahmefälle - sie begrenzen seine Handlungsmöglichkeiten, sie legen einen Sinnrahmen fest, innerhalb dessen er sein Handeln auswählen muß. Damit er handeln kann, muß er die an ihn gerichteten Erwartungen interpretieren. Ohne die Fähigkeit, die Erwartungen auszulegen, kann keiner seine Rollen spielen. Selbst bei extremen Machtdifferenzen der Interaktionspartner muß der Machtunterlegene aus Anzeichen oder Erinnerungen an vergangene Erlebnisse mit dem Machthaber auf dessen Erwartungen schließen und sie interpretieren, um Sanktionen zu vermeiden.

Soziale Normierung schließt Subjektivität nicht aus, sondern sie begrenzt den Möglichkeitsbereich für Handlungen. Subjektivität ist eine Erfordernis, um Erwartungen entsprechen zu können. Eine Norm, wie z.B. die Forderung, sich angemessen zu kleiden, kann nur durch subjektive Reduktion des Möglichkeitsbereiches entsprochen werden. Eine gewisse Wahlfreiheit ist jeder Norm eigen. Die Nutzungschancen der Wahlfreiheit in bestimmten Rollen sind abhängig von der Positionsdefinition, von den Interaktionspartnern und von den zur Verfügung stehenden Machtmitteln und der Fähigkeit, diese Machtmittel in Interaktionen einzusetzen. Rollen konstituieren und begrenzen den Möglichkeitsbereich der handelnden Personen. Sie übersetzen unbestimmte in bestimmbare Komplexität. Sie entlasten den Handelnden, indem sie ihm in Interaktionen eine Vororientierung ermöglichen. Er kann darauf eingestellt sein, daß etwas Überschaubares geschehen wird. Solche Begrenzungen sind notwendig, um überhaupt wählen zu können.

Grenzdefinitionen sind also notwendig, um handeln zu können. Damit ist aber noch nichts darüber ausgesagt, wo die Grenzen verlaufen sollen. Es zeigt sich, daß in unterschiedlichen Gesellschaften, in verschiedenen Gruppen einer Gesellschaft, die Grenzen unterschiedlich institutionalisiert werden. Daraus ergeben sich Probleme, die theoretisch nur zu lösen sind, wenn man den Charakter der Grenzen näher bestimmt. Die Grenzen sind in dieser Arbeit als Horizonte umschrieben worden.

Handeln ist intentional. Die jeweilige Intention bestimmt das Thema einer Situation. Es bestimmt, unter welchen Gesichtspunkten die Umwelt wahrgenommen wird, welche Aspekte relevant bzw. irrelevant sind, welche Objekte wahrgenommen werden und welche Aufmerksamkeitsregeln gelten, also welchen Aspekten der wahrgenommenen Objekte die Aufmerksamkeit gilt.

Ein Thema teilt die Horizonte des Erlebens in zwei Bereiche, die äußeren und die inneren Horizonte. Die in den äußeren Horizonten gegebenen Objekte und Objektaspekte sind für das gegenwärtige Erleben neutralisiert. Sie werden nun unter dem Gesichtspunkt der Möglichkeitsbedingung für ihr Ausblenden aus dem gegenwärtigen Erleben wahrgenommen. Horizonte haben eine Selektions- und eine Verweisungsstruktur. Sie selegieren Möglichkeitsbereiche und stellen die Wahrnehmungen in Erfahrungskontexte, die auf weitere mögliche Erfahrungen mit den in der Wahrnehmung gegebenen Objekten verweisen. Über diese Doppelfunktion der Horizonte werden Sinnrahmen definiert, in denen das Subjekt seine Erfahrungen als aufgeordnet erlebt. Solche Rahmungen können gesprengt werden. Solche Sprengungen können als Anomie erlebt werden.

Horizonte sind perspektivengebunden. Sie verschieben sich mit dem Wechsel der Perspektiven und des Standpunktes. Sie stellen also keine statischen Grenzen dar. Da jeder einen anderen Standpunkt einnimmt, sind die Horizonte zweier Personen nie deckungsgleich. Die Differenzen können mehr oder weniger relevant sein. Sie werden teilweise neutralisiert durch die Idealisierung der Reziprozität der Perspektiven und durch Institutionalisierung, die Erwartung, daß die eigenen Erwartungen von anderen geteilt werden, die zur Durchsetzung zu Hilfe angerufen werden können. Da aber Themen in verschiedenen Gruppen unterschiedlich institutionalisiert sein können, garantiert Institutionalisierung nicht die Reziprozität der Erwartungen.

Um dennoch handeln zu können, bedarf der einzelne der Fähigkeit der Empathie und der Darstellung seiner Erwartungen. Er muß Themen auslegen können, ein Thema entwickeln, d.h. die inneren oder äußeren Horizonte explizieren können. Er erhält Freiheitschancen durch Variation seines Konformitätsgrades mit den Gruppen, denen er angehört. Er kann den Grad seines Engagements variieren, man kann auch gegen Institutionen erwarten und handeln, doch erhöhen sich in diesem Fall die Legitimationsansprüche.

Mit zunehmender Pluralisierung und Differenzierung kann der einzelne sogar gesellschaftlich gedrängt werden, sein soziales Engagement nach eigenem Urteil einzusetzen[5], das Gewissen wird privatisiert. Damit er die dadurch entstandenen Lage nicht als anomisch erlebt, muß seine Persönlichkeitsstruktur komplexer werden, um sich orientieren zu können. Einer Erhöhung der Komplexität der Gesellschaft muß eine Erhöhung der Komplexität der Persönlichkeitsstrukturen einhergehen. Von hier aus ließe sich auf Basis der Rollentheorie eine Sozialisationstheorie entwickeln.

Freiheit im Sinne von Wahlfreiheit gibt es nur im Bereich des Überschaubaren. Damit ist dann auch ein Maß gegeben, über das die Ertragbarkeit gesellschaftlicher Komplexität und damit von Freiheitsgraden für den einzelnen beurteilt werden kann. Möglichkeitsbereiche, die als unbegrenzt oder un-

---

5 vgl. R. Bendix, Herrschaft und Industriearbeit, Frankfurt 1960, 276

strukturiert erlebt werden, deren Horizonte nicht erkennbar sind oder die den vorgegebenen Sinnrahmen sprengen, werden als bedrohlich oder anomisch erlebt. Geordnete Erwartungen, die die Möglichkeiten begrenzen und durch Horizontbildung Sinnrahmen vorgeben, Ordnung in das Chaos bringen, eröffnen dagegen Wahlmöglichkeiten, also Freiheitsräume. So kann das Freiheitsproblem soziologisch definiert werden. Rückgriffe auf die Philosophie wie bei Dahrendorf[6], auf die Psychologie wie bei Homans[7] oder die Biologie[8] sind in diesem Ansatz zur Erklärung von Freiheit nicht notwendig.

Handlungsplanungen sind an Erwartungen orientiert, das heißt aber nicht, daß die daraus resultierenden Handlungen auch nur von einem der Interaktionspartner in dieser Realisierung erwartet worden wären. Das gilt insbesondere für die Ergebnisse von Interaktionsprozessen. In solchen Prozessen ist das Handeln der Rollenpartner wechselseitig aufeinander bezogen.

Sollen Interaktionen auf einander abgestimmt werden, dann müssen die Selektionen des einen die Prämissen für das Verhalten des anderen sein. Um das zu gewährleisten reicht sprachliche Kommunikation allein nicht aus, da Sprache zunächst nur Selektionsangebote überträgt. Zur Übertragung von reduzierter Komplexität ist Macht im weiten Sinne M. Webers notwendig. Es ist aufgezeigt worden, daß die generalisierten symbolischen Kommunikationsmittel in diesem Sinne Machtmittel sind. Ihre Wirkung ist jeweils danach zu differenzieren, ob zwischen den Interaktionspartnern ein Vertrauens- oder Mißtrauensverhältnis besteht. Im ersten Fall werden Wahrheit, Liebe, Gnade, Geld und Einfluß, in zweiten Täuschung, Haß, Ausbeutung und Gewalt als Machtmittel eingesetzt. Im ersten Fall beruht die Übertragungsleistung auf der Annahme, der eine Interaktionspartner wolle den Nutzen des anderen mehren, im zweiten Fall beruht die Übertragungsleistung auf der Antizipation des Schadens, den der eine dem anderen zufügen kann. Da Vertrauen riskant ist, ist die Wahl der Mittel abhängig von der gegenseitigen Beurteilung der Interaktionspartner. Allerdings konnte gezeigt werden, daß Recht Mißtrauen kanalisieren und somit als Vertrauensersatz dienen kann.

Wenn in Interaktionsprozessen Entscheidungen des einen Prämissen für Entscheidungen des anderen darstellen, dann wird deutlich, daß Rollen eine Situation nicht vollständig definieren. In Situationsdefinitionen wird zusätzlich jeweils der ‚Stand der Dinge' bestimmt. Frühere Situationen strahlen auf die gegenwärtige aus und reduzieren oder erweitern den Entscheidungsspielraum in der jeweiligen Situation.

Rollenanalysen ersetzen nicht Prozeßanalysen. Für die Definition der Situation sind beide Analysen erforderlich. Bezieht man beide Analysen auf-

---

6 vgl. R. Dahrendorf, Homo sociologicus, a.a.O.
7 vgl. G.C. Homans, Social Behavior: Its Elementary Forms, New York 1961, dt. Elementarformen sozialen Verhaltens, Opladen 1968
8 vgl. H.A. Murray, Toward a Classification of Interactions, in: T. Parsons, E.A. Shils (Hrsg.), Toward a General Theory of Action, New York 1962, 450

einander, so wird deutlich, daß sich Strukturen in Prozessen entwickeln und daß andererseits Prozesse strukturell gesteuert werden, daß sich im Laufe des Prozesses Strukturen, also Rollen und Positionen, ändern können. Rollen und Positionen können auf spezifische Personen hin geschnitten werden. Sind sie einmal bestimmt, dann strukturieren sie z.b. durch die Festlegung von Kompetenzen den weiteren Prozeßverlauf.

Die Definitionen konkreter Rollen und Positionen sind also im Laufe der Geschichte veränderbar. Neue Rollen und Positionen können entstehen, alte wegfallen. Solche Änderungen berühren aber das hier vorgestellte Begriffssystem nicht, da es die Beschreibung und Erklärung solcher Änderungen ermöglichen soll. Es soll Ausdrucksmittel für die Darstellung von Interaktionssystemen in arbeitsteiligen Gesellschaften sein. Wenn es diese Funktion einlösen kann, erweist es sich als fruchtbar.

Literaturverzeichnis

Arbeitsgruppe Bielefelder Soziologen (Hrsg.), Alltagswissen, Interaktion und gesellschaftliche Wirklichkeit 1. Symbolischer Interaktionismus und Ethnomethodologie, Reinbek 1973

Arbeitsgruppe Bielefelder Soziologen (Hrsg.), Alltagswissen, Interaktion und gesellschaftliche Wirklichkeit 2. Ethnotheorie und Ethnographie des Sprechens, Reinbek 1973

Bahrdt, H.P. u.a., Das Gesellschaftsbild des Arbeiters. Soziologische Untersuchung in der Hüttenindustrie, Tübingen 1957

Bahrdt, H.P., Zur Frage des Menschenbildes in der Soziologie, in: Europäisches Archiv für Soziologie II (1961), 1-17

Beck, U. und Brater, M., Berufliche Qualifikationsstrukturen, Thesenpapier zum Soziologentag 1976 in Bielefeld, MS Bielefeld 1976

Beck, U., Brater, M., Daheim, H.J., Soziologie der Arbeit und der Berufe. Grundlagen, Problemfelder, Forschungsergebnisse, Reinbek 1980

Beck, U., Risikogesellschaft. Auf dem Weg in eine andere Moderne, Frankfurt 1986

Bendix, R., Herrschaft und Industriearbeit, Frankfurt 1960

Berger, P.L., Luckmann, Th., Die gesellschaftliche Konstruktion der Wirklichkeit, Eine Theorie der Wissensoziologie, Frankfurt 1969

Bernsdorf, W. (Hrsg), Wörterbuch der Soziologie, 3 Bände, Frankfurt 1972

Bernstein, B., Studien zur sprachlichen Sozialisation, Düsseldorf 1971

Bolte, K.M., Hradil, St., Soziale Ungleichheit in der Bundesrepublik Deutschland, Opladen 1988,

Bolte, K.M., Kappe, D., Neidhardt, F., Soziale Ungleichheit, Opladen [3]1974,

Bourdieu, P., Soziologie der symbolischen Formen, Frankfurt 1971

Brose, H.G., Die Erfahrung der Arbeit. Zum berufsbiographischen Erwerb von Handlungsmustern bei Industriearbeitern, Opladen 1983

Büchner, U., Arbeit und Individuierung. Zum Wandel des Verhältnisses von Arbeit, Erziehung und Persönlichkeitsentfaltung in Deutschland, Weinheim 1982

Bundesanstalt für Arbeit (Hrsg.), Grundwerk ausbildungs- und berufskundlicher Informationen 864 a: Erzieherin, zugehörige Berufe, Nürnberg, Ausgabe Dezember 1990

Caesar, B., Autorität in der Familie, Ein Beitrag zum Problem schichtenspezifischer Sozialisation, Reinbek 1972

Claessens, D., Familie und Wertsystem. Eine Studie zur `zweiten, sozio-kulturellen Geburt' des Menschen, Berlin 1962

Claessens, D., Rolle und Macht, München 1968

Claessens, D., Rolle und Verantwortung, in: ders., Angst, Furcht und gesellschaftlicher Druck, Dortmund 1966, 102-115

Dahrendorf, R., Artikel: Rolle und Rollentheorie, in: W. Bernsdorf, Wörterbuch der Soziologie Bd. 3, Frankfurt 1972, 673-676

Dahrendorf, R., Homo Soziologicus. Ein Versuch zur Geschichte, Bedeutung und Kritik der Kategorie der sozialen Rolle, Köln und Opladen 1965

Darpe, F., Schneewind, K., Elterlicher Erziehungsstil und kindliche Persönlichkeit, in: K. Schneewind und H. Lukesch (Hrsg.), Familiäre Sozialisation, Stuttgart 1978, 149-163

Döbert, R., Habermas, J., Nunner-Winkler, G. (Hrsg.), Entwicklung des Ichs, Köln 1977
Dreitzel, H.P., Die gesellschaftlichen Leiden und das Leiden an der Gesellschaft. Vorstudien zu einer Pathologie des Rollenverhaltens, Stuttgart 1968
Dreitzel, H.P., Soziale Rolle und politische Emanzipation. Sechs Thesen gegen Peter Furths melancholische Kritik am Rollenbegriff, in: Das Argument Nr. 71, 14 Jg. (1972), 110-129
Edelstein, W., Habermas, J. (Hrsg.), Soziale Interaktion und soziales Verstehen. Beiträge zur Entwicklung der Interaktionskompetenz, Frankfurt 1984
Eley, L., Transzendentale Phänomenologie und Systemtheorie der Gesellschaft. Zur philosophischen Propädeutik der Sozialwissenschaften, Freiburg 1972
Endruweit, G., Trommsdorff, G. (Hrsg.), Wörterbuch der Soziologie, 3 Bde., Stuttgart 1989
Fuchs W., u.a. (Hrsg.), Lexikon zur Soziologie, Opladen [2]1978
Furth, P., Nachträgliche Warnung vor dem Rollenbegriff, in: Das Argument, Nr. 66, Jg. 13 (1971), 494-522
Garfinkel, H.: Das Alltagswissen über soziale und innerhalb sozialer Strukturen, in: Arbeitsgruppe Bielefelder Soziologen (Hrsg.), Alltagswissen, Interaktion und gesellschaftliche Wirklichkeit 1, Reinbek 1973, 189-261
Geiger, Th., Die soziale Schichtung des deutschen Volkes. Soziographischer Versuch auf statistischer Grundlage, Stuttgart 1967
Geißler, R. (Hrsg.), Soziale Schichtung und Lebenschancen in der Bundesrepublik Deutschland, Stuttgart 1987
Geller, H., Biographische Analysen, in: P. Lengsfeld (Hrsg.), Ökumenische Praxis. Erfahrungen und Probleme konfessionsverschiedener Ehepartner, Stuttgart 1984, 67-249
Geller, H., Einflußmöglichkeiten und Einflußformen der Kirchen auf das Leben des einzelnen in der Bundesrepublik Deutschland, in: H. W. Brockmann (Hrsg.), Kirche und moderne Gesellschaft, Düsseldorf 1976, 31-60
Geller, H., Frauen in existentiellen Konflikten. Entscheidungsprozesse um die Adoptionsfreigabe von Kindern, Essen 1992
Geller, H., Modell zur Erklärung der Bedeutung von Kirchen in der Alltagswelt, in: W. Fischer u. W. Marhold (Hrsg.), Religionssoziologie als Wissenssoziologie, Stuttgart 1978, 101-116
Geller, H., Problemstellung und Methode, in: P. Lengsfeld (Hrsg.), Ökumenische Praxis, Erfahrungen und Probleme konfessionsverschiedener Ehepartner, Stuttgart 1984, 25-66
Geller, H., Zur biographischen Bedingtheit von Tatsachenfeststellungen, in: J. Matthes, A. Pfeifenberger, M. Stosberg (Hrsg.), Biographie in handlungswissenschaftlicher Perspektive. Kolloquium am Sozialwissenschaftlichen Forschungszentrum der Universität Erlangen-Nürnberg, Nürnberg 1981, 287-291
Geller, M., Biographien erwachsener Adoptierter. Lebenserfahrungen und Lebensdeutungen, Essen 1992
Gerhardt, U., Rollenanalyse als kritische Soziologie. Ein konzeptueller Rahmen zur empirischen und methodologischen Begründung einer Theorie der Vergesellschaftung, Neuwied 1971
Goffman, E., Asyle. Über die soziale Situation psychiatrischer Patienten und anderer Insassen, Frankfurt 1973
Goffman, E., Interaktion: Spaß am Spiel. Rollendistanz, München 1973
Goffman, E., Interaktionsrituale. Über Verhalten in direkter Kommunikation, Frankfurt 1971
Goffman, E., Stigma, Über Techniken der Bewältigung beschädigter Identität, Frankfurt [2]1970
Goffman, E., Wir alle spielen Theater. Die Selbstdarstellung im Alltag, München 1969
Golomb, E., Geller, H., Adoption zwischen gesellschaftlicher Regelung und individuellen Erfahrungen, Essen 1992
Griese, H., Artikel: Rolle, in: G. Endruweit und G. Trommsdorff (Hrsg.), Wörterbuch der Soziologie, Bd.2, Stuttgart 1989, 547-553
Griese, H., Nikles, B., Dülcher, Ch. (Hrsg.): Soziale Rolle, Opladen 1977
Gronau, H.: Die soziologische Rollenanalyse als betriebsorganisatorisches und berufspädagogisches Element, Stuttgart 1965

Hartmann, H., Moderne amerikanische Soziologie. Neuere Beiträge zur soziologischen Theorie, Stuttgart 1967

Heinemann, K. und Ludes, P., Zeitbewußtsein und Kontrolle der Zeit, in KZFSS, Sonderheft 20. Materialien zur Soziologie des Alltags, hrsg. von R. König und F. Neidhardt, Opladen 1978, 220-243

Homans, G.C., Elementarformen sozialen Verhaltens, Köln 1968

Institut für kirchliche Sozialforschung Essen (IKSE), Bericht Nr. 88, Berufsbild und Selbstverständnis von Laientheologen, Essen 1975

Jahoda, M., Lazarsfeld, P.F., Zeisel, H., Die Arbeitslosen von Marienthal, Frankfurt 1975, Neuauflage, zuerst 1933

Jahoda, M., Wieviel Arbeit braucht der Mensch? Weinheim 1984

Janoska-Bendel, J., Probleme der Freiheit in der Rollenanalyse, in KZFSS 14 (1962), 459-475

Joas, H., Die gegenwärtige Lage der soziologischen Rollentheorie, Frankfurt 1978

Joas, H., Praktische Intersubjektivität. Die Entwicklung des Werkes von G.H. Mead, Frankfurt 1989

Kagan, J., Personality Development, New York 1971

Kaufmann, F.X., Herlth, A., Strohmeier, K.P., Sozialpolitik und familiale Sozialisation. Zur Wirkungsweise öffentlicher Sozialleistungen, Stuttgart 1980

Kaufmann, F.X., Sicherheit als soziologisches und sozialpolitisches Problem, Stuttgart [2]1973

Kern, H., Schumann, M., Das Ende der Arbeitsteilung? Rationalisierung in der industriellen Produktion, München 1985

Kern, H., Schumann, M., Industriearbeit und Arbeiterbewußtsein. Eine empirische Untersuchung über den Einfluß der aktuellen technischen Entwicklung auf die industrielle Arbeit und das Arbeiterbewußtsein, Frankfurt 1973

Klima, R., Artikel: Einstellung, in: W. Fuchs u.a. (Hrsg.), Lexikon zur Soziologie, Opladen 1978, 179f

Kohli, M. (Hrsg.), Soziologie des Lebenslaufs, Neuwied, 1978

Krappmann, L., Neuere Rollenkonzepte als Erklärungsmöglichkeit für Sozialisationsprozesse, in: Betrifft: Erziehung Nr. 3 1971, 27-34

Krappmann, L., Soziologische Dimensionen der Identität, Stuttgart 1982

Kreutz, H., Die zeitliche Dimension von Sozialisationsumwelten. Schulbildung, Zukunftsbezug, Selbsteinschätzung und soziale Anpassung von Jugendlichen aus verschiedenen sozialen Schichten, in: H. Walter (Hrsg.), Sozialisationsforschung, Bd. III. Sozialökologie - Neue Wege in der Sozialisationsforschung, Stuttgart 1975, 107-150

Kuhn, Th.S., Die Struktur wissenschaftlicher Revolutionen, Frankfurt 1978

Kamlah, W. und Lorenzen, P., Logische Propädeutik, Mannheim 1973

Lenski, G., Macht und Privileg. Eine Theorie der sozialen Schichtung, Frankfurt 1973

Linton, R., Rolle und Status, in: Heinz Hartmann (Hrsg.), Moderne amerikanische Soziologie. Neuere Beiträge zur soziologischen Theorie, Stuttgart 1967, 251-254

Linton, R., The Study of Man, New York 1936

Linton, R., The Cultural Background of Personality, New York 1945

Littek, W., Rammert, W., Wachtler G., (Hrsg.): Einführung in die Arbeits- und Industriesoziologie, Frankfurt 21983

Luhmann, N., Allgemeine Theorie organisierter Sozialsysteme, in: ders., Soziologische Aufklärung 2, Opladen 1975, 39-50

Luhmann, N., Ökologische Kommunikation. Kann die moderne Gesellschaft sich auf ökologische Gefährdungen einstellen?, Opladen 1986

Luhmann, N., Was ist Kommunikation?, in: F.B. Simon: Lebende Systeme. Wirklichkeitskonstruktion in der Systemischen Therapie, Berlin 1988, 10-18

Luhmann, N., Soziale Systeme. Grundriß einer allgemeinen Theorie, Frankfurt 1987

Luhmann, N., Allgemeines Modell organisierter Sozialsysteme, MS Bielefeld o.J.

Luhmann, N., Das Phänomen des Gewissens und die Normative Selbstbestimmung der Persönlichkeit, in: F. Böckle u. E.W. Böckenförde (Hrsg.), Naturrecht in der Kritik, Mainz 1973

Luhmann, N., Einführende Bemerkungen zu einer Theorie symbolisch generalisierter Kommunikationsmedien, in ZFS 3 (1974), 236-255

Luhmann, N., Interaktion, Organisation, Gesellschaft. Anwendungen der Systemtheorie, in: ders., Soziologische Aufklärung 2, Opladen 1975, 9-20

Luhmann, N., Lob der Routine, in: ders., Politische Planung, Opladen 1971, 110-142

Luhmann, N., Normen in soziologischer Perspektive, in: Soziale Welt 20 (1969), 28-48

Luhmann, N., Rechtssoziologie 1, Reinbek 1972

Luhmann, N., Vertrauen. Ein Mechanismus der Reduktion sozialer Komplexität, Stuttgart [2]1973

Lüscher K. und Wehrspaun, M., Familie und Zeit, in: Zeitschrift für Bevölkerungswissenschaft 12 (1986), 239-256

Mannheim, K., Das Problem der Generationen, in: ders., Wissenssoziologie, Auswahl aus dem Werk, eingeleitet und hrsg. von K.H. Wolff, Neuwied [2]1970, 509-565

Markowitz, J., Die soziale Situation. Entwurf eines Modells zur Analyse des Verhältnisses zwischen personalen Systemen und ihrer Umwelt, Frankfurt 1979

Matthes, J., Pfeifenberger, A., Straßberg M. (Hrsg.), Biographie in handlungswissenschaftlicher Perspektive, Kolloquium am Sozialwissenschaftlichen Forschungszentrum der Universität Erlangen-Nürnberg, Nürnberg 1981

Mead, G.H., Geist, Identität und Gesellschaft. Aus der Sicht des Sozialbehaviorismus. Mit einer Einleitung hrsg. von Ch.W. Morris, Frankfurt 1973

Mead, G.H., Philosophie der Sozialität. Einleitung von H. Kellner, Frankfurt 1969

Meinefeld, W., Einstellung und soziales Handeln, Reinbek 1977

Mertens, D., Schlüsselqualifikationen. Thesen zur Schulung für eine moderne Gesellschaft, in: E. Lange, G. Büschgens, Aspekte der Berufswahl in der modernen Gesellschaft, Frankfurt 1975, 403-429

Merton, R.K.: Der Rollen - Set: Probleme der soziologischen Theorie, in: H., Hartmann (Hrsg.): Moderne amerikanische Soziologie. Neuere Beiträge zur soziologischen Theorie, Stuttgart 1967, 255-267

Mollenhauer, K., Theorien zum Erziehungsprozeß, München 1972

Moore, H., Kleining, G., Das Bild der sozialen Wirklichkeit, in: KZFSS 11 (1959), 353-376

Morel, J. u.a., Soziologische Theorie. Abriß der Ansätze ihrer Hauptvertreter, München 1989

Murray, H.A., Toward a Classification of Interactions, in: T. Parsons und E.A. Skils (Hrsg.), Toward a General Theory of Action, New York 1962

Napp-Peters, A.: Ein-Elternteil-Familie: Soziale Randgruppe oder neues familiales Selbstverständnis?, Weinheim/ München 1985

Newcomb, T.: Sozialpsychologie, Meisenheim 1959

Newcomb, T.H./ Hartley, E.L. (Hrsg.), Readings in Social Psychology, New York 1947

Ogburn, W.F.: Kultur und sozialer Wandel, Neuwied, 1969

Opp, K.D., Soziales Handeln, Rollen und Soziale Systeme. Ein Erklärungsversuch sozialen Verhaltens, Stuttgart 1970

Pappi, U., Sozialstruktur und soziale Schichtung in einer Kleinstadt mit heterogener Bevölkerung, in KZFSS 25 (1973), 23-74

Parsons, T., und Skils, E.A. (Hrsg.), Toward a General Theory of Action, New York [4]1962

Parsons, T., Zur Theorie sozialer Systeme, hrsg. und eingeleitet von St. Jensen, Wiesbaden 1976

Popitz H. u.a., Technik und Industriezeitalter, Tübingen 1976

Popitz, H. u.a., Technik und Industriearbeit, Tübingen 1964

Popitz, H., Der Begriff der sozialen Rolle als Element der soziologischen Theorie, Tübingen 1968

Popitz, H., Prozesse der Machtbildung, Tübingen 1969

Popitz, H.: Soziale Normen, in: Europäisches Archiv für Soziologie III (1962), 187-197

Popper, K.R., Logik der Forschung, Tübingen 1969

Preglau, M., Phänomenologische Soziologie: Alfred Schütz, in: J. Morel u.a., Soziologische Theorie. Abriß der Ansätze ihrer Hauptvertreter, München 1989, 64-86

Scheuch, E.K. und Kutsch, Th., Grundbegriffe der Soziologie, Stuttgart [2]1975

Scheuch, E.K., Die Sichtbarkeit politischer Einstellungen im alltäglichen Verhalten, in: ders. und R. Wildenmann, Zur Soziologie der Wahl, KZFSS 1965, Sonderheft 9, 165-214

Schibilsky, M., Religiöse Erfahrung und Interaktion, Stuttgart 1976

Schmied, G., Soziale Zeit. Umfang, "Geschwindigkeit" und Evolution, Berlin 1985

Schneewind, K. und Hermann, Th., Erziehungsstilforschung, Stuttgart 1980

Schneider, H.D., Sozialpsychologie der Machtbeziehungen, Stuttgart 1978

Schüller, B., Die Begründung sittlicher Urteile. Typen ethischer Argumentation in der Moraltheologie, Düsseldorf [2]1980

Schütz, A. u. Luckmann, Th., Strukturen der Lebenswelt, Neuwied 1975

Schütz, A., Das Problem der Relevanz, Frankfurt 1971

Schütz, A., Der sinnhafte Aufbau der sozialen Welt, Frankfurt 1974

Schütz, A., Gesammelte Aufsätze 2. Studien zur soziologischen Theorie, Den Haag 1972 (GA 2)

Schütz, A., Gesammelte Aufsätze Bd. 1. Das Problem der sozialen Wirklichkeit, Den Haag 1971 (GA 1)

Schütz, A.,Gesammelte Aufsätze 3. Studien zur phänomenologischen Philosophie, Den Haag 1971 (GA 3)

Schütze, F., Prozeßstrukturen des Lebenslaufs, in: J. Matthes, A. Pfeifenberger, M. Straßberg (Hrsg.), Biographie in handlungswissenschaftlicher Perspektive. Kolloquium am Sozialwissenschaftlichen Forschungszentrum der Universität Erlangen-Nürnberg, Nürnberg 1981

Simmel, G., Soziologie. Untersuchungen über die Formen der Vergesellschaftung, Berlin [6]1983

Stapf, K.H. u.a., Psychologie des elternlichen Erziehungsstils. Komponenten der Beschäftigung in der Erziehung, Stuttgart 1972

Staubmann, H., Sozialsysteme als selbstreferentielle Systeme: Niklas Luhmann, in: J. Morel u.a., Soziologische Theorie. Abriß der Ansätze ihrer Hauptvertreter, München 1989, 173-194

Tenbruck, F., Zur deutschen Rezeption der Rollentheorie, in: KZFSS XIII (1961), 1-40

Turner, R., Role Taking: Process versus Conformity, in: A.U. Rose (Hrsg.), Human Behavior and Social Process, London 1962, 20-40

Wachtler, G., Die gesellschaftliche Organisation von Arbeit. Grundbegriffe der gesellschaftstheoretischen Analyse des Arbeitsprozesses, in: W. Littek, W. Rammert, G. Wachtler (Hrsg.), Einführung in die Arbeits- und Industriesoziologie, Frankfurt [2]1983, 14-25

Watzlawick, P., Über die Kunst, unglücklich zu sein, München 1983

Weber, M., Gesammelte Aufsätze zur Wissenschaftslehre, Tübingen [7]1988

Weber, M., Wirtschaft und Gesellschaft. Grundriß der verstehenden Soziologie, Tübingen [5]1976

Willke, H., Systemtheorie entwickelter Gesellschaften. Dynamik und Riskanz moderner gesellschaftlicher Selbstorganisation, Weinheim 1989

Wiswede, G., Rollentheorie, Stuttgart 1977

MIX
Papier aus verantwortungsvollen Quellen
Paper from responsible sources
FSC® C105338

Printed by Books on Demand, Germany